Standard Deutsch 10

Das systematische Lernbuch

Herausgegeben von
Marianne Steigner

Erarbeitet von
Bettina Lanwehr
Ruth Malaka
Sabine Matthäus
Regine Riedel
Toka-Lena Rusnok
Marianne Steigner
Bettina Tolle
Carolin Wemhoff

Unter Beratung von
Inga Alkämper
Thomas Brand
Kathrin Nemitz
Tanja Rencker-Stäpeler
Karin Rohde-Clare

Redaktion: Verena Walter
Bildrecherche: Angelika Wagener

Illustration: Kai Hofmann und Jutta Melsheimer, bildbad, Berlin
Gesamtgestaltung und technische Umsetzung: Visuelle Gestaltung Katrin Pfeil, Mainz

www.cornelsen.de

Die Webseiten Dritter, deren Internetadressen in diesem Lehrwerk angegeben sind, wurden vor Drucklegung sorgfältig geprüft. Der Verlag übernimmt keine Gewähr für die Aktualität und den Inhalt dieser Seiten oder solcher, die mit ihnen verlinkt sind.

Dieses Werk berücksichtigt die Regeln der reformierten Rechtschreibung und Zeichensetzung. Bei den mit [R] gekennzeichneten Texten haben die Rechteinhaber einer Anpassung widersprochen.

1. Auflage, 4. Druck 2021

Alle Drucke dieser Auflage sind inhaltlich unverändert
und können im Unterricht nebeneinander verwendet werden.

© 2013 Cornelsen Schulverlag GmbH, Berlin
© 2017 Cornelsen Verlag GmbH, Berlin

Das Werk und seine Teile sind urheberrechtlich geschützt.
Jede Nutzung in anderen als den gesetzlich zugelassenen Fällen bedarf der vorherigen schriftlichen Einwilligung des Verlages.
Hinweis zu §§ 60a, 60b UrhG: Weder das Werk noch seine Teile dürfen ohne eine solche Einwilligung an Schulen oder in Unterrichts- und Lehrmedien (§ 60b Abs. 3 UrhG) vervielfältigt, insbesondere kopiert oder eingescannt, verbreitet oder in ein Netzwerk eingestellt oder sonst öffentlich zugänglich gemacht oder wiedergegeben werden.
Dies gilt auch für Intranets von Schulen.

Druck: Firmengruppe APPL, aprinta Druck, Wemding

ISBN 978-3-06-061805-7

PEFC zertifiziert
Dieses Produkt stammt aus nachhaltig bewirtschafteten Wäldern und kontrollierten Quellen.

www.pefc.de

Inhaltsverzeichnis

Kompetenz-
schwerpunkt

Sprechen und zuhören

„Wir wollen mitgestalten!" 7
Materialien sichten und beurteilen 8
Eine plakatgestützte Präsentation vorbereiten 11
Die Präsentation durchführen 15
Anwenden und vertiefen 16

recherchieren und
präsentieren

Eine Zeit lang im Ausland leben 17
Konstruktiv diskutieren 18
Argumente anführen und entkräften 20
Eine Rollendiskussion führen 21
Ein Plädoyer vorbereiten und halten 22
Anwenden und vertiefen 26

argumentieren und
diskutieren

Informative Texte verfassen

Reiselust – die Welt erobern 27
Informationen sammeln und ordnen 28
Aufbau und Gestaltung planen 31
Verständlich und ansprechend formulieren 33
Anwenden und vertiefen 34

ein informatives
Faltblatt erstellen

Frisch auf den Müll 35
Sich dem Thema nähern 36
Einen informativen Text vorbereiten 40
Einen informativen Text schreiben 42
Anwenden und vertiefen 44

einen informativen
Text verfassen

Zu literarischen Texten schreiben

Wer euch richtig öffnet ... schwebt 45
Mit dem Text ins Gespräch kommen 46
Einen Schreibplan erstellen 48
Die Interpretation schreiben 49
Ein Gedicht im historischen Kontext deuten 50
Anwenden und vertiefen 52

ein Gedicht inter-
pretieren

Innenansichten 53
Sich einem literarischen Text nähern 54
Aus der Sicht einer literarischen Figur
   schreiben 56
Ereignisse zwischen den Zeilen ausgestalten 58
Anwenden und vertiefen 60

produktiv zu literari-
schen Texten schreiben

Parodien schreiben	**Ewig währt am längsten**	**61**
	Original und Parodie vergleichen	62
	Eine Parodie schreiben	65
	Anwenden und vertiefen	68

Schriftlich Stellung nehmen

eine textgebundene Erörterung schreiben	**Wie sollen die Medien über Gewalttaten berichten?**	**69**
	Die Argumentation eines Textes erschließen	70
	Sich eine Meinung zum Thema bilden	72
	Die Erörterung planen und schreiben	73
	Anwenden und vertiefen	76
einen argumentierenden Artikel schreiben	**Ab ins Abenteuercamp?**	**77**
	Einen argumentierenden Text planen	78
	Einen argumentierenden Text verfassen	79
	Anwenden und vertiefen	82

Sachtexte und mediale Texte erschließen

mediale Texte erschließen und beurteilen	**Alles nur Äußerlichkeiten?**	**83**
	Texte erschließen und vergleichen	84
	Einen Essay erschließen und dazu Stellung nehmen	88
	Anwenden und vertiefen	92
Reden analysieren	**„Deutschland, einig Vaterland?"**	**93**
	Eine politische Rede untersuchen	94
	Eine Redeanalyse verfassen	97
	Anwenden und vertiefen	99

Literarische Texte lesen

kurze Prosatexte erschließen	**Hinter die Geschichte schauen**	**101**
	Eine Parabel erschließen	102
	Eine Kurzgeschichte erschließen	105
	Anwenden und vertiefen	109
einen satirischen Text erschließen	**Zweischneidig durch Witz und Ironie**	**111**
	Merkmale einer Satire erfassen	112
	Eine Satire analysieren	115
	Anwenden und vertiefen	118
dramatische Texte erschließen	**Der Besuch der alten Dame**	**119**
	Den Einstieg in die Handlung untersuchen	120
	Figuren und Figurenkonstellation untersuchen	122
	Die Figurenentwicklung untersuchen	127
	Anwenden und vertiefen	129

Nachdenken über Sprache

Was Wörter wert sind — 131
Die Bedeutung der Wortwahl durchschauen — 132
Mehrdeutigkeit und Ironie verstehen — 134
Sprachlich genau sein — 136
Anwenden und vertiefen — 138

Sprache untersuchen

Grammatik-Check — 139
Nomen, Pronomen und Adjektive verwenden — 140
Mit Verben umgehen — 142
Mit Satzgliedern und Sätzen umgehen — 144
Anwenden und vertiefen — 147

den Umgang mit Wortarten, Satzgliedern und Sätzen üben

Treffend formulieren — 149
Textstellen treffend wiedergeben — 150
Den Stil einer Textvorlage beachten — 152
Sachlich, knapp und im richtigen Tempus formulieren — 154
Den Textzusammenhang deutlich machen — 156
Anwenden und vertiefen — 158

Texte überarbeiten

Richtig schreiben

Richtig schreiben – gewusst wie! — 159
Fehlerquellen erkennen und Rechtschreibstrategien nutzen — 160
Groß- und Kleinschreibung — 162
Feste Wendungen — 164
Fremdwörter — 165
Getrennt oder zusammen? — 166
Gleich und ähnlich klingende Laute — 168
Kommas richtig setzen — 169
Den Bindestrich richtig setzen — 172
Richtig zitieren — 173
Offizielle E-Mails schreiben — 174
Anwenden und vertiefen — 177

Rechtschreiben üben und Rechtschreibstrategien nutzen

Wissen sichern und vernetzen

Zivilcourage — 179
Die Seite wechseln — 180
„Und warum immer ich?" — 183
Nicht bloß für Helden — 184

Heimat — 189
Heimat – was ist das? — 190
Das ist meine Heimat — 193
Neue Heimaten finden — 194
Ohne Wurzeln in Niemandsland — 197

Kompetenzen vernetzen
- Kurzprosa erschließen
- Figuren charakterisieren
- Gedichte erschließen
- produktiv zu literarischen Texten schreiben
- Sachtexte und Diagramme erschließen
- informative Texte verfassen
- diskutieren und argumentieren

mit Aufgabenformaten sicher umgehen

Aufgabenformate üben

Gut vorbereitet! — 199
Training 1: Lesekompetenz zeigen — 200
Training 2: Rechtschreibkönnen und Sprachwissen zeigen — 207
Die Aufgabenstellung genau lesen und umsetzen — 210
Anwenden und vertiefen — 212

Orientierungswissen

Wissen und Können — 215
Sprechen und Zuhören — 215
Schreiben — 218
Lesen – Umgang mit Texten und Medien — 225
Über Sprache nachdenken — 230
Richtig schreiben — 238

Methoden und Arbeitstechniken — 242

Lösungen zum Kapitel „Gut vorbereitet!" — 246
Text- und Bildquellenverzeichnis — 251
Sachregister — 253

„Wir wollen mitgestalten!"
Recherchieren und präsentieren

Was weißt du schon?

- Sprecht in der Klasse über das Thema „Mitgestaltung am Wohnort". Tauscht euch über folgende Aspekte eures Wohnorts aus:
  - Was bietet er (Freizeitangebote, Vereine ...)?
  - Wer gestaltet in welchen Gremien mit (Parteien, Bürgermeister, Parlamente, Vereine ...)?

- Was würdet ihr gerne an eurem Wohnort verbessern?

- In welchem Bereich möchtest du selbst gerne mitbestimmen?

- Tragt euer Wissen über folgende Arbeitstechniken zusammen (s. S. 217):
  - Was wisst ihr noch über Präsentationstechniken?
  - Wie könnt ihr Sachinformationen recherchieren?

Materialien sichten und beurteilen

In diesem Kapitel recherchiert ihr zu Möglichkeiten der Mitgestaltung an eurem Wohnort und präsentiert eure Ergebnisse anhand eines Plakats. Als ein Beispiel für die Mitbestimmung von Jugendlichen dient zunächst ein Jugendparlament. Ihr untersucht, wie es in unterschiedlichen Textsorten vorgestellt wird.

Materialien zu einem Thema sichten

1 Lies die Materialien M1–M4, die über Monheim am Rhein, sein Jugendparlament und dessen Arbeit informieren.

M1 Information zum Stadtprofil

Monheim am Rhein im Bundesland Nordrhein-Westfalen (Regierungsbezirk Düsseldorf, Kreis Mettmann) liegt am rechten Niederrhein. Die mittlere kreisangehörige Stadt grenzt im Osten an Langenfeld, im Süden an Leverkusen, im Westen – getrennt durch den Rhein – an Köln und Dormagen sowie im Norden an Düsseldorf. Monheim wird auch als „Stadt der Kinder" bezeichnet. Hier arbeitet der jüngste Bürgermeister Deutschlands und es gibt ein Jugendparlament.

M2 Faltblatt des Jugendparlaments
zwei Originalseiten

aus dem Innenteil des Faltblatts

Liebe Monheimer Jugendliche!
Ihr habt uns am 3. Februar 20.. gewählt!
Wir bestehen aus 8 weiblichen und 8 männlichen Mitgliedern.
Seit dem 5. Februar 20.. setzen wir uns für eure Interessen ein.
Hierzu arbeiten wir eng mit dem Jugendamt der Stadt Monheim
am Rhein zusammen.

Unser Ziel ist es, die Stadt Monheim am Rhein für alle Jugendlichen jugendgerechter zu gestalten. Insbesondere engagieren wir uns für:
- die Fortführung von Kinoveranstaltungen für Kinder und Jugendliche,
- die Organisation von Kultur- und Freizeitveranstaltungen für Jugendliche,
- einen besseren Zugang zu Spiel- und Sportflächen für Jugendliche,
- Gewaltpräventionsmaßnahmen an den Monheimer Schulen und im Stadtgebiet.

Unsere öffentlichen Sitzungen, zu denen ihr als Gäste herzlich eingeladen seid, finden einmal im Monat in unserem Jupa-Büro im Haus der Jugend statt. Mehr über uns erfahrt ihr unter: www.jupa.monheim.de.

M3 **Text auf der Webseite der Stadt Monheim unter „Kinder- und Jugendförderung"**

Das Jugendparlament ist die kommunalpolitische Vertretung der Monheimer Jugendlichen und wird alle zwei Jahre gewählt. Wählen und gewählt werden können Mädchen und Jungen der Altersgruppe 13 bis 17 Jahre.

Das Jugendparlament soll:
- für alle Monheimer Jugendlichen sprechen und tätig werden,
- die Beteiligung von Jugendlichen an politischen und verwaltungsmäßigen Planungs- und Entscheidungsprozessen ermöglichen und sicherstellen,
- auf die Belange von Jugendlichen aufmerksam machen,
- das bessere Verständnis zwischen Menschen verschiedener Nationalitäten, ethnischer* Herkünfte, Kulturen und Konfessionen fördern,
- zur politischen Aufklärung und Bildung beitragen.

ethnisch: einer sprachlich und kulturell einheitlichen Volksgruppe angehörend

M4 Zeitungsartikel

Französischer Auftakt im Kino

Von Pia Windhövel

150 Gäste kamen zum Start des Monheimer Kinos in die Aula am Berliner Ring. Nach technischen Problemen im vergangenen Jahr lief jetzt alles reibungslos.

Monheim. Es duftet nach Popcorn und Käsenachos. Im großen Saal der Aula am Berliner Ring sitzen bereits einige Zuschauer und warten, dass es nach einem Jahr Pause endlich wieder losgeht. Die Jugendförderung der Stadt und *Marke Monheim** haben die Aula wieder in ein großes Kino verwandelt. Bereits zum dritten Mal zeigen sie in Zusammenarbeit mit dem Jugendparlament (Jupa) und Schülern des Otto-Hahn-Gymnasiums (OHG) jeden Donnerstag insgesamt neun aktuelle Kinofilme.
[...]
In der Pause sind dann auch die Jupa-Mitglieder und OHG-Schüler gefragt. Drei Jugendliche verkaufen Popcorn und Getränke an der Snacktheke, die anderen passen auf die Garderobe auf. Und am Eingang stehen zwei Schüler, die die Eintrittskarten kontrollieren. Die Zusammenarbeit klappt gut. „Ich helfe hier jedes Jahr", sagt Daniel Zeitz (17). „Ein Kino fehlte ja lange in Monheim, deswegen finde ich es toll, dass dieses Projekt jetzt so gut funktioniert."
Und auch Kamile Cengiz, Vorsitzende des Jugendparlaments, freut sich über den Erfolg. „Wir vom Jupa haben uns ja immer dafür eingesetzt, dass es so was in Monheim mal gibt. Daher ist das schon ein großer Erfolg, auch wenn es nur einmal im Jahr für ein paar Wochen stattfindet."
[...]

Marke Monheim: Verein zur Förderung des Kultur- und Stadtlebens in Monheim

---

Materialien auswerten

2 Tauscht euch über M1–M4 aus: Was erfahrt ihr über Monheim und die Mitgestaltung von Jugendlichen im Rahmen des Jugendparlaments?

3 Welches Material enthält welche Information über das Monheimer Jugendparlament? Arbeitet bei der Beantwortung dieser Frage zu zweit.

  a) Stellt W-Fragen und entnehmt den Texten Informationen.

➔ Sachtexte, S. 228

  b) Beschreibt die Funktion der kontinuierlichen und der diskontinuierlichen Texte.

weitere Informationen recherchieren

4 Recherchiert zu zweit im Internet nach weiteren Aktivitäten des Jugendparlaments Monheim.

5 Welche Informationen und welches Bildmaterial würdet ihr für eine zehnminütige Präsentation „Das Jugendparlament Monheim" auswählen? Tauscht euch zu zweit darüber aus.

Eine plakatgestützte Präsentation vorbereiten

Nun recherchiert ihr in Gruppen Möglichkeiten der Mitgestaltung am eigenen Wohnort, wählt einen Bereich aus und informiert darüber anhand eines Plakats. Zunächst sammelt und sichtet ihr Material.

Das Thema klären und Informationen beschaffen

1 Tauscht euch darüber aus, wie ihr im Internet zum Thema „Mitgestalten an unserem Wohnort" recherchieren könnt:
 – Welche Suchmaschinen nutzt ihr?
 – Welche Online-Lexika nutzt ihr bei Bedarf?
 – Wie strukturiert ihr Suchwörter und Suchabfolgen?

Techniken der Internetrecherche reflektieren
→ Quellenangaben, S. 245

2 Recherchiert im Internet Informationen über euren Wohnort und Möglichkeiten der Mitbestimmung für junge Menschen. Notiert jeweils die Quellenangaben, um später Informationen nachprüfen bzw. nachweisen zu können.

3 Tragt Informationen über euren Wohnort und Möglichkeiten der Mitbestimmung dort auch aus anderen Quellen zusammen.

HILFE
> Zeitung
> Bibliothek
> ortskundige Person
> …

4 a) Verschafft euch einen Überblick über die gefundenen Materialien.

b) Wählt eine Möglichkeit der Mitgestaltung an eurem Wohnort aus, die ihr ausführlich präsentieren wollt.

den thematischen Schwerpunkt klären

5 Legt ein Cluster mit Thema und Unterthemen an. Ihr könnt den Cluster zu Monheim als Anregung nutzen.

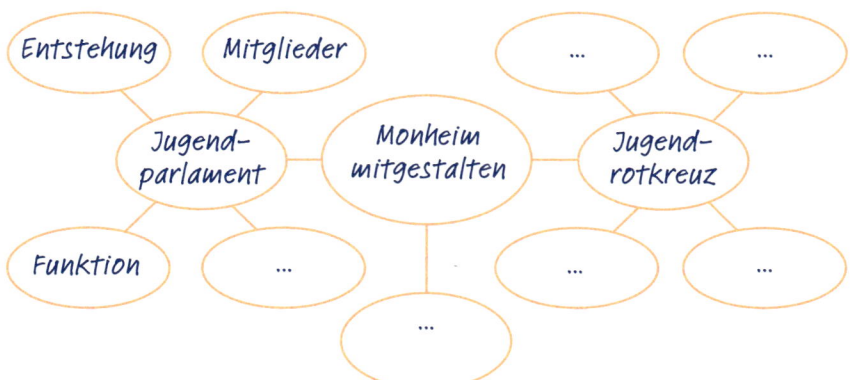

6 a) Formuliert Leitfragen für eure Präsentation, z. B.:
 – *Was bedeutet „den eigenen Wohnort mitgestalten?"* …
 –

b) Erstellt anhand der Leitfragen eine Gliederung.

Leitfragen formulieren und ordnen

Sprechen und zuhören

7 Vervollständigt die Ergebnisse eurer bisherigen Recherche anhand der Gliederung.

Texte auswerten

8 Wertet das gefundene Material aus. Klärt unter anderem:
- Passen die Inhalte zum gewählten Themenschwerpunkt?
- Ist die Quelle vertrauenswürdig?
- Wie stark muss für die Präsentation überarbeitet werden, z. B. durch Kürzen, adressatengerechtes Umformulieren?

Plakat und Vortrag aufeinander abstimmen

die Funktion des Plakats klären

9 Ein gut gestaltetes Plakat soll eure Präsentation unterstützen. Tauscht euch über seine Funktion aus.
- Nennt Vor- und Nachteile der plakatgestützten und der foliengestützten Präsentation.
- Welche Art von Informationen soll das Plakat enthalten, was wollt/müsst ihr mündlich ergänzen?

Plakate untersuchen und vergleichen

10 Untersucht und vergleicht die beiden Plakate.
- Welche Aufgaben haben die Plakate im Rahmen der Präsentation?
- Wie werden diese Aufgaben erfüllt?
- Welches Plakat spricht euch mehr an? Begründet.

TIPP
Achtet auf
- den Inhalt,
- die Anordnung der Text- und Bildelemente,
- die Leserichtung,
- die Lesbarkeit,
- die Schrift (Art, Größe, Farbe).

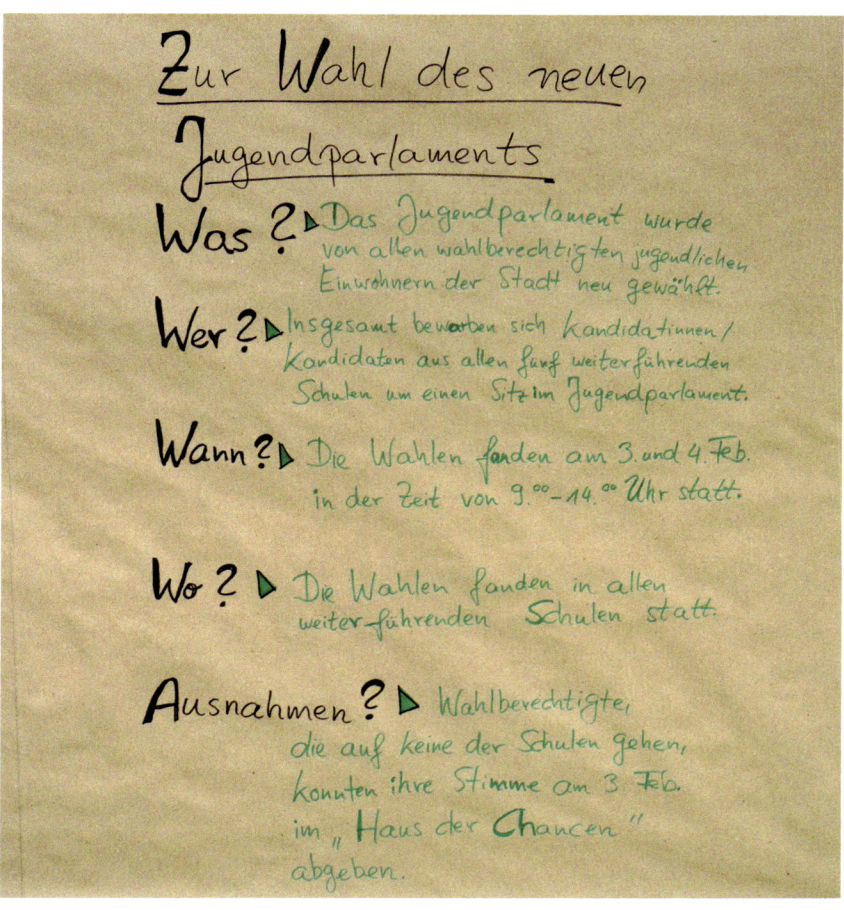

11 Was würdet ihr an den Plakaten verbessern? Notiert Vorschläge. Vergleicht dazu die Hinweise im Merkkasten.

ein Plakat überarbeiten

> **Plakatgestützt präsentieren**
> So sorgt man dafür, dass das Plakat die mündliche Präsentation gut unterstützt:
> - das Plakat nicht überladen („Weniger ist mehr"),
> - eine klare Leserichtung vorgeben (von links nach rechts bzw. von oben nach unten oder im Uhrzeigersinn),
> - den Text gut lesbar gestalten (Schriftart, -größe, ...),
> - Wichtiges hervorheben.

TIPPS
> auch Freiräume auf dem Plakat lassen
> Druckbuchstaben verwenden
> pro Meter Abstand zum Plakat einen Zentimeter Schrifthöhe wählen

12 Notiert Möglichkeiten, wie ihr besonders wichtige Informationen auf eurem Plakat hervorheben wollt.

Möglichkeiten der Hervorhebung nutzen

13 a) Fertigt für die Präsentation eine Stichwortsammlung an, z. B. auf Karteikarten.

b) Hebt die wichtigsten Informationen farblich hervor.

c) Entscheidet, welche Informationen ihr in die Präsentation aufnehmen wollt.

Inhalte zusammenfassen

die Inhalte von Plakat und Vortrag klären

14 Klärt die Verteilung der Inhalte auf Plakat und Vortrag.

a) Entwerft eine Skizze für das Plakat.
- Welche Textinformationen soll es enthalten und in welcher Form (Sätze, Stichworte, Skizze, ...)?
- Welches Bildmaterial wollt ihr ggf. verwenden?
- Wie ordnet ihr das Material an?

b) Gestaltet das Plakat. Nutzt den Merkkasten auf Seite 13.

c) Notiert auf Karteikarten, was ihr jeweils mündlich ergänzt.

Einleitung und Schluss gestalten

15 a) Klärt, wer welchen Teil des mündlichen Vortrags übernimmt.

b) Formuliert eine Einleitung, die Interesse weckt, sowie einen Schluss, der zum Mitgestalten am Wohnort auffordert.

Die Präsentation üben

16 Bereitet euch in der Gruppe auf die Präsentation vor.

a) Ergänzt den Beobachtungsbogen, der eine genaue Rückmeldung ermöglichen soll. Legt Symbole für eine Bewertung fest, z.B.:
++ *sehr gut*, + *gut*, ± *geht so*, ...

Beobachtungsbogen zur Präsentation

Kriterien	Name	Name	Name	Name
Inhalt				
• Einstieg interessant gestalten				
• Thema begründen und eingrenzen				
• Bezug zur Überschrift auf dem Plakat schaffen				
• Informationen zu Bildern geben				
• ...				
Form				
• freien Blick auf das Plakat geben (nicht davorstehen)				
• auf Bilder/Texte verweisen				
• ...				

b) Tragt reihum in der Gruppe vor. Die Zuhörer/innen machen sich arbeitsteilig Notizen zu den Kriterien des jeweiligen Vortrags.

c) Gebt euch gegenseitig Rückmeldung zu euren Präsentationen mit Hilfe der Beobachtungsbögen.

Beobachtungsbögen nutzen

TIPP
> Bedenkt, wer eure Zuhörer/innen sind. Wie sichert ihr euch ihre Aufmerksamkeit?
> Wie können die Zuhörer/innen ihr Interesse zeigen?

Die Präsentation durchführen

Führt eure gemeinsam erarbeitete Präsentation arbeitsteilig durch, sodass jede/r aus der Gruppe beteiligt ist.

Wählt dafür Aufgabe 1 oder 2:

1 Jede Gruppe stellt ihr Plakat vor, wobei jede/r einen Teil des Vortrags übernimmt: die Einleitung, einen Aspekt des Hauptteils oder den Schluss.

arbeitsteilig in der Gruppe präsentieren

2 Die Präsentationen werden im so genannten Museumsgang durchgeführt:

als Expertin/Experte allein präsentieren

> **Präsentieren im Museumsgang**
> - Im Museumsgang ist jede/r Expertin/Experte für die gesamte Präsentation des Plakats und der Arbeitsergebnisse der eigenen Gruppe. Am Beispiel von fünf Vierergruppen:
>   **AAAA, BBBB, CCCC, DDDD, EEEE**.
> - Der Rundgang wird in gemischten Gruppen durchgeführt, mit je einer Expertin / einem Experten für ein Plakat:
>   **ABCDE, ABCDE, ABCDE, ABCDE**.
>   Die Expertin / Der Experte präsentiert das Thema der eigenen Gruppe anhand des Plakats. Die Zuhörer/innen hören zu, begutachten das Plakat und stellen Rückfragen.

3 Gebt euch abschließend eine Rückmeldung zu den jeweiligen Vorträgen. Die Zuhörer/innen können sich vorher besprechen, um ein gemeinsames Feedback zu geben. Ihr könnt auch die Beobachtungsbögen aus Aufgabe 16 nutzen.

eine Präsentation beurteilen

① Plakat:
– Inhalt
– Anordnung
– …

② Vortrag:
– Zuhörerbezug
– …

> ## Das habe ich gelernt
> - Bei der Informationsrecherche kann ich die folgenden Medien nutzen: …
> - Wenn ich Texte auswerte, achte ich auf …
> - Bei der Gestaltung eines Präsentationsplakats beachte ich folgende Aspekte: …
> - Während der Präsentation achte ich auf …
> - Auf einen Museumsgang bereite ich mich so vor: …
> - So gebe ich eine Rückmeldung zu einer Präsentation: …
>
> Schreibe in dein Heft oder Portfolio.

Sprechen und zuhören

Anwenden und vertiefen

Informationen recherchieren

1 a) Recherchiere im Internet interessante Seiten zur Mitbestimmung von Jugendlichen in einer Stadt deiner Wahl. Schreibe wichtige Informationen heraus.

Quellen angeben

b) Fertige jeweils eine Quellenangabe zu den ausgewählten Webseiten an.

Quellenangaben überprüfen

c) Überprüft eure Quellenangaben in Partnerarbeit, indem ihr sie euch gegenseitig vorstellt und jede/r die Quellen der/des anderen im Internet sucht.

Bewertungskriterien formulieren

2 a) Notiere Regeln für die Gestaltung eines Plakats. Schreibe entweder in Stichworten oder in ganzen Sätzen.

b) Notiere inhaltliche und formale Kriterien für eine gute Präsentation.

3 „Wenn ich König/in von ... wär' ..."

Ideen in Stichworten skizzieren

a) Denke dir drei Neuerungen aus, die du in deiner Traumstadt einführen würdest. Beschreibe sie in Stichworten.

eine plakatgestützte Präsentation erarbeiten

b) Einigt euch in Kleingruppen auf einen Vorschlag und erarbeitet eine plakatgestützte Präsentation dazu.

Fragen an die Zuhörer formulieren

c) Formuliert zwei bis drei Fragen, die ihr am Ende eurer Präsentation den Zuhörerinnen/Zuhörern stellen wollt.

plakatgestützt präsentieren

d) Führt eure Präsentation in der Klasse durch, zum Beispiel im Museumsgang.

eine Präsentation beurteilen

4 a) Beurteilt die Präsentationen der anderen Gruppen. Achtet darauf, wie die Vorträge durch den Einsatz von Text und Bildern unterstützt werden.

b) Vergleicht die Beurteilungen. Stellt Gemeinsamkeiten und Unterschiede fest und versucht ggf. zu klären, wie es zu stark unterschiedlichen Bewertungen kommen kann.

Eine Zeit lang im Ausland leben
Argumentieren und diskutieren

Was weißt du schon?

- Hast du bereits längere Zeit im Ausland verbracht? Berichte.

- Würdest du gerne für einige Zeit im Ausland leben und arbeiten? Begründe.

- Tauscht euch über folgende Fragen aus:
– Welche Diskussionsformen kennt ihr?
– Welche Gesprächsregeln sind bei einer Diskussion besonders wichtig?

- Erkläre folgende Begriffe anhand eines Beispiels:
– nonverbale Kommunikation,
– Ich-Botschaft,
– Fünfsatz.

Konstruktiv diskutieren

Manche Schüler/innen zieht es nach der zehnten Klasse zunächst ins Ausland: Sie machen dort ein Praktikum oder besuchen für ein Jahr eine Schule und leben bei einer Gastfamilie.

Aussagen untersuchen

1 Tauscht euch über die Aussagen unten aus.
Welche tragen zu einer konstruktiven Diskussion bei?
– Welche sind verletzend und auf welcher Ebene?

Du willst ein Praktikum im Ausland machen? Kann ich mir für mich nicht vorstellen.

Du bist doch eh so ein Stubenhocker. Du wirst nie aus deinem Kaff rauskommen!

Jeder sollte für eine Zeit im Ausland leben und arbeiten, da sammelt man Lebenserfahrung und kann seine Sprachkenntnisse ausbauen. Das hilft auch im Berufsleben.

Na klar, wenn Papa zahlt, kannst du dir das leisten …

Konstruktiv diskutieren

Aussagen werden auf unterschiedlichen Ebenen „gesendet" und „empfangen":
- Auf der **Sachebene** werden zum Beispiel eine Information oder ein Argument genannt.
  Beispiel: *Ich bin nicht deiner Meinung.*
- Auf der **Beziehungsebene** wird dabei oft eine persönliche Botschaft an den anderen gerichtet. Wenn diese destruktiv formuliert ist, kann sie das Gegenüber verletzen.
  Beispiel: *Was du gesagt hast, ist Quatsch.*
- Wer konstruktiv diskutiert, bleibt sachlich und geht auf die Gesprächspartner ein.

2 Formuliert die folgenden Aussagen konstruktiv, sodass sie nicht verletzen und die Sachebene im Vordergrund steht.

Aussagen konstruktiv formulieren

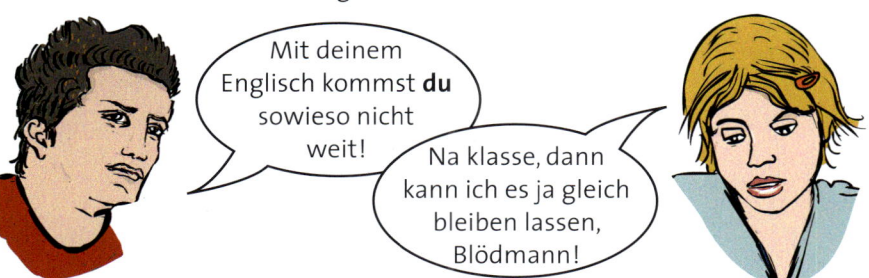

3 Ich-Botschaften können Missverständnisse verhindern und Konflikte entschärfen.

a) Wiederholt in Partnerarbeit, wie zweiteilige und vierteilige Ich-Botschaften formuliert werden (s. S. 217).

b) Schreibt Dialoge zum Thema „Eine Zeit lang im Ausland leben". Darin soll ein Konflikt mit Hilfe von Ich-Botschaften entschärft werden.

INFO
Ich-Botschaften sind konstruktiv: Sie bewerten nicht, sondern drücken eigene Gefühle und Wünsche aus.

4 Besprecht zunächst in Partnerarbeit, dann in der Klasse die wichtigsten Diskussionsregeln.

Diskussionsregeln klären
→ S. 215

5 In einer Diskussion sind nicht nur die Inhalte der Beiträge wichtig, sondern auch das Gesprächsverhalten. Eine Rückmeldung von anderen hierzu ist hilfreich.
Ergänzt den Beobachtungsbogen durch Kriterien für die Qualität der Beiträge und das Gesprächsverhalten in einer Diskussion.
Schreibt in eure Hefte.

einen Beobachtungsbogen erstellen

Name der Teilnehmerin / des Teilnehmers:			
Kriterium	gelingt fast immer	gelingt häufig	gelingt noch nicht
Diskussionsbeiträge			
diskutiert sachlich			
stichhaltige Argumente …			
bleibt beim Thema			
…			
Diskussionsverhalten			
schaut Redner/in an			
lächelt freundlich			
…			

6 a) Diskutiert in Gruppen, ob es für die Finanzierung eines Auslandspraktikums BAföG geben sollte. Die Beobachter/innen notieren dabei ihre Eindrücke.

b) Tauscht euch anschließend über den Verlauf der Diskussion aus. Nutzt die Rückmeldung der Beobachter/innen.

eine Diskussion führen und auswerten

INFO
BAföG: Leistungen nach dem Bundesausbildungsförderungsgesetz

Sprechen und zuhören

Argumente anführen und entkräften

Pro- und Kontra-Argumente sammeln

1 a) Lege eine Pro-Kontra-Tabelle zum Thema „Pro/kontra Auslandsaufenthalt nach der zehnten Klasse" an. Sortiere die folgenden Argumente stichpunktartig ein.

> **A** Ich möchte eine Fremdsprache gerne fließend sprechen. Das kann ich so richtig nur im entsprechenden Land lernen.

> **B** Fremde Kulturen hautnah kennen lernen, das ist mein Ding!

> **C** Ich möchte erst meine Lehre oder die Schule beenden. Dann kann ich mir immer noch einen Job im Ausland suchen.

> **D** Meine Freunde leben hier. Was soll ich da im Ausland? Und teuer ist es obendrein.

b) Notiert in Partnerarbeit weitere Pro- und Kontra-Argumente.

Argumente entkräften

2 Nehmt mögliche Einwände vorweg: Notiert zu jedem Argument ein passendes Gegenargument.

3 Tauscht eure Argumente entlang einer Streitlinie aus, wie im Merkkasten beschrieben.

HILFE
Gegenargumente einleiten:
> *Ich verstehe zwar, dass ..., bin aber der Meinung, dass ...*
> *Das mag auf den ersten Blick so scheinen, aber ...*
> *Es wird zwar immer behauptet, dass ... Trotzdem glaube ich, ...*

> ### ❗ Entlang einer Streitlinie diskutieren
> So könnt ihr das Diskutieren von Pro-Kontra-Fragen üben:
> - Stellt euch paarweise entlang einer „Streitlinie" im Klassenzimmer auf.
>
> pro   kontra
>
> - Die Schüler/innen links der Linie argumentieren für die Pro-Position, die Schüler/innen rechts der Linie argumentieren für die Kontra-Position.
> - Tauscht eure Argumente aus. Versucht jeweils die Argumente der Gegenseite zu entkräften.
> - Nach der ersten Runde wechselt ihr die Gesprächspartner/innen. Wer möchte, kann die Seite tauschen.

die Diskussion reflektieren

4 Wie hat sich dieser Austausch auf eure Meinungsbildung ausgewirkt? Führt ein Klassengespräch dazu.
– Konntest du Gegenargumente entkräften?
– Hat sich deine Meinung durch den Austausch geändert?

Eine Rollendiskussion führen

In einer Rollendiskussion vertreten die Teilnehmer/innen nicht ihre eigene Meinung, sondern schlüpfen in eine vorgegebene Rolle.

1 Bereitet eine Rollendiskussion zum Thema „Ein Jahr ins Ausland?" vor.

a) Überlegt, welche Rollen besetzt werden sollen. Entscheidet euch dann für sechs Rollen mit möglichst unterschiedlichen Standpunkten.

Rollenkarten für eine Diskussion erarbeiten

b) Arbeitet in Gruppen. Jede Gruppe erstellt eine der sechs Rollenkarten.

TIPP
Nutzt die Argumente von Seite 20, Aufgaben 1 und 2.

```
Rolle: Moderator/in
Aufgaben:
– Diskussion eröffnen: Teilnehmer/innen
  begrüßen, ...
– ...
```

```
Rolle: Schüler/in
Standpunkt: Es gibt nichts Besseres!
Argument 1:
– Im jeweiligen Land lernt man eine Sprache
  fließend zu sprechen. Beleg: Man ist
  gezwungen, sich in der neuen Sprache zu
  verständigen, ...
– ...
```

c) Erstellt einen Beobachtungsbogen für die Diskussion. Nutzt dazu den Bogen von Seite 19 und ergänzt spezielle Kriterien bei einer Rollendiskussion.

einen Beobachtungsbogen erstellen

2 a) Führt die Diskussion mit einer Teilnehmerin / einem Teilnehmer pro Gruppe. Die anderen beobachten den Verlauf.

b) Wertet die Diskussion mit Hilfe der Beobachtungsbögen aus.

eine Rollendiskussion führen und auswerten

Ein Plädoyer vorbereiten und halten

Ein Plädoyer ist eine appellative Rede bzw. eine Überzeugungsrede, die oft abschließend gehalten wird.
Im Folgenden bereitest du ein Plädoyer für oder gegen ein Jahr im Ausland nach der zehnten Klasse vor.

Argumente sammeln und ordnen

Adressatenkreis und Ziel der Rede klären

1 An welchen Adressatenkreis richtet sich dein Plädoyer?
Kläre folgende Fragen:
– Welches Vorwissen und welche Erwartungen haben deine Zuhörer/innen?
– Mit welchen Mitteln kannst du ihr Interesse gewinnen („Ohröffner", inhaltlicher „Aufhänger")?
– Was willst du mit dem Plädoyer erreichen?

Argumente sammeln und prüfen

2 a) Notiere Argumente für dein Plädoyer. Nutze die Arbeitsergebnisse aus der Rollendiskussion.

b) Prüfe, welche Argumente zum Ziel deiner Rede und zum Zuhörerkreis passen (s. Aufg. 1). Streiche unpassende Argumente.

c) Stellt euch eure Argumente in Partnerarbeit gegenseitig vor, bewertet sie und überarbeitet bei Bedarf.

eine Gliederung erarbeiten

3 Gliedere dein Plädoyer nach der im Merkkasten erklärten TATAZ-Formel. Notiere zunächst Stichpunkte.

> **Eine Rede wirkungsvoll aufbauen**
>
> So kannst du fast jede Rede wirkungsvoll aufbauen:
> - **T**hema: Nenne einleitend das Thema deiner Rede.
> - **A**useinandersetzung: Betrachte das Thema von der Pro- und der Kontra-Seite.
> - **T**hese: Formuliere klar deine eigene Meinung.
> - **A**rgumente: Führe Argumente für deine Meinung an und stütze sie durch Beispiele und Belege.
> - **Z**ielsatz: Formuliere einen einprägsamen Schlusssatz, der dein Anliegen auf den Punkt bringt.

Einleitung	Hauptteil	Schluss
thematische Hinführung	– Auseinandersetzung: pro/kontra – These/eigene Meinung – Stützen durch Argumente	Zielsatz

Das Plädoyer sprachlich gestalten

4 Vergleicht die beiden Einleitungen zu einem Plädoyer.

Einleitungen vergleichen und beurteilen

> **A** Liebe Mitschülerinnen und Mitschüler!
> Der Schulabschluss ist für uns alle zum Greifen nahe gerückt. Jede und jeder stellt sich die Frage: „Wie soll es jetzt weitergehen?" Einige von uns sind auf der Suche nach einer Ausbildungsstelle. Andere werden weiter zur Schule gehen. Mancher möchte seinen Horizont durch ein Jahr im Ausland erweitern. ...

> **B** Verehrtes Publikum!
> Für die Gestaltung der weiteren Zukunft der Schülerinnen und Schüler dieses Jahrgangs bieten sich Möglichkeiten in verschiedenen Richtungen. Viele denken zum Beispiel über das Absolvieren einer Ausbildung nach. Andere ziehen den Besuch einer weiterführenden Schule vor. ...

a) Untersuche Wortwahl und Satzbau der Texte.
Beschreibe die sprachlichen Unterschiede. Achte auf:
– nominalisierte Verben,
– Personalpronomen,
– Haupt- und Nebensätze.

b) Welcher Text gefällt dir besser? Begründe deine Meinung.

5 Schreibe die Einleitung deines eigenen Plädoyers.

die Einleitung schreiben

a) Überlege dir einen „Ohröffner", der das Interesse deiner Zuhörer/innen weckt, z. B.:
– Sprichwort
– eigenes Erlebnis
– aktueller Bezug

b) Formuliere die Einleitung in ganzen Sätzen.

Sprechen und zuhören

sich über rhetorische Stilmittel informieren

INFO
Einige sprachliche Mittel trifft man als **rhetorische Stilmittel** bei **argumentativen Texten** an, aber auch als **Stilmittel** bei **lyrischen Texten,** z. B. Alliteration und Anapher.

6 Rhetorische Stilmittel helfen dir, dein Plädoyer anschaulich und „packend" zu gestalten.

a) Informiere dich über rhetorische Stilmittel im Merkkasten.

> **Rhetorische Stilmittel**
>
> Rhetorische Stilmittel sind sprachliche Gestaltungsmittel, die in Reden oder Schriftwerke eingebaut werden. Sie sollen beispielsweise die Aufmerksamkeit der Zuhörer/innen auf eine Aussage lenken. Rhetorische Stilmittel sind beispielsweise:
> - **die Alliteration:** Reihung von Wörtern mit gleichen Anfangsbuchstaben, z. B.: *mutig mitmachen*
> - **die Anapher:** Wiederholung eines Wortes oder mehrerer Wörter an Satzanfängen, z. B.:
>   *Wichtig ist nicht, dass ...*
>   *Wichtig ist vielmehr ...*
> - **die Antithese:** Gegenüberstellung gegensätzlicher Begriffe, z. B.: *Höhepunkte und Tiefpunkte*
> - **die rhetorische Frage:** Scheinfrage, auf die keine Antwort erwartet wird, z. B.: *Wer weiß das schon?*

rhetorische Stilmittel zuordnen

b) Ordne den rhetorischen Mitteln im Merkkasten die passenden Beispielsätze zu.

> **A** Warum sollte jemand auf die Idee kommen, ein Jahr bei einer wildfremden Familie im Ausland zu verbringen?

> **B** Ein Jahr im Ausland bedeutet, neue Menschen zu treffen.
> Ein Jahr im Ausland heißt, Erfahrungen zu sammeln.

> **C** Manche ziehen hinaus in die weite Welt.

> **D** Man muss für eine Weile die vertraute Heimat gegen die unsichere Fremde eintauschen.

rhetorische Stilmittel erklären und verwenden
→ S. 96, 227

c) Formuliere zu jedem rhetorischen Stilmittel einen weiteren Beispielsatz.

d) Erkläre folgende rhetorische Mittel mit einem Beispielsatz: Metapher, Personifikation, Vergleich.

ein Argument ausgestalten

7 a) „Wer ein Jahr im Ausland verbringt, lernt eine fremde Kultur kennen." Gestalte dieses Argument sprachlich aus, z. B. mit Hilfe eines rhetorischen Mittels. Stütze es durch einen Beleg oder ein Beispiel.

b) Vergleicht eure Lösungen in Partnerarbeit.

8 Schreibe den Hauptteil deines Plädoyers.
– Nutze deine Gliederung (S. 22, Aufg. 3).
– Verwende unterschiedliche sprachliche Mittel in deinem Text.

den Hauptteil des Plädoyers schreiben

9 Formuliere den Schluss deines Plädoyers.
Du kannst z. B. persönliche Eindrücke oder Gefühle zum Ausdruck bringen oder eine Brücke zur Einleitung schlagen.

den Schluss formulieren

- Es würde mich stolz machen, wenn ...
- Ich kann euch versprechen: Wer den Schritt wagt ...
- Wie soll es weitergehen? Das war die Frage, mit der ich ...
- Am Anfang meines Plädoyers habe ich gefragt, ...

Das Plädoyer üben und halten

10 Mache dich mit deinem Text so vertraut, dass du das Plädoyer möglichst frei halten kannst.

sich den Text einprägen

a) Lies deinen Text mehrmals laut, um ihn dir einzuprägen.

b) Fertige Stichwortkärtchen als Gedankenstützen an.
– Schreibe die Wörter groß und gut lesbar.
– Verdeutliche mit Pfeilen deine Gedankenschritte.
– Markiere Wörter, die du besonders betonen willst.

11 a) Trainiere Stimme und Atmung mit „Stimm-Jogging":
– Zähle langsam von 15 rückwärts.
– Sprich einen Zungenbrecher unterschiedlich laut und schnell.

den Vortrag üben

b) Übe den möglichst freien Vortrag deines Plädoyers zunächst allein.
Lies langsam und mit sinngebender Betonung.

c) Übt in kleinen Gruppen und gebt euch gegenseitig eine Rückmeldung.
Ihr könnt dazu einen Beobachtungsbogen nutzen.

12 Haltet eure Plädoyers vor der ganzen Klasse.
Die Zuhörer/innen geben jeweils eine konstruktive Rückmeldung.

Das habe ich gelernt

- Erkläre an Beispielen, was „konstruktiv diskutieren" bedeutet.
- Erläutere, was bei einer Rollendiskussion zu beachten ist.
- Führe auf, was man bei der Vorbereitung eines Plädoyers beachten muss.
- Nenne vier rhetorische Stilmittel und formuliere jeweils ein Beispiel.
- Erstelle eine Checkliste zum Thema „Ein Plädoyer vorbereiten und halten".

Sprechen und zuhören

Anwenden und vertiefen

Aussagen untersuchen

1 a) Erkläre, warum die folgenden Aussagen destruktiv sind und auf welcher Ebene sie verletzen.

> **A** „Wenn du nicht ins Ausland gehst, wird aus dir nichts werden."

> **B** „Du machst das doch nur für deinen Lebenslauf, nicht weil das Land dich interessiert."

> **C** „Wie willst du dort klarkommen, wenn du hier nur Pommes und Currywurst isst?"

Aussagen konstruktiv formulieren

b) Formuliere die Aussagen so um, dass sie konstruktiv sind und die Sachebene betont wird.

rhetorische Stilmittel erklären und verwenden

2 a) Erklärt in Partnerarbeit die folgenden rhetorischen Stilmittel: Alliteration, Anapher, Antithese, rhetorische Frage.

b) Erklärt die jeweilige Funktion jedes dieser Mittel.

c) Formuliere zu jedem rhetorischen Mittel ein Beispiel aus dem Themenbereich „Ein Jahr ins Ausland?".

d) Tragt in Partnerarbeit gegenseitig eure Beispiele vor. Das Gegenüber benennt jeweils das rhetorische Mittel und seine Funktion.

e) Gestaltet in der Gruppe ein Lernplakat „rhetorische Stilmittel". Führt darin alle bisher gelernten Mittel auf.

ein Plädoyer vorbereiten und halten

3 „Sollte ein vierwöchiges Auslandspraktikum im ersten Halbjahr der zehnten Klasse Pflicht werden?"

a) Sammelt in Kleingruppen Pro- und Kontra-Argumente und stützt sie mit Belegen/Beispielen.

b) Erarbeitet in Partnerarbeit ein Plädoyer für oder gegen diesen Vorschlag. Verwendet dabei unterschiedliche rhetorische Mittel.

c) Übt in Partnerarbeit den Vortrag des Plädoyers.

d) Haltet eure Plädoyers in der Gruppe. Gebt euch gegenseitig konstruktive Rückmeldungen zu Inhalt und Vortrag.

Reiselust – die Welt erobern
Ein informatives Faltblatt erstellen

Was weißt du schon?

- Tauscht euch darüber aus, was „informativ" bedeutet.
- Fasse zusammen, welche informativen Texte du bereits geschrieben hast.
- Sammle Folder (Faltblätter) und Flyer (Handzettel, Flugblätter) für dein Portfolio.
- Bist du schon einmal alleine oder mit Freundinnen/Freunden in Urlaub gefahren? Berichte.
- Tauscht euch über folgende Fragen aus:
  – Welche Möglichkeiten gibt es, mit Jugendlichen zu verreisen?
  – Was sollte beachtet werden, wenn Jugendliche ohne Elternbegleitung verreisen?

Informationen sammeln und ordnen

Viele Jugendliche möchten in den Ferien nicht mehr mit ihren Eltern, sondern mit Gleichaltrigen verreisen. In diesem Kapitel erstellt ihr ein Faltblatt, das Jugendliche über wichtige Aspekte dieses Themas informiert.

informierende Texte zum Thema lesen

1 Verschaffe dir einen ersten Überblick über das Thema, indem du die folgenden Texte orientierend liest.

M1 Urlaub ohne Eltern – das erste Mal

Ein Interview von Hans Gasser

[…]
Etwa 1,7 Millionen Kinder und Jugendliche unternehmen jährlich eine organisierte Reise mit Gleichaltrigen. In Deutschland bieten vor allem kirchliche Verbände und eine Reihe von spezialisierten Veranstaltern Jugendreisen an: Sprachreisen, Abenteuercamps,
5 Klassenfahrten. Stephan Schiller vom Bundesforum Kinder- und Jugendreisen erklärt, warum Kinder immer früher ohne Eltern verreisen und weshalb immer weniger Jugendliche einfach mal so ins Blaue fahren.
[…]

SZ: Warum braucht es eigentlich eigene Reisen für Jugendliche?
10 Sind die nicht lieber auf eigene Faust unterwegs?
Schiller: Bestimmte Reisen wie Au-pair-Aufenthalte*, Sprachreisen, Workcamps kann man fast nicht selbst organisieren. Rechtsvorschriften müssen eingehalten werden, da ist es besser, wenn man jemanden hat, der das organisiert. Je älter die jungen Leute
15 werden, desto lieber wollen sie aber auch mal allein wegfahren. Allerdings: Wer einmal mit einer Gruppe Gleichaltriger weg war, der will das wieder tun. Die Eltern sind beruhigter, wenn dies mit einem seriösen Veranstalter geschieht.

SZ: Haben die Jugendlichen die Lust am Abenteuer verloren, am
20 Ungewissen?
Schiller: Den Abenteuerurlauber gibt es auch weiterhin, aber erst mit 17, 18. Die Zeit, in der Jugendliche nur auf Spaßangebote aus waren, ist vorbei. Die meisten wollen Spaß und Bildung kombinieren, wollen eine Sprache lernen im Urlaub oder eine
25 neue Sportart. Bei Work-und-Travel-Aufenthalten* ist es natürlich bequemer, sie über einen spezialisierten Veranstalter zu buchen. Was nicht heißt, dass man alles serviert bekommt. […]

SZ: Stimmt es, dass Mädchen sich im Urlaub eher in Projekten engagieren, während Jungs eher auf Spaß aus sind?
30 **Schiller:** Ja, diese Tendenz besteht. Bei den meisten Bildungsangeboten gibt es deutlich mehr weibliche Gäste. Aber die Veranstalter haben sich darauf eingestellt. Es gibt nun auch Angelferien oder Survivalcamps*, die vor allem von Jungs gebucht werden. […]

Au-pair (franz.): Ein Au-pair-Mädchen oder Au-pair-Junge betreut die Kinder einer Familie gegen freie Unterkunft, Verpflegung und ein Taschengeld.

Work und Travel (engl.): Kombination aus Arbeiten und Reisen im Ausland

das Survivalcamp (engl.): Urlaubslager mit Überlebenstraining in der Natur

M2 Ab in den Urlaub – am liebsten ohne Eltern

Von Anna-Maria Krenz

Sommer, Sonne, Strand und Meer klingt für viele Jugendliche sehr verlockend. Und das Ganze dann auch ohne Eltern zu erleben, hört sich noch viel besser an. Knapp 50 Prozent der Jugendlichen ab 13 Jahren wollen lieber alleine in den Urlaub fahren. […] Viele Eltern fragen sich jedoch, ab welchem Alter es rechtlich erlaubt ist, die Kinder alleine wegfahren zu lassen. Dazu erklärt Jugendamtsleiter Markus Wimmer, dass es prinzipiell keine gesetzliche Regelung gebe, die einen Urlaub ohne Eltern für Jugendliche unter 18 verbiete. […]
Je älter das Kind wird, desto größer wird der Wunsch nach einem Urlaub ohne Eltern. Die Jugendlichen möchten selbstständig und unter sich sein. Da kommen Organisationen, die Jugendfahrten durchführen, den Eltern gerade recht. […]
Das Angebot reicht von Musicalfahrten über Ski- und Snowboardfahrten bis hin zu Badefreizeiten in Kroatien oder Rimini. Kreisjugendpfleger* Maier findet diese Jugendfahrten durchaus positiv für Teenager, da das soziale Lernen sehr gefördert werde: „Die Jugendlichen lernen, mit Gleichaltrigen auszukommen, sich bei Mehrheitsentscheidungen einzubringen und mitzudiskutieren." […]
Ein Thema, das vielen Eltern Sorgen bereitet, ist der Konsum von Alkohol, Zigaretten und Drogen. Markus Wimmer betont: „Egal in welches Land die Jugendlichen reisen, es gelten immer die Gesetze des jeweiligen Landes und die Jugendlichen haben sich auch danach zu richten." […]
Doch nicht alle Jugendlichen mögen solche organisierten Fahrten. Viele wollen sich auf eigene Faust auf den Weg machen und neue Städte und auch Länder erkunden. Ob der Teenager alleine in den Urlaub fahren darf, hänge nach Auskunft von Wimmer von den Eltern ab. „Die Erwachsenen können ihren Nachwuchs einschätzen und müssten wissen, ob ihre Kids alleine zurechtkommen", erklärt er.
[…]
Oftmals scheitern die Minderjährigen aber schon bei der Buchung einer selbst organisierten Reise. „Da Jugendliche unter 18 Jahren nicht geschäftsfähig sind, dürfen sie nur Verträge abschließen, die sie dann auch von ihrem eigenen Taschengeld bezahlen können", so Wimmer weiter. Wenn es beispielsweise an die Hotelbuchung im Ausland geht, ist es sinnvoll, diese Buchung durch die Erziehungsberechtigten legitimieren zu lassen. Außerdem können viele Probleme vermieden werden, wenn die Eltern ihren Schützlingen für ihren Urlaub eine formlose Einverständniserklärung mitgeben. […]

der Kreisjugendpfleger: in der Jugendarbeit tätiger städtischer Mitarbeiter

Informationen exzerpieren und ordnen

INFO
Ein **Exzerpt** ist eine Textzusammenfassung, die nur die wesentlichen Aussagen eines Textes wiedergibt.

Informative Texte verfassen

2 Exzerpiert die Informationen aus den Texten in Partnerarbeit. Ordnet sie nach Oberbegriffen, zum Beispiel in einer Mindmap.

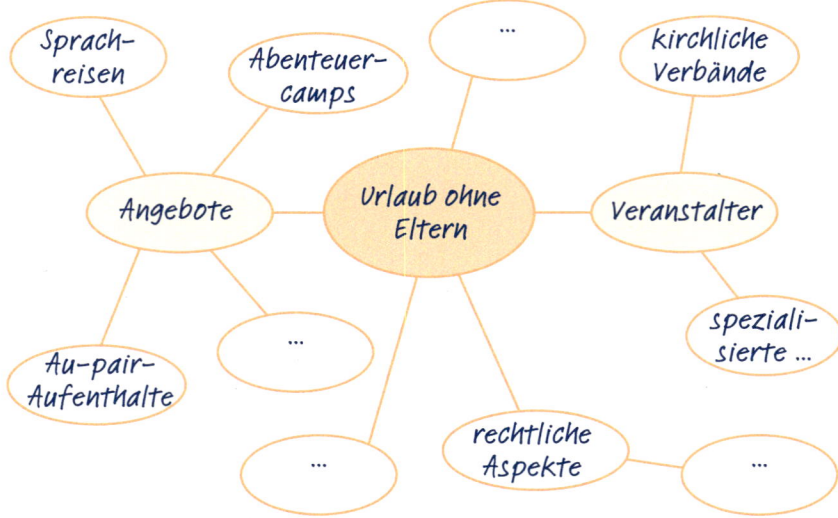

den Text adressatengerecht planen

3 Welche Informationen könnten außerdem für die Leser/innen eures Faltblatts interessant sein?

a) Benennt den Adressatenkreis des Faltblatts, z. B.:
– Jugendliche, die sich eine organisierte Jugendreise oder eine Reise auf eigene Faust wünschen,
– …

b) Notiert die Aspekte, über die euer Faltblatt informieren soll, z. B.:
– Internetadressen von Veranstaltern,
– Tipps für eine Diskussion mit besorgten Eltern,
– …

c) Ergänzt gegebenenfalls eure Mindmap.

verschiedene Informationsquellen nutzen
➔ Quellen angeben, S. 245

4 Sammelt weitere Informationen für das Faltblatt.

a) Tragt in Gruppen zusammen, was ihr selbst schon zum Thema wisst und ergänzen könnt. Eine Liste mit Suchbegriffen hilft, vor allem bei der Internetrecherche.

b) Listet weitere Informationsquellen auf, z. B.:
– Internet,
– Prospekte/Kataloge aus dem Reisebüro,
– Jugendamt,
– …

c) Recherchiert arbeitsteilig weitere Informationen. Notiert stets die Quellenangabe bzw. den Link zu den Informationen.

Aufbau und Gestaltung planen

1 a) Faltet ein Blatt Papier DIN A 4 auf unterschiedliche Arten. Entscheidet, wie euer Faltblatt später gefaltet sein soll.

b) Nummeriert die Seiten, um den Überblick zu behalten.

die Grundform des Faltblatts festlegen

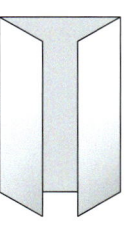 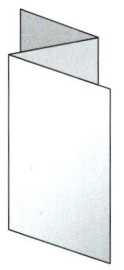 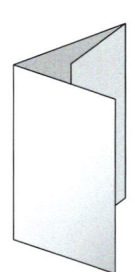

2 Erarbeitet zu zweit, was bei der Gestaltung eines Faltblatts zu beachten ist.

Kriterien für die Gestaltung erarbeiten

a) Vergleicht die beiden Titelseiten eines Faltblatts. Was ist gelungen, was ist weniger gelungen?

→ heiße Tipps
  → Topinfos
    → brandaktuelle News

So wird aus deinen Ferien mit Freundinnen und Freunden ein unvergessliches Erlebnis!

Du willst mit Freunden verreisen?

– Du hast keine Ahnung, wie du das anstellen sollst?
– Du weißt nicht, was du bei der Planung beachten musst?
– Du suchst nach tollen Seiten im Internet?

Hier findest du Antworten!
Seite 1 – Die Planung
Seite 2 – Das muss mit!
Seite 3 – Erprobte Reisen
Seite 4 – Tolle Internetadressen
Seite 5 – Hits, Tipps und Infos
Seite 6 – Notizen

Urlaub mit der Familie war gestern, Ferien mit Freunden ist heute!

b) Untersucht und beurteilt die Gestaltung eurer gesammelten Folder und Flyer (vgl. S. 27).

c) Erarbeitet eine Liste mit Kriterien für die ansprechende und übersichtliche Gestaltung eines Faltblatts.

TIPP
Achtet auf
> Menge und Gestaltung der Informationen auf unterschiedlichen Seiten,
> Übersichtlichkeit,
> Überschriften,
> Schriftgrößen,
> Bildmaterial.

Informative Texte verfassen

einen Schreibplan erstellen

HILFE
Seite 1
> Thema: Los geht's – diesmal ohne Eltern!
> Foto: Jugendgruppe um Lagerfeuer versammelt
> ...

Piktogramme verwenden

INFO
das Piktogramm: Symbol, das eine Information durch einfache, grafische Darstellung vermittelt.

TIPP
Ihr könnt auch Zeichen wie Smileys (lächelndes Gesicht) verwenden.

Bildmaterial verwenden

INFO
Bilder aus dem Internet könnt ihr nicht einfach nutzen, sondern ihr müsst in der Regel die Einwilligung des Rechteinhabers einholen.

3 Plant die einzelnen Seiten des Faltblatts.

a) Notiert, welche Art von Informationen auf welcher Seite stehen soll.

> Seite 1 (Titelseite: erster Eindruck!): Thema des Faltblatts, ...
> Seite 2 (erste Innenseite): „Botschaft" des Faltblatts
> Seite 3 ff. (Infoseiten): ausführliche ...
> Seite 6 (Rückseite): ...

b) Notiert in Stichworten die konkreten Inhalte für jede Seite. Greift dabei auf eure Materialsammlung zurück (S. 30, Aufg. 4).

4 Piktogramme lockern einen Text auf und zeigen, wo welche Information zu finden ist.

a) Erklärt die Bedeutung dieser Piktogramme. Nennt jeweils ein Beispiel für die Verwendung.

b) Sucht weitere Piktogramme oder Zeichen, die sich für die Gestaltung eines Faltblatts eignen.

c) Plant an geeigneten Stellen eures Faltblatts Piktogramme ein.

5 a) Sucht Bilder, die die Informationen des Faltblatts ergänzen, z. B. Ferienfotos oder Bilder von Klassenfahrten.

b) Plant die Verteilung von Text- und Bildmaterial auf den einzelnen Seiten.

Ein informatives Faltblatt gestalten

Das Besondere an einem Faltblatt ist seine kompakte Form.
- Eine treffende **Überschrift** auf der Titelseite soll die Leser/innen ansprechen und auf den ersten Blick zeigen, über welches Thema das Faltblatt informiert.
- **Inhalt und Layout** sollten zum Adressatenkreis passen.
- Die Informationen sollten auf dem begrenzten Platz **kurz und verständlich** dargestellt werden und noch Platz für ansprechende Abbildungen lassen.
- Hinweise auf **weiterführende Informationen,** z. B. Ansprechpartner oder Webseiten, runden das Faltblatt ab.

Verständlich und ansprechend formulieren

1 Formuliert die Zwischenüberschriften auf dem Faltblatt ansprechend, informativ und gerne auch witzig, z. B.:

> Toptipps   Bloß nicht!   Unbedingt dran denken!
> Ein Reiseprofi empfiehlt

adressatengerecht formulieren

2 Auf einem Faltblatt ist kein Platz für lange Texte.

a) Lies den Textentwurf für eine Seite im Infoteil des Faltblatts.

Spartipps für die Reiseplanung
Wenn du dich entschlossen hast, so eine Reise mit Jugendlichen zu machen, gibt es einiges, worauf du achten solltest.
Ganz wichtig ist die Auswahl der Veranstalter. Wir geben dir den guten Rat, erst mal unterschiedliche Angebote zu vergleichen. Nicht nur die Preise sind unterschiedlich, sondern auch das, was du für dein Geld bekommst. Bei manchen Angeboten musst du nämlich für die Ausflüge oder Sportangebote extra bezahlen. Einige Veranstalter wiederum geben sogar Rabatte. Wenn man früh genug bucht, kann man einige Euros sparen, oder wenn man mit einer kleinen Gruppe von 4 oder 5 Freunden bucht, bekommt man einen Gruppenrabatt.

b) Überarbeite den Text so, dass er auf eine halbe Faltblattseite passt, ansprechend klingt und gut verständlich ist. Du kannst die sprachlichen Mittel in der Randspalte nutzen.

kurz und verständlich formulieren

INFO
sprachliche Mittel:
> Aufforderungssätze
> direkte Ansprache der Leser/innen
> Fragen an die Leser/innen
> Stilmittel von Werbetexten wie Wortspiele, Wiederholungen

3 a) Formuliert die Texte für die Seiten eures eigenen Faltblatts.

b) Überarbeitet die Faltblätter mit Hilfe eures Kriterienkatalogs (siehe S. 31, Aufg. 2 c) sowie mit den Hinweisen auf der inneren Umschlagseite hinten im Buch.

das Faltblatt ausformulieren und überarbeiten

4 Stellt eure Faltblätter in der Klasse vor.
– Begründet eure Informationsauswahl.
– Erläutert Aufbau, Stil und Gestaltung.

das Faltblatt erläutern

Das habe ich gelernt

- Notiere die Merkmale eines informativen Faltblatts.
- Erkläre, warum der Adressatenbezug wichtig ist.
- Erläutere Gestaltungsmittel für ein Faltblatt.
- Schreibe eine Checkliste zur Gestaltung eines Faltblatts.

Informative Texte verfassen

Anwenden und vertiefen

Lies den folgenden Text, der an alle Schüler/innen einer Schule verteilt wurde.

die SV: Schülervertretung

> Liebe Mitschülerinnen und Mitschüler,
>
> wie ihr alle bestimmt schon mitbekommen habt, findet am 26.6. unser großes Sommerschulfest statt.
> Es sind wie immer tolle Sachen geplant. Es wird Spiele auf dem Hof und dem Sportplatz geben, die Ergebnisse der Projektwochen werden vorgestellt und auch für ein umfassendes Angebot an Kuchen, Würstchen und Getränken ist gesorgt. Alles wie gehabt!
>
> Wir, die SV* und die Schülersprecher/innen, haben uns für dieses Jahr aber etwas Neues ausgedacht. Wir werden in der Aula den Talentwettbewerb „Schule der Stars" veranstalten.
> Wenn du singen, tanzen, rappen, zaubern, turnen, kopfrechnen, ein Instrument spielen, rückwärts reden, ein Gedicht aufsagen oder Ähnliches kannst, melde dich an.
> Wenn du dich mit deiner Band, deiner Theater- oder Tanzgruppe dem Battle stellen möchtest, bist du bei uns richtig!
> Melde dich bis zum 1.6. an und hol dir deine Startnummer.
> Du findest uns montags und donnerstags in der Mittagspause im SV-Raum 112. Wer in der Jury sitzt, ist noch streng geheim!
>
> Wir freuen uns auf eure Anmeldungen!
> Die SV

Informationen exzerpieren und ordnen

1
a) Fasse die Informationen des Briefes oben stichpunktartig zusammen.
b) Formuliere Oberbegriffe und ordne ihnen die Stichpunkte zu.

Inhalte zusammenfassen

einen Schreibplan erstellen

2
a) Fasse in einem Satz zusammen, worum es im Brief oben geht.
b) Erstelle anhand des Briefes einen Schreibplan für ein Faltblatt, das das Sommerfest ankündigt. Plane auch Piktogramme mit ein.

ein Faltblatt nach Vorgaben gestalten

3 Gestalte ein zweiseitiges Faltblatt in Postkartengröße, das zur Teilnahme am Talentwettbewerb aufruft.

ein Faltblatt ohne Vorgaben gestalten

4 Gestalte ein Faltblatt zu einem Thema deiner Wahl, z. B. „Eine Zeit lang im Ausland leben?" (S. 17 ff.).

Frisch auf den Müll
Einen informativen Text verfassen

Was weißt du schon?

- Beschreibe die Abbildung.
  Stelle einen Zusammenhang zum Titel des Kapitels her.

- Aus welchen Gründen werden Lebensmittel weggeworfen? Nenne sie.

- Beschreibe, wie du vorgehst, wenn du einen Sachtext zu einem bestimmten Thema erschließt.

- Nenne Methoden, mit denen man Informationen ordnen und strukturieren kann.

- Du sollst einen Text schreiben, der über den Umgang mit Lebensmitteln informiert. Nenne Merkmale eines informativen Textes.

Informative Texte verfassen

Sich dem Thema nähern

überfliegend lesen

1 Die journalistischen Texte auf den folgenden Seiten dienen dir als Grundlage für einen informativen Text zum Thema „Umgang mit Lebensmitteln".

a) Überfliege die Texte zur ersten Orientierung.

b) Notiere die angesprochenen Themengebiete.

M1 „Wir werfen einfach viel zu viel weg. Diesen Trend müssen wir stoppen"

Bundesministerin Aigner im Gespräch mit der BILD zu einer Studie des Bundesministeriums für Ernährung, Landwirtschaft und Verbraucherschutz [...]

Frage: Lebensmittel werden immer teurer, trotzdem landen
5 weltweit jährlich bis zu 1,2 Milliarden Tonnen Nahrungsmittel im Müll. Geht es uns zu gut, Frau Aigner?
Ilse Aigner: Fakt ist, dass wir in einer Überflussgesellschaft leben. Wir werfen einfach viel zu viel weg. Diesen Trend müssen wir stoppen. Nach uns vorliegenden Schätzungen wandern in
10 Deutschland pro Jahr bis zu 20 Millionen Tonnen Nahrungsmittel in den Abfall – pro Person im Wert von 330 Euro.

Frage: Was sind die Gründe?
Ilse Aigner: Eine Umfrage im Auftrag meines Ministeriums ergab: 84 Prozent werfen Nahrungsmittel weg, weil das Haltbarkeitsdatum
15 abgelaufen oder die Ware verdorben ist. 19 Prozent nennen zu große Packungen als Hauptgrund. 16 Prozent der Bürger werfen Lebensmittel weg, weil sie ihnen nicht schmecken. Mehr als ein Viertel gibt an, zu viel gekauft zu haben.

Frage: Was können wir dagegen tun?
20 **Ilse Aigner:** Lebensmittel sind wertvoll – wir sollten sie mehr schätzen! Wichtig ist: Einkauf und Mahlzeiten sorgfältig planen, regelmäßig Vorräte auf Haltbarkeit kontrollieren, Reste konsequent verwerten – es gibt spezielle Kochbücher für leckere Gerichte. [...]

Frage: In welche Richtung müssen wir umdenken?
25 **Ilse Aigner:** Unsere Lebensmittel in Deutschland sind von höchster Qualität und doch deutlich günstiger als bei unseren Nachbarn. Wir sollten als Verbraucher beim Einkaufen
30 aber nicht nur auf den Preis achten, sondern auch andere Werte kennen und schätzen: schonenden Umgang mit der Umwelt, Tierschutz, Würdigung
35 und Bewahrung regionaler Spezialitäten. Und man sollte Mahlzeiten bewusst genießen und nicht nur nebenbei.

M2 Haltbarkeit von Lebensmitteln
Ein Missverständnis namens Mindesthaltbarkeitsdatum

[…] Wenn das Datum auf dem Joghurtbecher, der im Kühlschrank steht, überschritten ist, wird er entsorgt. Dasselbe passiert im Laden – nur schon viel früher, weil kaum jemand Produkte kaufen mag, die scheinbar bald ablaufen. (Und weil die Haftung mit überschrittenem Datum vom Hersteller auf den Supermarkt übergeht, der kein unnötiges Risiko eingehen möchte.)

Dabei bedeutet ein überschrittenes Mindesthaltbarkeitsdatum noch lange nicht, dass der Joghurt nicht mehr genießbar wäre. Die Angabe ist bloß die Garantie des Herstellers, dass bis zu diesem Zeitpunkt alle Eigenschaften des Produkts (zum Beispiel die Cremigkeit) gewährleistet sind. Wer minimale Cremigkeitsabstriche in Kauf nimmt, kann den Becher auch noch Tage später auslöffeln. Wenn er vorher die Anstrengung in Kauf nimmt, die Folie abzuziehen und höchstpersönlich zu testen, ob der Joghurt noch gut ist. Riechen und schmecken nennt man das. Irgendwie müssen wir das verlernt haben.

Das Problem ist: Bei manchen Produkten ist das Haltbarkeitsdatum dann doch unbedingt einzuhalten, bei Eiern zum Beispiel, bei Fisch und Fleisch. Weil uns das unser Magen sonst nämlich nicht verzeiht.

„Es kann doch kein Mensch unterscheiden zwischen dem Verbrauchsdatum, nach dem der Konsum von frischen Lebensmitteln wirklich der Gesundheit schadet, und der Mindesthaltbarkeit", sagt Filmemacher Thurn – und schlägt vor, das Mindesthaltbarkeitsdatum umzubenennen. […] Im Englischen steht auf den Produkten zum Beispiel viel klarer: „best before". Vielleicht fällt jemandem eine elegante Übersetzung ein? […]

Haltbarkeit von Lebensmitteln

	 Joghurt	 Käse	 Fleisch	 Saft
MHD	30 Tage	2–4 Wochen (eingepackter Schnittkäse)	Hackfleisch 1–2 Tage, Frischfleisch 10 Tage, Wurst und Schinken 3 Wochen	Glasflasche 12–18 Monate, Karton 8–12 Monate, PET 9–12 Monate
Haltbarmachung	sterile Verpackungsbedingungen, Deckelverschluss unter keimfreier Luft	Konservierungsstoffe, keimfreie Produktionsanlagen, Schutzgas in Verpackung	Pökeln, Trocknen, keimfreie Produktionsanlagen, Schutzgas in Verpackung	Pasteurisierung, Abfüllung unter keimfreier Luft
Konsum nach Ablauf des MHD	2 Wochen	Hartkäselaib länger als 1 Jahr, Schnittkäse 2 Wochen	Hackfleisch 0 Tage (Verbrauchsdatum) Wurst und Schinken 2–3 Tage	Glasflasche 12 Monate, Karton 8 Monate, PET 3 Monate

M3 Kopfüber tauchen in der Mülltonne

[...] Samstag, kurz nach Mitternacht, irgendwo in Mainz. Ein guter Zeitpunkt, um bei Rewe vorbeizuschauen. [...]

Alex ist „Dump Diver". Das klingt nach einer neuen Extremsportart, aber damit hat es absolut nichts zu tun. Ein Dump Diver, zu Deutsch: Mülltaucher, betritt die Supermärkte nicht durch die Eingangstür. Sein Revier ist der Hinterhof, dort, wo sich die Abfallcontainer reihen. Seine Beute: Salat mit etwas welken Blättern, angetrocknetes Brot, Kekse in beschädigten Packungen. Alles, was die Betreiber des Supermarkts nicht mehr verkaufen wollen.

Alex gehört schon seit zwei Jahren zu der Szene. Stetig wächst die Zahl derer, die sich ihr anschließen, gerade in Universitätsstädten wie Mainz, Köln oder Hamburg. Dort durchforsten die Lebensmitteljäger den Müll der Supermärkte fast jede Nacht. [...]

Der Student ist ein Überzeugungstäter, er „containert", um ein Zeichen zu setzen: gegen die Wegwerfgesellschaft, gegen die vorschnelle Entsorgung von Grundnahrungsmitteln, gegen den „Irrsinn", dass etwas im Müll landet, was Menschen noch gebrauchen können. [...]

Um an die Container zu gelangen, muss er erst ein paar Hindernisse überwinden – deutsche Supermärkte schließen ihre Abfälle ein. Sonst könnte, wer Lebensmittel aus den Mülltonnen fischt und daran erkrankt, die Betreiber verklagen.

Alex [...] wird nun etwas tun, was ihm vor Gericht eine Verurteilung wegen Einbruchdiebstahls einbringen könnte. Bisher sind Dump Diver, die erwischt wurden, an deutschen Amtsgerichten zwar glimpflich* davongekommen. Doch theoretisch wären auch Gefängnisstrafen drin. [...]

Der Biologiestudent fischt zwei Packungen gekochten Schinken heraus, vier Packungen Kloß-Teig, sieben Packungen Brotaufstrich und frischen Schnittlauch, dann wendet er sich den anderen Containern zu. „Es ist ein bisschen, als würde man in einer Schatztruhe wühlen", sagt er und findet dann noch Paprika, Tomaten, Blumenkohl, Salat, Orangen, Melonen, Camembert und Antipasti*. [...]

Wie viele Tonnen Speisen jedes Jahr in den Abfallcontainern deutscher Supermärkte landen, ist statistisch nicht erfasst. Aber eine Studie aus Österreich hat ergeben, dass eine einzige Filiale knapp 50 Kilogramm pro Tag entsorgt. [...]

glimpflich: gnädig, mild, nachsichtig

die Antipasti (Plural, ital.): Vorspeisen

M4 Lebensmittel: Anbauen für die Tonne

20 Millionen Tonnen Lebensmittel landen in Deutschland jährlich statt auf dem Teller in der Tonne. Hohe Ansprüche der Kunden und ein harter Wettbewerb auf dem Lebensmittelmarkt tragen stark dazu bei. Das spüren auch Landwirte in der Region.

Die Hände von Tobias Ertle sind rau wie Schmirgelpapier. Ob Zwiebeln, Zucchini, Salat oder Karotten – alles, was vor ihm auf dem Marktstand liegt, ist durch diese Hände gegangen. Ertle führt eine Gärtnerei in Sontheim. Es ist ein kleiner Familienbetrieb. Neben Blumen werden Lebensmittel angebaut, die er im Hofladen und auch auf dem Ulmer Wochenmarkt verkauft. Doch lange nicht alles, was Ertle gepflanzt und geerntet hat, schafft es auf den Verkaufstisch. „30 Prozent von jeder Kultur* werden gleich auf dem Feld runtergefräst*, weil es nicht schön genug ist", sagt er. „Der Verbraucher ist inzwischen unglaublich anspruchsvoll."

Ganz besonders hohe Anforderungen müsse Ertle erfüllen, wenn er an große Supermarktketten liefert. Doch das führt auch dazu, dass Lebensmittel, die lediglich optische Makel* aufweisen, weggeworfen werden. „Bei Blumenkohl ist es ganz schlimm. Sobald er Sonne sieht, wird er gelb. Und dann ist alles unverkäuflich, auch wenn dem Gemüse nichts fehlt", sagt Ertle und fügt hinzu: „Das ist unsere Gesellschaft." […]

Alles, was den Normierungen* widerspricht, hat oft keine Chance im Verkauf. Wenn Ertle etwa seinen Blumenkohl oder Salat an den Großhandel loswerden will, muss er normierte* Ware liefern. Sechs Blumenkohlköpfe sollen in eine Kiste passen. Beim Salat sind es zwölf, ohne Rücksicht auf die natürlichen Unterschiede. Dieses Jahr gibt es Probleme mit Kartoffeln. „Es gibt Übergrößen", sagt der Gärtner und zeigt auf zwei Säcke, die auf dem Boden stehen: „Die muss ich austauschen". Eine Gastwirtin habe sie zurückgehen lassen, weil die Größe nicht passt. […]

Makellosigkeit und ein möglichst niedriger Preis seien gefragt. Dabei spiele es für viele Verbraucher auch keine Rolle mehr, ob die Gurke aus Spanien oder vom Erzeuger nebenan kommt. Eine Kundin habe Ertle kürzlich erklärt, dass sie nicht bereit sei, mehr als 29 Cent für eine Gurke auszugeben. Bei diesen Preisen könnte ein kleiner Betrieb auf Dauer aber nicht überleben. „Unter 50 Cent gebe ich keine Gurke weg", sagt Ertle entschieden. […]

die Kultur: *hier:* Anbau, Pflanzenzucht
runterfräsen: zerkleinern und unterarbeiten

der Makel: Fleck, Fehler

die Normierung: Regelung, Vorgabe
normiert: festgelegt, einheitlich

Einen informativen Text vorbereiten

Im Folgenden bereitet ihr einen informativen Text über den verschwenderischen Umgang mit Lebensmitteln vor. Dafür nutzt ihr die gesichteten Materialien. Die Methode „Gruppenpuzzle" kann dabei hilfreich sein.

Ein Gruppenpuzzle durchführen

So verläuft die Arbeit bei einem Gruppenpuzzle:
- **Schritt 1:** In **Stammgruppen** werden Teilthemen zum Oberthema an die Mitglieder verteilt. Jede/r bearbeitet sein Teilgebiet in Einzelarbeit.
- **Schritt 2:** Die Schüler/innen diskutieren ihre Ergebnisse in themengleichen **Expertengruppen** und überlegen, wie diese am besten vermittelt werden.
- **Schritt 3:** Alle kehren in ihre Stammgruppen zurück und stellen dort ihre Ergebnisse vor. So entsteht das vollständige „Puzzle" zum Oberthema.

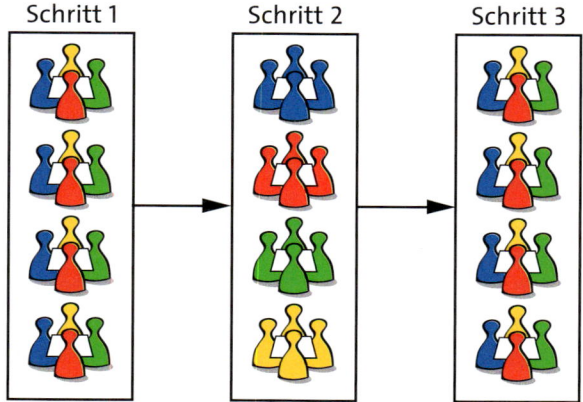

Schritt 1: Sachtexte erschließen

einen Sachtext erschließen

1 a) Bildet Vierergruppen und verteilt Kopien der Grundlagentexte M1–M4 auf die Gruppenmitglieder.

b) Erarbeite deinen Text, indem du
- die Hauptaussage in eigenen Worten formulierst,
- wichtige Informationen unterstreichst,
- Schlüsselwörter markierst,
- Fragen zum Text stellst (z. B. Verständnisfragen, weiterführende Fragen).

Teilüberschriften formulieren

2 Strukturiere den Text durch Teilüberschriften, z. B.:
„Wir werfen einfach viel zu viel weg ..." (M1)
- Zahlen und Fakten zum Wegwerfen von Lebensmitteln
- Gründe für das Wegwerfen von Lebensmitteln
- ...

Schritt 2: Informationen exzerpieren

3 Findet euch in Expertengruppen zum jeweils gleichen Material (Teilthema) zusammen. Stellt euch gegenseitig eure Arbeitsergebnisse vor und klärt offene Fragen.

4 a) Legt ein Exzerpt des Textes auf Karteikarten an.
Verwendet je eine Karte pro Teilüberschrift.
- Notiert oben jeweils die Teilüberschrift.
- Fasst die entsprechenden Informationen aus dem Text stichpunktartig mit eigenen Worten zusammen.
- Notiert passende Zitate und kennzeichnet sie als solche.
- Notiert unten auf der Karteikarte die Textquelle.

ein Exzerpt anfertigen
→ S. 30

> Gründe für das Wegwerfen von Lebensmitteln
> – Umfrageergebnisse für die Gründe: …
> – …
>
> Zitat: „Lebensmittel sind wertvoll – wir sollten sie mehr schätzen!" (M1, Z. 20 f.)
>
> Quelle: M1: „Wir werfen einfach viel zu viel weg. Diesen Trend müssen wir stoppen" (Interview mit Bundesministerin Aigner)

b) Gebt den Text in der Expertenrunde mit Hilfe des Exzerpts wieder und lasst euch eine Rückmeldung geben.

einen Text mit Hilfe eines Exzerpts vorstellen

Schritt 3: Themengleiche Informationen bündeln

5 Stellt eure Ergebnisse anhand der Exzerpte in euren Stammgruppen vor und klärt Rückfragen.

6 Ordnet themengleiche Informationen aus den Materialien 1–4 einander zu:
- Legt Karteikarten mit gleichen Oberbegriffen zusammen.
- Übertragt die Informationen in eine Tabelle.

Informationen aus unterschiedlichen Quellen bündeln

Verschwendung von Lebensmitteln				
	Zahlen und Fakten	Gründe für das Wegwerfen	…	…
M 1	• bis zu 1,2 Mrd. Tonnen …	• Umfrageergebnis: 84 % wegen …	…	…
M 2	• tatsächliche Haltbarkeit …	• …	…	…
…	…	…	…	…

Informative Texte verfassen

Einen informativen Text schreiben

einen Schreibplan anlegen

TIPPS
- Nutze die gemeinsam erstellte Tabelle zu M1–M4.
- Überlege, welche Informationen für deine Zielgruppe interessant, wichtig usw. sind.
- Bringe die Informationen in eine sinnvolle Reihenfolge.
- Plane Zitate mit ein.
  ↪ Zitieren, S. 245

1 Erstelle einen Schreibplan für einen an Schüler/innen gerichteten informativen Text zur Verschwendung von Lebensmitteln.

> *Frisch auf den Müll – über die Verschwendung von Lebensmitteln*
>
> *Einleitung*
> – *Fakten und Zahlen zum Problem nennen:*
>   *Ausmaß der Lebensmittelvernichtung * Studie (M1), …*
> – *…*
>
> *Hauptteil*
> – *Gründe:*
>   – *zu große Packungen (M1, Z. 15 f.)*
>   – *…*
> – *Problem erklären:*
>   – *Mindesthaltbarkeitsdatum*
>   – *…*
> – *Folgerungen: …*
>
> *Schluss*
>
> *…*

einen Textentwurf überarbeiten

2 a) Untersuche den folgenden Entwurf für den Hauptteil. Notiere, was dir gelungen erscheint und welche Textstellen überarbeitet werden sollten.
Orientiere dich dabei am Merkkasten auf Seite 43.

> *[…] Ein Hauptproblem ist das Mindesthaltbarkeitsdatum. Viele Verbraucher glauben, dass die Lebensmittel nicht mehr gut sind, wenn das MHD abgelaufen ist. Das ist aber nicht wahr. Frischmilch ist in der Regel sogar noch eine Woche, nachdem das Mindesthaltbarkeitsdatum abgelaufen ist, einwandfrei. Bei Joghurt ist es ähnlich. Selbst wenn die Konsistenz nicht mehr allerhöchsten optischen Maßstäben gerecht wird, kann das Produkt durchaus noch sehr schmackhaft sein und einen absoluten Hochgenuss darstellen. Supermarktbesitzer schmeißen das Zeug dann trotzdem in den Müll, weil sie dafür haften, dass alles stimmt. Von diesen Abfällen leben Mülltaucher, die man auch Dump Diver nennt. Diese Menschen suchen nachts die Müllcontainer von Supermärkten durch, weil sie es sehr schlimm finden, dass heutzutage so viel Essbares einfach weggeworfen wird. Sie müssen aber aufpassen. Wenn sie erwischt werden, können sie bestraft werden und sogar in den Knast kommen. […]*

b) Tausche dich mit einer Lernpartnerin / einem Lernpartner über eure Ergebnisse aus.

c) Schreibe eine Überarbeitung des Textes in dein Heft.

Informative Texte verfassen

Einen informativen Text schreiben

Beachte die folgenden Hinweise, wenn du einen informativen Text verfasst:
- Gib Antworten auf die wichtigsten W-Fragen.
- Verwende Informationen aus mehreren Materialien. Belege Informationen durch Zitate und Quellenangaben.
- Bündle zusammengehörige Informationen.
- Lass nebensächliche Informationen weg.
- Formuliere sachlich, verständlich und adressatengerecht.
- Ziehe Schlussfolgerungen aus den Informationen.
- Schließe mit einer Empfehlung, Forderung, einem Ausblick o. Ä.

3 Beurteile die folgenden Einleitungen inhaltlich und sprachlich. Erläutere, welche dir am gelungensten scheint.

Einleitung A
– Inhalt: Einstieg mit provokativer, drastischer Aussage ...
– ...

Einleitungen beurteilen

TIPP
Die Einleitung soll
> zum Thema führen, ohne dem Hauptteil vorzugreifen,
> zum Weiterlesen anregen.

A Wir leben in einer ganz üblen Wegwerfgesellschaft. Wenn die Cremigkeit eines Joghurts nicht stimmt, werfen wir ihn gleich weg. [...]

B In Deutschland werden viele Lebensmittel weggeworfen, darum werden immer mehr Menschen Mülltaucher. [...]

C Jährlich werden allein in Deutschland 20 Millionen Tonnen Lebensmittel weggeworfen. [...]

4 a) Schreibe nun deinen eigenen informativen Text.
– Verfasse Einleitung, Hauptteil und Schluss.
– Formuliere eine treffende, ansprechende Überschrift.

b) Überarbeitet eure Texte in Partnerarbeit. Nutzt die Hinweise im Merkkasten.

Texte schreiben und überarbeiten

Das habe ich gelernt

- Ein Exzerpt ist ... und dient zum Beispiel dazu, ...
- So werte ich Materialien zu einem Thema aus: ...
- Die Methode des Gruppenpuzzles fand ich für folgende Arbeitsschritte (nicht/wenig/sehr) hilfreich: ...
- Darauf muss ich achten, wenn ich einen informativen Text schreibe: ...

Anwenden und vertiefen

die zentrale Textaussage formulieren

1 a) Lies den Text und fasse seine Hauptaussage in einem Satz zusammen.

[…] Mit sämtlichen Lebensmittelabfällen aus Europa und Nordamerika könnte man alle Hungernden dieser Welt mehr als satt machen. Und wenn man die Klimagase, die durch Produktion und Vernichtung von Lebensmitteln entstehen, nur um die Hälfte
5 reduzieren würde, hätte das denselben Effekt, wie wenn man jedes zweite Auto stilllegen würde. […]
Wenn wir weniger wegwerfen, freut sich übrigens nicht nur unser Geldbeutel. Wir tragen unseren Teil dazu bei, den Hunger in der Welt zu lindern. „Je mehr wir wegwerfen, desto höher sind die
10 Preise auf dem Weltmarkt, zum Beispiel für Getreide", erklärt Professor Dr. Joachim Braun vom Zentrum für Entwicklungsforschung in Bonn. Sinkt die Nachfrage nach Getreide durch einen achtsameren Umgang damit in den reichen Ländern, so können sich die Ärmsten der Armen mehr Brot kaufen. […]

Inhalte exzerpieren

b) Erstelle ein Exzerpt zu diesem Text.

Informationen einarbeiten

c) Arbeite den neuen Aspekt an einer geeigneten Stelle in deinen Text (S. 40 ff.) ein.

eine Grafik schriftlich auswerten

2 a) Schreibe einen Informationstext, der die Grafik auswertet.

Informationen einarbeiten

b) Arbeite die Informationen aus der Grafik an einer passenden Stelle in deinen Text (S. 40 ff.) ein.

Wo in Europa die Verluste (Lebensmittelabfälle) entstehen

	Landwirtschaftliche Produktion	Handhabung und Lagerung direkt nach der Ernte	Verarbeitung und Verpackung	Vertrieb (Groß- und Einzelhandel, Supermärkte)	Verbraucher	Gesamt
Obst und Gemüse	20 %	5 %	2 %	10 %	19 %	**56 %**
Fleischprodukte	3,1 %	0,7 %	5 %	4 %	11 %	**23 %**

einen informativen Text verfassen

3 Schreibe einen informativen Text für Schüler/innen auf der Grundlage der Materialien des Kapitels „Alles nur Äußerlichkeiten?" (S. 83–92).

Wer euch richtig öffnet ... schwebt
Ein Gedicht interpretieren

Horst Bienek

Wörter

Wörter
meine Fallschirme
mit euch
springe
ich
ab

Ich fürchte nicht die Tiefe
wer euch richtig
öffnet

schwebt

Was weißt du schon?

- Tauscht euch über das Gedicht aus. Erklärt insbesondere
  - das sprachliche Bild des Fallschirms,
  - die Verse „wer euch richtig / öffnet / schwebt",
  - die Rollen von lyrischem Ich und lyrischem Du,
  - den Zusammenhang zwischen Form und Inhalt.

- Erläutert anhand dieses Beispiels, was einen lyrischen Text ausmacht.

- Tauscht euch über folgende Fragen aus:
  - Wie geht ihr an ein Gedicht heran?
  - Welchen Bezug habt ihr zu (bestimmten) Gedichten?

- Notiert in Partnerarbeit die Aspekte, die beim Analysieren eines Gedichts zu beachten sind.

- Listet Stilmittel auf, die in Gedichten oft verwendet werden. Erklärt sie euch gegenseitig.

Mit dem Text ins Gespräch kommen

Vor der Gedichtinterpretation notierst du am besten spontan deine Fragen, Ansichten und Eindrücke. Dieses erste Textverständnis prüfst und vertiefst du im Lauf der Analyse.

Leseeindrücke formulieren

1 a) Lest jede/r für sich das Gedicht leise und (halb)laut.
Sammelt dann in einer Blitzlichtrunde eure ersten Leseeindrücke mit einer kurzen Begründung.

INFO
Ulla Hahn (geb. 1946) schreibt Gedichte, Erzählungen und Romane.

Ulla Hahn

Winterlied (1981)

Als ich heute von dir ging
fiel der erste Schnee
und es machte sich mein Kopf
einen Reim auf Weh.

5 Denn es war die Kälte nicht
die die Tränen mir
in die Augen trieb es war
vielmehr Ungereimtes.

Ach da warst du schon zu weit
10 als ich nach dir rief
und dich fragte wer die Nacht
in deinen Reimen schlief.

b) Diskutiert, ob sich das Gedicht einer der folgenden Gedichtarten zuordnen lässt: Naturgedicht, Liebesgedicht.

c) Beschreibe die Stimmung, die das Gedicht prägt.

ein Gedankengitter prüfen

2 Über die erste Strophe ist ein Gedankengitter zum Text gelegt. Welche Anmerkungen überzeugen dich, was würdest du anders notieren oder ergänzen? Begründe.

Winterlied

Als **ich** heute von **dir** ging	a
lyrisches Ich lyrisches Du	
fiel der erste Schnee	b
und es machte sich mein Kopf	c
einen Reim auf Weh.	b

„Winter": Bild für Kälte auch im übertragenen Sinn

Winteranbruch: Trennung, die sich anbahnt?

Stilmittel: Personifikation; Schmerz, keine Harmonie mehr

Tempus: Präteritum (→ vergangen)
kein festes Reimschema

Die Arbeitstechnik „Gedankengitter" heißt im Englischen treffend „Talking to the text": Hier setzt du dich mit dem Text auseinander und notierst deine ersten Überlegungen zu Inhalt, Form und Sprache.

3 Lege ein eigenes Gedankengitter zum Gedicht „Winterlied" an. Arbeite mit einer vergrößerten Textkopie.
- Notiere deine ersten Überlegungen zu Inhalt, Form und Sprache rechts neben dem Text.
- Führe die Notizen bei Bedarf unter dem Text fort.
- Orientiere dich am Merkkasten unten.

ein Gedankengitter anlegen

4 Vertieft euer Textverständnis in Partnerarbeit oder in Kleingruppen.

a) Vergleicht eure Gedankengitter.

b) Fragt nach Wirkung und Funktion der Gestaltungsmittel.

c) Formuliert offene Fragen zum Gedicht, z. B.:

Fragen zum Gedicht formulieren und diskutieren

> 1. Warum hat die Autorin den Titel „Winterlied" gewählt?
> 2. In welcher Beziehung stehen lyrisches Ich und lyrisches Du zueinander?
> 3. Wofür steht der Begriff „Ungereimtes"?
> 4. Was ist die Aussageabsicht der Autorin?

d) Beantwortet die formulierten Fragen.

❗ Ein Gedicht untersuchen

Achte beim Erschließen eines Gedichts auf folgende Aspekte:
- **Inhalt**
  - Titel (Bezug zum Thema, Besonderheiten)
  - Thema (Worum geht es?)
  - Handlung (Was geschieht?)
  - lyrisches Ich / lyrisches Du
  - Entwicklung im Gedicht (z. B. Bruch, Steigerung)
- **äußere Form**
  - Einteilung in Strophen und Verse
  - Reimschema
  - Metrum
- **sprachliche Gestaltung**
  - Schlüsselwörter, -verse
  - Wortwahl, Satzbau, Satzlänge
  - Mehrdeutigkeit
  - Stilmittel (z. B. Alliteration, Enjambement, Metapher, Personifikation, Symbol, Vergleich)

Frage nach **Funktion und Wirkung** der Gestaltungsmittel.

→ lyrische Texte, S. 226 f.

Einen Schreibplan erstellen

Für die schriftliche Interpretation sollen die gesammelten Eindrücke und Erkenntnisse zum Gedicht systematisch geordnet werden.

einen Schreibplan erstellen

1 a) Erstelle einen Schreibplan, indem du deine Notizen diesen Gesichtspunkten zuordnest:
– Inhalt,
– äußere Form,
– sprachliche Gestaltung,
– Aussageabsicht (Intention),
– Wertung (z. B. Aktualität, Bedeutung für dich, Kritik).

Ulla Hahn: „Winterlied"

1) Inhalt
 – *Überschrift: „Winter": Bild für Kälte (auch übertragen)*
 – *Thema: Ende einer Beziehung*
 – *...*

2) äußere Form
 – *drei Strophen mit jeweils vier Versen*

3) sprachliche Gestaltung
 – *Schlüsselwörter: Winter (im Titel), Ungereimtes (V. 8), ...*
 – *...*

b) Gib die Verszeilen an, auf die sich deine Notizen beziehen.

> **❗ Eine Gedichtinterpretation schreiben**
>
> - Komme mit dem Text „ins Gespräch", notiere erste Eindrücke und Gedanken in einem **Gedankengitter.**
> - Erstelle einen **Schreibplan,** in dem du deine Notizen nach Oberbegriffen ordnest.
> - Formuliere die **schriftliche Interpretation.**
>   **Einleitung:** Nenne Textsorte, Titel, Autor/in, Thema und Kernaussage.
>   **Hauptteil:**
> - Beginne mit einer kurzen Beschreibung der Form und einer Inhaltsangabe, z. B. strophenweise.
> - Erläutere ausführlicher Form, Inhalt und Sprachgestaltung.
> - Erkläre die Wirkung der sprachlichen Mittel.
> - Belege Aussagen mit **Zitaten.** Gib die Verszeile an.
>   **Schluss:** Fasse die wichtigsten Ergebnisse zusammen und nimm begründet Stellung zur Kernaussage des Gedichts.
> - Bei manchen Gedichten (vgl. S. 50 f.) ist der **Entstehungshintergrund** ein wichtiger Gesichtspunkt (Zeitgeschichte, Autorbiografie). Hier helfen Lexika oder Recherchen im Internet.

Die Interpretation schreiben

Der Schreibplan ist die Grundlage für die ausführliche Gedichtinterpretation.

1 a) Vollziehe nach, wie die Hinweise im Merkkasten auf Seite 48 in diesem Schülerentwurf umgesetzt wurden.

b) Benenne Punkte, die ergänzt oder umformuliert werden sollten. Nutze dazu deinen Schreibplan und den Merkkasten.

eine Interpretation untersuchen

> ### Einleitung
> *In dem Gedicht „Winterlied" von Ulla Hahn geht es um das Ende einer Beziehung [...]*
>
> ### Hauptteil
> *Das Gedicht ist in drei Strophen mit jeweils vier Versen eingeteilt und enthält nur vereinzelt Reime. Das Metrum ist der [...].*
> *Im Text wird die innere Verfassung des lyrischen Ichs geschildert, die von Abschiedsschmerz (Strophe 1), Verwirrung über „Ungereimtes" (Strophe 2, V. 8) und dem Gefühl von Entfremdung und Eifersucht (Strophe 3) gekennzeichnet ist.*
> *In der ersten Strophe klingen die Themen Abschied (V.1), Winterkälte („der erste Schnee", V.2) und Schmerz (V.3 f.) an. Schnee und Winter stehen bildhaft für [...].*
> *Der Kopf, der das verstandesmäßig erfassen will, wird personifiziert: Er macht sich „einen Reim auf Weh" (V.4).*
> *[...]*
> *Das lyrische Ich merkt, dass das lyrische Du sich schon zu weit von ihm entfernt hat, was hier übertragen gemeint ist. Es klingt wie ein Seufzer: „Ach da warst du schon zu weit" (V.9).*
> *[...]*
>
> ### Schluss
> *Ich verstehe das Gedicht als Schilderung einer sich anbahnenden Trennung aus der Sicht des lyrischen Ichs.*
> *Die Autorin hat mit diesem Gedicht möglicherweise [...]*
> *Gelungen finde ich an der Gestaltung des Gedichts [...]*

2 Verfasse eine eigene Interpretation, die alle genannten Aspekte berücksichtigt. Nutze deinen Schreibplan.

eine Interpretation schreiben

3 Überarbeitet eure Texte in einer Schreibkonferenz (s. S. 245). Ihr könnt dabei die Aspekte einer Gedichtuntersuchung (Merkkasten S. 47) aufteilen und arbeitsteilig prüfen.

die Interpretation überarbeiten

Zu literarischen Texten schreiben

Ein Gedicht im historischen Kontext deuten

den Inhalt erfassen

1 a) Lies das Gedicht und die Worterklärungen dazu.

b) Fasse den Inhalt in ein bis zwei Sätzen zusammen.

INFO
Christian Hoffmann von Hoffmannswaldau (1616–1679) war ein schlesischer Lyriker.

corall: Korallenrot
für welchen solches fällt: egal, auf wen sie fallen
zeitlich: mit der Zeit
itz, itzund: jetzt
tilgt ... als: macht ... zu
gemein: gewöhnlich
wohlgesetzt: anmutig gesetzt
nichts und nichtig werden: vergehen
denn: *hier:* dann
diß: dies
hertze: Herz
dieweil: weil

Christian Hoffmann von Hoffmannswaldau

Vergänglichkeit der Schönheit (1695)

Es wird der bleiche todt mit seiner kalten hand
Dir endlich mit der Zeit um deine Brüste streichen /
Der liebliche corall* der Lippen wird verbleichen;
Der schultern warmer schnee wird werden kalter sand. /

5 Der augen süsser blitz / die kräffte deiner hand /
Für welchen solches fällt* / die werden zeitlich* weichen /
Das haar / das itzund* kan des goldes glantz erreichen /
Tilgt* endlich tag und jahr als ein gemeines* band.

Der wohlgesetzte* fuß / die lieblichen gebärden /
10 Die werden theils zu Staub / theils nichts und nichtig* werden /
Denn* opfert keiner mehr / der gottheit deiner pracht.

Diß* und noch mehr als diß muß endlich untergehen /
Dein hertze* kann allein zu aller zeit bestehen /
Dieweil* es die natur aus diamant gemacht.

sprachliche Bilder verstehen

2 Notiere sprachliche Bilder aus dem Gedicht und formuliere sie sinngemäß in heutigem Deutsch.

*Der liebliche corall der Lippen wird verbleichen
–> Das schöne Rot deiner Lippen wird verblassen.*

ein Bild in Bezug zum Gedicht setzen

INFO
Vanitas (*lateinisch:* leerer Schein, Nichtigkeit, Eitelkeit): Das Wort verweist auf die Vergänglichkeit alles Irdischen. Vanitas-Darstellungen waren zur Zeit des Barock (1600–1720) sehr verbreitet.

3 a) Beschreibe das Bild, eine so genannte Vanitas-Darstellung. Was ist zu sehen? Schau genau hin!

b) Deute das Bild und setze es in Bezug zum Gedicht.

Der Traum des Kavaliers (Öl auf Leinwand, Antonio de Pereda um 1650)

4 a) Ordne die Ausdrücke und Sätze im linken Kasten den sprachlichen Mitteln im rechten Kasten zu. Informiere dich bei Bedarf auf Seite 227 unter „Stilmittel".

sprachliche Mittel erkennen

- der bleiche Tod ... wird dir ... streichen (V. 1 f.)
- der Schultern warmer Schnee (V. 4)
- Tag und Jahr (V. 8)
- opfert ... der Gottheit deiner Pracht (V. 11)
- ... es die Natur aus Diamant gemacht (V. 14)

- Personifikation
- Pars pro Toto (der Teil steht für das Ganze)
- Metapher

b) Erkläre die Wirkung dieser sprachlichen Mittel im Gedicht.

c) Beschreibe Besonderheiten am Satzbau und deren Wirkung.

5 Das Gedicht „Vergänglichkeit der Schönheit" entstand in der Epoche des Barock.

ein Gedicht geschichtlich verorten

a) Untersuche, ob folgende Aussage über die Lyrik dieser Zeit auch auf das Gedicht von Hoffmannswaldau zutrifft:

Das Barock

Die Zeit des Barock (1600–1720) war bestimmt durch die Schrecken des 30-jährigen Krieges (1618–1648). Die ständige Bedrohung durch Tod und Krankheit schlug sich auch in der Barocklyrik nieder. Sie ist geprägt von Pessimismus, Todesangst und Lebenssehnsucht sowie
5 dem Bewusstsein der Vergänglichkeit. Die Dichtung verweist darauf, dass das Leben kurz ist und dass auch Schönheit und materielle Güter nur vorübergehend sind. Der Vergänglichkeit alles Irdischen stand die christliche Vorstellung vom ewigen Leben und vom Lohn für ein gottgefälliges Leben gegenüber.

b) Verfasse zu dem Gedicht eine Interpretation, wie du es in diesem Kapitel gelernt hast. Führe den geschichtlichen Hintergrund als einen Gesichtspunkt mit auf.

eine Interpretation verfassen

Das habe ich gelernt

- Beschreibe, in welchen Schritten du bei einer Gedichtinterpretation vorgehst.
- Nenne die Gesichtspunkte, die du bei einer Gedichtinterpretation beachten solltest.
- Warum kann es für eine Interpretation hilfreich sein, biografische bzw. geschichtliche Hintergründe zu kennen? Erkläre.
- Schreibe eine Checkliste, mit der man eine schriftliche Gedichtinterpretation überarbeiten kann.

Schreibe in dein Heft oder Portfolio.

Anwenden und vertiefen

INFO
Ricarda Huch (1846–1947) war eine Dichterin, Philosophin und Historikerin.

Ricarda Huch

Nicht alle Schmerzen

Nicht alle Schmerzen sind heilbar, denn manche schleichen
Sich tiefer und tiefer ins Herz hinein,
Und während Tage und Jahre verstreichen,
Werden sie Stein.

5   Du sprichst und lachst, wie wenn nichts wäre,
Sie scheinen zerronnen wie Schaum.
Doch du spürst ihre lastende Schwere
Bis in den Traum.

Der Frühling kommt wieder mit Wärme und Helle,
10 Die Welt wird ein Blütenmeer.
Aber in meinem Herzen ist eine Stelle,
Da blüht nichts mehr.

ein Gedicht erschließen

1 a) Schreibe in einem Satz, worum es im Gedicht „Nicht alle Schmerzen" geht.

b) Lege ein Gedankengitter zum Gedicht an.

c) Erstelle einen Schreibplan für eine Gedichtinterpretation.

ein Gedicht schriftlich interpretieren

2 a) Fasse den Inhalt des Gedichts „Nicht alle Schmerzen" kurz zusammen.

b) Notiere dein Textverständnis in einem Gedankengitter.

c) Erstelle einen Schreibplan für eine Interpretation. Notiere auch Textbelege für deine Deutung.

d) Schreibe eine Gedichtinterpretation mit Einleitung, Hauptteil und Schluss.

3 a) Beschreibe die Stimmung im Gedicht „Nicht alle Schmerzen". Erläutere, mit welchen Mitteln die Autorin diese Stimmung erzeugt.

b) Interpretiere das Gedicht schriftlich, wie du es in diesem Kapitel gelernt hast.

4 Interpretiere das Gedicht von Horst Bienek (S. 45), wie du es in diesem Kapitel gelernt hast.

ein Gedicht historisch verorten und interpretieren

5 a) Hole Informationen zum historischen Hintergrund des Gedichts „Gründe" von Erich Fried (S. 183) oder „über die Heimat" (1 und 2) von Nevfel Cumart (S. 197) ein.

b) Interpretiere das Gedicht schriftlich und beziehe dabei den historischen Kontext mit ein.

Innenansichten
Produktiv zu literarischen Texten schreiben

INFO
Der Maler **Edward Hopper** (1883–1967) wird der Stilrichtung des Amerikanischen Realismus zugeordnet. Dieser versuchte den „typischen" US-amerikanischen Lebensstil wirklichkeitsnah und oft kritisch darzustellen. Hoppers Ölgemälde „Zimmer in New York" stammt von 1932.

Was weißt du schon?

- Tauscht euch in der Tischgruppe über das Bild von Edward Hopper aus.
- Welche Stimmung vermittelt es?
- Beschreibt die Beziehung des abgebildeten Paares. Nutzt auch die Informationen zum Maler und zum Bild.

- Nennt Formen produktiven Schreibens und ihre typischen Merkmale.

- Was soll deiner Meinung nach produktives Schreiben zu literarischen Texten leisten? Erläutere.

- Berichtet über eure Erfahrungen mit produktiven Schreibaufgaben.

- Wie kann eine szenische Umsetzung einer Textvorlage z. B. in einen Film oder ein szenisches Spiel das Textverständnis stützen? Nimm Stellung.

Sich einem literarischen Text nähern

eine Erzählung fortsetzen
→ Kurzgeschichte, S. 226

1 a) Lies den ersten Teil der Kurzgeschichte „Der Filialleiter" von Thomas Hürlimann und schreibe ein mögliches Ende.
Wähle eine Schreibaufgabe:
A Notiere stichpunktartig die Fortsetzung als Plot, d. h. als Handlungsgerüst.
B Schreibe einen zusammenhängenden Text.

INFO
Thomas Hürlimann (geb. 1950 in der Schweiz) schildert in seinen Texten alltägliche Geschehnisse, die Beziehungen, Humor, Erfolg oder Versagen betreffen, oft mit ironischem Unterton.

Thomas Hürlimann

Der Filialleiter (1994)

Als der Filialleiter des Supermarktes auf dem Fernsehschirm seine Frau erblickte, erschrak er zu Tode. Nein, er täuschte sich nicht – das erste Programm zeigte Maria-Lisa, seine eigene Frau. Im schicken Blauen saß sie in einer größeren Runde, und gerade jetzt, da der
5 Filialleiter seinen Schock überwunden glaubte, wurde Maria-Lisa von der Moderatorin gefragt, was sie für ihren Ehemann empfinde.
„Nichts", sagte Maria-Lisa.
„Maria-Lisa!", entfuhr es dem Filialleiter und mit zittriger Hand suchte er den Unterarm seiner Frau. Wie jeden Abend saßen sie
10 nebeneinander vor dem Fernseher und beide hatten die Füße in rote Plastikeimerchen gestellt, in ein lauwarmes Kamillenbad – das stundenlange Stehen im Supermarkt machte ihnen zu schaffen. Die Bildschirm-Maria-Lisa lächelte. Darin erklärte sie, über den Hass, ehrlich gesagt, sei sie schon hinaus.
15 Der Filialleiter hielt immer noch Maria-Lisas Arm. Er schnaufte, krallte seine Finger in ihr Fleisch und stierte* in den Kasten. Hier, fand er, war sie flacher als im Leben. Sie hatte ihr Was-darfs-denn-sein-Gesicht aufgesetzt und bemerkte leise, aber dezidiert*: „Mein Willy ekelt mich an." Und das in Großaufnahme.

stieren: starren

dezidiert: bestimmt, entschieden

b) Vergleicht eure Fortsetzungen und erklärt, was sie über die Beziehung der beiden aussagen.

2 a) Lies die Kurzgeschichte zu Ende.

[…]
20 Nun sprach eine blonde Schönheit über die Gefahren der Affekteverkümmerung* und der Filialleiter, dem es endlich gelang, die Augen vom Apparat zu lösen, versuchte, seine Umgebung unauffällig zu überprüfen. Jedes Ding war an seinem Platz. In der Ecke stand der Gummibaum, an der Wand tickte die Kuckucksuhr
25 und neben ihm saß die Frau, mit der er verheiratet war. Kein Spuk – Wirklichkeit! Maria-Lisa war auf dem Bildschirm und gleichzeitig griff sie zur Thermosflasche, um in die beiden Plastikeimer heißes Wasser nachzugießen.
Sein Fußbad erfüllte Willy auch an diesem Abend mit Behagen.
30 Dann rief er sich in Erinnerung, was ablief. Ungeheuerlich! Auf dem Schirm wurde das emotionale Defizit* eines Ehemannes behandelt und dieser Ehemann war er selbst, der Filialleiter Willy P.! Er griff

der Affekt: (heftiges) Gefühl

das Defizit: Mangel

zum Glas und hatte Mühe, das Bier zu schlucken. Hinter seinem
Rücken war Maria-Lisa zu den Fernsehleuten gegangen. Warum?
Willy hatte keine Ahnung. Willy wusste nur das eine: Vor seinen
Augen wurde sein Supermarkt zerstört.
Maria-Lisa reichte ihm das Frotteetuch, aber der Filialleiter stieg
noch nicht aus dem Eimer. Er hielt das Tuch in der Hand und so
stand er nun, nur mit Unterhemd und Unterhose bekleidet,
minutenlang im Kamillenbad – ein totes Paar Füße, im Supermarkt
plattgelatscht. „Das Wasser wird kalt", sagte Maria-Lisa.
Der Filialleiter rieb sich die Füße trocken, dann gab er Maria-Lisa
das Tuch.
Als die Spätausgabe der Tagesschau begann, saßen sie wieder auf
dem Kanapee*, Maria-Lisa und der Filialleiter, Seite an Seite, er
trank sein Bier und sie knabberte Salzstangen.

b) Worin besteht der Hauptunterschied zu euren Texten?
Vergleicht in Partner- oder Gruppenarbeit.

c) Deutet das Ende der Kurzgeschichte und sprecht darüber.

das Kanapee: Couch, Sofa

Texte vergleichen

den Schluss deuten

Die Figuren untersuchen

3 Untersucht die Figuren der Kurzgeschichte.
Ihr könnt das Verfahren der Gruppenanalyse nutzen:
– Jede/r formuliert das eigene Verständnis der Figuren auf einem Blatt Papier und gibt das Blatt in der Arbeitsgruppe im Uhrzeigersinn weiter.
– Jede/r schreibt einen Kommentar zu den jeweiligen Texten der anderen.
– Wenn man den eigenen Text wieder vor sich liegen hat, kann man ihn mit Hilfe der Anregungen der anderen verändern oder ergänzen.
Ihr könnt euch auch mündlich über eure Ergebnisse und Anmerkungen austauschen und Nachfragen stellen.

die Figurenkonstellation untersuchen
→ Gruppenanalyse, S. 242

4 Stellt die Situation im abendlichen Wohnzimmer der in der Talkshow gegenüber.

a) Vergleicht das Beziehungsbild, das jeweils gezeichnet wird.

b) Welche Möglichkeiten der Deutung lässt das Verhalten der beiden Figuren im zweiten Textteil zu? Erklärt.

c) Nimm Stellung, welche Deutung jeweils zutrifft:

Wohnzimmer → A Alltagsverlogenheit
             B routinierte Vertrautheit

TV-Talkshow → A Inszenierung für die Einschaltquote
              B Suche nach Wahrheit und Erkenntnis

Deutungen prüfen und beurteilen

Der Autor schildert die routinierte Vertrautheit des Ehepaars beim abendlichen gemeinsamen Fernsehen im Wohnzimmer ...

d) Warum beschreibt der Autor keine Eskalation?
Begründe deine Meinung.

Aus der Sicht einer literarischen Figur schreiben

Merkmale eines Tagebucheintrags benennen

1 a) Lies den Auszug aus Maria-Lisas Tagebuch, den sie abends nach dem TV-Auftritt verfasst hat. Benenne an diesem Beispiel Merkmale eines Tagebucheintrags.

b) Ergänze weitere Merkmale dieser Textsorte. Beziehe dich auch auf das Merkwissen unten.

> Mittwoch, den 14.9.20..
>
> Liebes Tagebuch,
> mit wem soll ich reden, wenn nicht mit dir?
> Du hilfst mir, vieles klarer zu sehen, vor allem finde ich so Zeit, über meine Gefühle, mein Verhalten, meine Beziehung zu Willy nachzudenken.
> Das, was heute passiert ist, [...]

❗ Einen Tagebucheintrag aus Sicht einer Figur schreiben

- Tagebücher spiegeln die subjektive Perspektive der/des Schreibenden; schreibe deshalb in der **Ich-Form.**
- Zu Beginn kannst du kurz auf die momentane Gefühlslage der schreibenden Figur eingehen. **Schildere Erlebtes** (Vergangenheitsform) und **reflektiere** (Präsens) darüber aus der Sicht der Figur, formuliere ihre Gedanken und Gefühle.
- Der Schreibstil soll persönlich sein und **zur Figur passen.** Unvollendete Sätze, Ausrufe und rhetorische Fragen sind deshalb möglich.
- Du kannst den Tagebucheintrag mit einem Ausblick oder mit Wünschen der Figur beenden.

einen Tagebucheintrag schreiben

2 Versetze dich in Maria-Lisa und schreibe ihren Tagebucheintrag zu Ende. Nutze dabei die Hinweise im Merkkasten und die Ergebnisse deiner Figurenanalyse.

einen Tagebucheintrag überarbeiten

3 Überarbeite deinen Text. Gehe so vor:

a) Wiederhole, wie du Maria-Lisas Verhalten bewertet hast.

b) Prüfe, ob
 – der Tagebucheintrag dazu passt,
 – du zu häufig nur das Geschehen beschrieben hast,
 – du Gefühlen und Gedanken mehr Raum geben musst,
 – der Schreibstil zur Figur Maria-Lisa passt,
 – du die Ich-Perspektive durchgehalten hast und die Zeitformen stimmen.

4 a) Lest eure Tagebucheinträge reihum in der Tischgruppe und kommentiert sie schriftlich (s. S. 56, Aufg. 3 b).

b) Baue überzeugende Rückmeldungen in deinen Text ein.

5 Auch in einem inneren Monolog kann man die Gefühle einer literarischen Figur verdeutlichen. Untersuche den Anfang dieses Schülerentwurfs mit Hilfe der Hinweise in der Randspalte.

> *Das war es doch nicht, was ich mit meinem Talkshowauftritt erreichen wollte. Jetzt sitze ich wieder hier – genau wie gestern, vorgestern, wie morgen, übermorgen – wie immer. Ich komme mir vor wie eine Schachfigur, die immer nach dem gleichen Muster auf dem Brett verschoben wird. Dabei wollte ich doch ...*

einen inneren Monolog untersuchen

TIPP
Fragen zum **inneren Monolog**:
> Zu welcher Textstelle passt er?
> Passt er zum Handlungsverlauf?
> Welche Haltung der Figur wird betont?

6 Verfasse einen inneren Monolog oder einen persönlichen Brief zu einer Textstelle.

a) Wähle eine Textstelle aus, zu der du aus Sicht einer der beiden Figuren schreiben willst:
– **A** Maria-Lisas Äußerungen in der Talkshow (Z. 7, 18 f.)
– **B** „Vor seinen Augen wurde sein Supermarkt zerstört." (Z. 37)
– **C** Schluss (Z. 45 ff.)

b) Schreibe mindestens eine halbe Seite.

einen Brief oder einen inneren Monolog schreiben

7 Arbeitet weiter mit einer Lernpartnerin / einem Lernpartner, die/der die gleiche Schreibaufgabe gewählt hat.

a) Stellt euch eure Texte gegenseitig vor und beschreibt das Schreibziel. Gebt euch gegenseitig eine Rückmeldung.

b) Baut überzeugende Anregungen in eure Fassung ein.

Texte überarbeiten

TIPP
Frage zum **Schreibziel**:
Welche Motive, Einstellungen, Wünsche der Figur willst du herausarbeiten?

8 Vergleicht die drei produktiven Schreibaufgaben Tagebucheintrag, persönlicher Brief und innerer Monolog. Stellt Gemeinsamkeiten und Unterschiede gegenüber.

Ereignisse zwischen den Zeilen ausgestalten

Vieles, was vor allem im Inneren der Figuren geschieht, spielt sich im Text nur „zwischen den Zeilen" ab. Im Folgenden entwirfst du eine „Zwischenszene" zu einer Textstelle – und zwar in Form einer kleinen Filmsequenz.

eine Szene entwickeln

1 Lies die beiden Textstellen. Entwirf eine „Zwischenszene" auf der Basis deiner Einschätzung der Figuren.

> „Der Filialleiter rieb sich die Füße trocken, dann gab er Maria-Lisa das Tuch." (Z. 43 f.)

> …

> „Als die Spätausgabe der Tagesschau begann, saßen sie wieder auf dem Kanapee, […]" (Z. 45 ff.)

a) Skizziere den Plot der Zwischenszene in Stichworten.

b) Führe das Storyboard fort, zunächst ohne Angaben zur Kameraeinstellung. Zeichne vier bis fünf einzelne Storyboard-Bilder zu deiner Szene.

INFO
der Plot: Handlungsgerüst
das Storyboard: gezeichnete Bilderfolge mit Angaben zur Gestaltung eines Drehbuchs oder Films: Personen, Ort und dessen Ausstattung, Kameraperspektive und -einstellung, Dialoge mit Regieanweisungen

Handlungsort: Wohnzimmer
Handelnde Figuren: Maria-Lisa, Willy (nackte Füße, in Unterwäsche)
Requisiten: Fernseher, Gummibaum, …
Kamera: halbnah, …
Dialog / Regieanweisungen:
Willy (aufgebracht): Maria-Lisa, wie kannst du nur? Hast du auch nur für eine Sekunde an mich und meine Stellung als Filialleiter gedacht? (schüttelt den Kopf)
Maria-Lisa (seufzt): Genau so habe ich mir das vorgestellt, du denkst wieder nur an dich …

2 a) Informiert euch in Partnerarbeit über filmsprachliche Mittel und sprecht über Einsatzmöglichkeiten und Wirkung dieser Mittel: Kameraperspektive, Einstellungsgröße, Kamerabewegung.

b) Trage die passende Kameraperspektive und Einstellungsgröße in dein Storyboard ein.

filmische Gestaltungsmittel verwenden
→ Filmsprache, S. 226

3 a) Prüfe deine Zwischenszene und überarbeite bei Bedarf:
– Prüfe, ob deine Regieanweisungen Verhalten und Motive der Figuren widerspiegeln.
– Passt deine Zwischenszene zum nachfolgenden Schluss der Kurzgeschichte?

b) Vergleicht eure Szenen in Gruppen und berücksichtigt überzeugende Rückmeldungen bei der Überarbeitung.

die Szene prüfen und überarbeiten

4 a) Wähle eine produktive Schreibaufgabe, die dir am besten geeignet scheint, das Verständnis der Kurzgeschichte zu vertiefen. Begründe in einem kommentierenden Text.

b) Tauscht eure Begründungen in arbeitsgleichen Gruppen aus. Gebt euch eine Rückmeldung auf Rückmeldeblättern.

c) Bearbeite die gewählte Schreibaufgabe.

eine produktive Schreibaufgabe auswählen

5 Tauscht euch in einem literarischen Gespräch zur Kurzgeschichte über die Fragen im Kasten aus. Bezieht Textbelege mit ein.

ein literarisches Gespräch führen
→ S. 243

- Welche Rolle spielt das Fernsehen im Leben des Paars?
- Welche Rolle spielt das Fernsehen in eurem Leben?
- Ist die „Affekteverkümmerung" (Z. 20) richtig diagnostiziert?

– Bildet Arbeitsgruppen.
– Lest die Fragen zum Text laut vor.
– Diskutiert in der Gruppe. Tragt passende Textstellen vor, um eure Ansicht anhand der Kurzgeschichte zu begründen.
– Vertieft in einer Schlussrunde zentrale Aspekte des Textes und reflektiert euer Gesprächsverhalten.

Das habe ich gelernt

- Produktives Schreiben steht selten am Anfang der Auseinandersetzung mit einem Text, weil …
- Das Schreiben eines … hat mich in meinem Textverständnis am meisten unterstützt, weil …
- Produktives Schreiben hat für mich folgende Vorteile: …
- Unter einem inneren Monolog versteht man …

Schreibe in dein Heft oder Portfolio.

Zu literarischen Texten schreiben

Anwenden und vertiefen

INFO
Franz Kafka (1883–1924) thematisierte eigene Erfahrungen der Isolation und des Fremdseins sowie den Kampf gegen die väterliche Autorität.

Franz Kafka

Heimkehr

Ich bin zurückgekehrt, ich habe den Flur durchschritten und blicke mich um. Es ist meines Vaters alter Hof. Die Pfütze in der Mitte. Altes, unbrauchbares Gerät, ineinander verfahren, verstellt den Weg zur Bodentreppe. Die Katze lauert auf dem Geländer. Ein zerrissenes Tuch, einmal im Spiel um eine Stange gewunden, hebt sich im Wind. Ich bin angekommen. Wer wird mich empfangen? Wer wartet hinter der Tür der Küche? Rauch kommt aus dem Schornstein, der Kaffee zum Abendessen wird gekocht. Ist dir heimlich, fühlst du dich zu Hause? Ich weiß es nicht, ich fühle mich sehr unsicher. Meines Vaters Haus ist es, aber kalt steht Stück neben Stück, als wäre jedes mit seinen eigenen Angelegenheiten beschäftigt, die ich teils vergessen habe, teils niemals kannte. Was kann ich ihnen nützen, was bin ich ihnen, und sei ich auch des Vaters, des alten Landwirts, Sohn. Ich wage nicht, an der Küchentür zu klopfen, nur von der Ferne horche ich, nur von der Ferne horche ich stehend, nicht so, dass ich als Horcher überrascht werden könnte. Und weil ich von der Ferne horche, erhorche ich nichts, nur einen leichten Uhrenschlag höre ich oder glaube ihn vielleicht nur zu hören, herüber aus den Kindertagen. Was sonst in der Küche geschieht, ist das Geheimnis der dort Sitzenden, das sie vor mir wahren. Je länger man vor der Tür zögert, desto fremder wird man. Wie wäre es, wenn jetzt jemand die Tür öffnete und mich fragte. Wäre ich dann nicht selbst einer, der sein Geheimnis wahren will.

mit Adjektiven charakterisieren

1 a) Wie verhält sich der Heimkehrer? Notiere mindestens zehn Adjektive, z. B. grüblerisch, nervös, …

einen Tagebucheintrag aus Figurensicht schreiben

b) Schreibe einen Tagebucheintrag zu der Textstelle „Ich wage nicht an der Küchentür zu klopfen […]" (Z. 14).

den Schluss deuten

2 Erkläre schriftlich, warum der Text nicht mit einem Fragezeichen endet.

einen Brief aus Figurensicht schreiben

3 Der Ich-Erzähler schreibt nach Tagen einen Brief an seinen Vater. Führe ihn zu Ende.

> *Lieber Vater,*
> *ich habe lange mit mir gerungen, aber ich finde es wichtig, dir zu schreiben, welche Gedanken und Gefühle mich bei meiner Heimkehr gequält haben. Mit dem Stift und vor dem leeren Briefbogen sitzend …*

ein Storyboard entwerfen

4 Entwirf ein Storyboard für eine Verfilmung des Kafka-Textes.

Ewig währt am längsten
Parodien schreiben

„O Tannenbaum,
o Tannenbaum,
wie grinsen deine Blätter!"
Liedtext

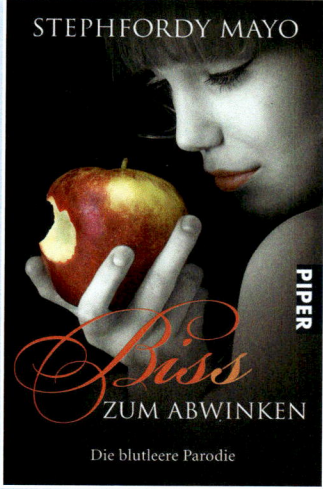
Buch

Buch

Der Klügere
gibt Nachhilfestunden.
abgeändertes Sprichwort

Karikatur

Was weißt du schon?

- Lest die Sätze bzw. Wörter und betrachtet die Bilder.
  Tauscht euch zu zweit über folgende Fragen aus:
– Welche Originale werden hier nachgeahmt?
– Wie wurde das Original jeweils verändert?
– Welche Wirkung wird damit jeweils erzielt?

- Sammelt Gründe dafür, warum die Originale auf diese Weise verändert wurden.

- Kennt ihr ähnliche Beispiele? Nennt sie.

- Verändert auf ähnliche Weise eines der folgenden Sprichwörter oder einen anderen bekannten Satz.
– Es ist noch kein Meister vom Himmel gefallen.
– Lügen haben kurze Beine.

Original und Parodie vergleichen

Thema und Inhalt von Liedtexten formulieren

TIPP
Besorgt euch eine Vertonung oder die Musiknoten, damit ihr die bekannte Melodie zum Lied „im Ohr habt".

INFO
Matthias Claudius (1740–1815), ein deutscher Dichter und Journalist, wurde bekannt durch seine volksliedhafte Lyrik. Sein „Abendlied" wurde über 70-mal vertont. Die bekannteste Melodie dazu stammt von Johann Abraham Peter Schulz.

traulich: vertraut
hold: anmutig, schön anzusehen

eitel: *hier:* nur, nichts als

1 Das „Abendlied" von Matthias Claudius zählt zu den bekanntesten deutschen Gedichten.

a) Lies die Liedtexte auf dieser Doppelseite.

b) Tauscht euch über eure ersten Eindrücke zu beiden Liedtexten aus.

c) Benennt zu jedem Lied das Thema und fasst den Inhalt in ein bis zwei Sätzen zusammen.

Matthias Claudius
Abendlied (1779)

Der Mond ist aufgegangen,
Die goldnen Sternlein prangen
Am Himmel hell und klar;
Der Wald steht schwarz und schweiget
5 Und aus den Wiesen steiget
Der weiße Nebel wunderbar.

Wie ist die Welt so stille
Und in der Dämmrung Hülle
So traulich* und so hold*!
10 Als eine stille Kammer
Wo ihr des Tages Jammer
Verschlafen und vergessen sollt.

Seht ihr den Mond dort stehen?
Er ist nur halb zu sehen
15 Und ist doch rund und schön!
So sind wohl manche Sachen,
Die wir getrost belachen,
Weil unsre Augen sie nicht sehn.

Wir stolze Menschenkinder
20 Sind eitel* arme Sünder
Und wissen gar nicht viel;
Wir spinnen Luftgespinste
Und suchen viele Künste
Und kommen weiter von dem Ziel.

[…]

25 So legt euch denn, ihr Brüder,
In Gottes Namen nieder;
Kalt ist der Abendhauch.
Verschon uns, Gott! mit Strafen
Und lass uns ruhig schlafen!
30 Und unsern kranken Nachbarn auch!

Karlhans Frank
Abendlied (1973)

Der mond ist aufgegangen,
die goldnen sternlein prangen,
mein freund, du siehst es nicht,
weil aus profitfabriken
5 die menschen nebel schicken,
gefährlich, giftig, stinkend, dicht.

Wie wär die welt so stille
und in der dämmrung hülle
gäbs zeit zu tanz und lust,
10 pressten nicht tagessorgen,
gedanken an das morgen
noch auf das abgas in der brust.

Jammer nur halb zu sehen,
dem denken zu entgehen,
15 vergessen den verdruss,
schaust du den fernsehflimmer:
sandmännchen bringt ins zimmer
das abendlied von claudius.

So werden menschenkinder
20 täglich ein wenig blinder
und wissen gar nicht viel;
weil die paar, die besitzen,
uns den verstand stibitzen:
das bringt sie näher an ihr ziel.

25 So legt euch denn, ihr brüder,
in dieser nacht nicht nieder:
besprecht das schlechte stück!
Habt ihr herausbekommen,
wer abendruh genommen,
30 dann holt sie euch von ihm zurück.

> **INFO**
> **Karlhans Frank** (1937–2007) schrieb Lyrik, Prosa, Hörspiele und Drehbücher und war auch als Regisseur und als Übersetzer tätig.

2 Das „Abendlied" von Matthias Claudius diente als Vorlage für die gleichnamige Parodie von Karlhans Frank. Informiere dich im Merkkasten über die Merkmale einer Parodie.

die Merkmale einer Parodie kennen

Die Merkmale einer Parodie

- Eine **Parodie** ist die verzerrende, übertreibende oder verspottende **Nachahmung eines bekannten Werkes.** Der Originaltext bleibt dabei erkennbar.
- Die Parodie greift **Formmerkmale** der Vorlage auf und unterlegt einen nicht dazu passenden Inhalt. So wird eine **humoristische Wirkung** erzielt.
- Wenn die Parodie mit Kritik (z. B. Gesellschaftskritik) verbunden wird, kann sie **satirische Züge** erhalten.

➔ Satire, S. 114

Original und Parodie vergleichen

HILFE
- **äußere Form:** Einteilung in Strophen mit je sechs Versen, Reimschema, ...
- **sprachliche Gestaltung:** zahlreiche Bilder, ...

3 Nutzt das Merkwissen, um am „Abendlied" die Merkmale einer Parodie herauszuarbeiten. Verwendet eine Textkopie.

a) Was wurde vom Original übernommen?
- Benennt gleiche formale Elemente (Strophenaufbau, ...).
- Markiert wörtlich übernommene Verse bzw. Wörter.

b) An welchen Stellen wurde das Original verändert? Beschreibt jeweils, wie sich der Sinn dadurch geändert hat. Legt im Heft eine Tabelle zu wichtigen Textstellen an.

Original	Parodie
Strophe 1	*Strophe 1*
– V. 3: „hell und klar" (Mond, Sterne gut sichtbar)	– V. 3: „du siehst es nicht"
– V. 5 f.: „Und aus den Wiesen steiget / Der weiße Nebel wunderbar" (natürlicher Nebel)	– V. 4 ff.: Grund dafür: „weil aus profitfabriken / die menschen nebel schicken, / gefährlich, giftig, stinkend, dicht" (künstlicher, giftiger Nebel)
–> heile Natur, Schönheit, Idyll	–> Umweltverschmutzung, Bedrohung
Strophe 2 ...	*Strophe 2* ...

eine Parodie untersuchen
➜ Satire, S. 114; Ironie, S. 135

4 Untersucht die Parodie in Partnerarbeit genauer.

a) Markiert auf eurer Textkopie stilistische Mittel wie Brüche, Ironie, Alliteration. Erklärt ihre Wirkung.

Bruch im Text:
positive Schilderung des Mondaufgangs („goldne Sternlein": Verniedlichung) <–> drastische Beschreibung der Verschmutzung („profitfabriken, gefährlich, giftig, stinkend")
–> Wirkung: Der unerwartete Gegensatz „rüttelt auf", ...

b) Beantwortet folgende Fragen zum Text:
- Welche Rolle spielt das Fernsehen (V. 16–24)?
- Wer ist mit „menschenkinder" gemeint, wer mit „die paar, die besitzen" (V. 19–24)?

c) Stellt weitere Fragen zum Text und beantwortet sie.

d) Formuliert die Intention, die Leitidee der Parodie. Was kritisiert der Autor? Wozu fordert er auf?

Eine Parodie schreiben

1 Lies die bekannte Ballade „Der Erlkönig".
Verfasse dazu eine Inhaltsangabe im Umfang einer halben Heftseite.

eine Inhaltsangabe verfassen

Johann Wolfgang von Goethe
Der Erlkönig (1782)

Wer reitet so spät durch Nacht und Wind?
Es ist der Vater mit seinem Kind;
Er hat den Knaben wohl in dem Arm,
Er fasst ihn sicher, er hält ihn warm. –

5 Mein Sohn, was birgst du so bang* dein Gesicht? –
Siehst, Vater, du den Erlkönig nicht?
Den Erlenkönig mit Kron' und Schweif? –
Mein Sohn, es ist ein Nebelstreif. –

„Du liebes Kind, komm, geh mit mir!
10 Gar schöne Spiele spiel ich mit dir;
Manch bunte Blumen sind an dem Strand;
Meine Mutter hat manch gülden* Gewand." –

Mein Vater, mein Vater, und hörest du nicht,
Was Erlenkönig mir leise verspricht? –
15 Sei ruhig, bleibe ruhig, mein Kind;
In dürren Blättern säuselt der Wind. –

„Willst, feiner Knabe, du mit mir gehn?
Meine Töchter sollen dich warten* schön;
Meine Töchter führen den nächtlichen Reihn*
20 Und wiegen und tanzen und singen dich ein." –

Mein Vater, mein Vater, und siehst du nicht dort
Erlkönigs Töchter am düstern Ort? –
Mein Sohn, mein Sohn, ich seh es genau:
Es scheinen die alten Weiden so grau. –

25 „Ich liebe dich, mich reizt deine schöne Gestalt;
Und bist du nicht willig, so brauch* ich Gewalt." –
Mein Vater, mein Vater, jetzt fasst er mich an!
Erlkönig hat mir ein Leids getan! –

Dem Vater grauset's; er reitet geschwind,
30 Er hält in Armen das ächzende Kind,
Erreicht den Hof mit Mühe und Not;
In seinen Armen das Kind war tot.

INFO
Johann Wolfgang von Goethe (1749–1832) ist einer der bekanntesten deutschen Dichter. Er schrieb Dramen, Gedichte und erzählende Werke.
Der „Erlkönig" bezieht sich auf den dänischen Mythos eines „Elfenkönigs".
Die Ballade wurde mehrfach vertont, u.a. von Carl Loewe und Franz Schubert.
bang: ängstlich

gülden: golden

warten: *hier:* sich kümmern, betreuen
der Reihen, der Reigen: Tanz

brauchen: *hier:* benutzen, anwenden

Form und Inhalt der Ballade untersuchen
→ Stilmittel, S. 227

2 Untersucht die Ballade „Der Erlkönig" in Partnerarbeit.

a) Zeichnet eine Spannungskurve zum Handlungsverlauf.

b) Beschreibt die äußere Form (Strophen, Reim usw.).

c) Notiert verwendete stilistische Mittel wie Alliteration, Anapher. Gebt entsprechende Textstellen an.

Original und Parodie vergleichen

TIPPS
- Vergleiche die Form und den Inhalt.
- Meist verweist der Titel auf Thema und Leitidee der Parodie.

3 Lies den folgenden Anfang der Parodie „Der Datenkönig". Vergleiche die Nachahmung mit dem Original von Goethe.
– Welches Thema bzw. welche Leitidee ist erkennbar?
– Was wurde beibehalten, was verändert?

Der Datenkönig

Wer surft so spät durch Nacht und Daten?
Es ist der User, du hast's erraten!
Er hält den Laptop fest im Arm
und auch dem Tabloid ist schon warm.

„Mein Computer, was birgst du so bang dein Gesicht?"
„Siehst, User, du die Trojaner nicht?"
[…]

Adressatenkreis, Thema und Leitidee der Parodie klären

4 Im Folgenden schreibst du eine eigene Parodie zur Ballade, z. B. für die Abschlussfeier am Ende der zehnten Klasse – oder zu einem anderen, selbst gewählten Kontext.

a) Kläre, welche Zuhörer/innen du erreichen willst, z. B. bei einer Abschlussfeier. Formuliere Thema und Leitidee deiner Parodie, z. B.:
Rückblick und Vorausschau: Hinaus in die Freiheit!

b) Lege fest, wer in deiner Parodie „spricht" (Lehrer/in, …).

eine Ideensammlung anlegen

5 Sammle Ideen zur Parodie in einem Cluster. Notiere in der Mitte das Thema bzw. die Leitidee.
Du kannst
– die Ideen gleich strophenweise sammeln,
– die Ideen erst später den Strophen zuordnen.

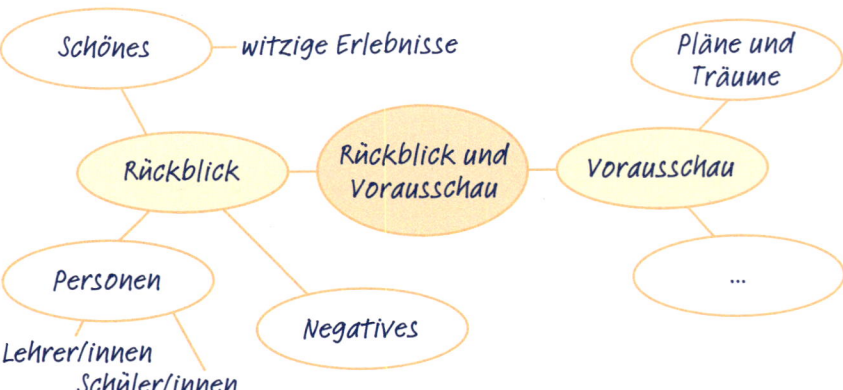

Zu literarischen Texten schreiben

6 Arbeite mit einer vergrößerten Textkopie des „Erlkönigs".

a) Unterstreiche die Zeilen/Wörter, die du beibehalten willst. Bleibe bei Titel und Textanfang nah am Original, damit dieses wiedererkannt wird.

b) Streiche Zeilen/Wörter, die du ersetzen willst. Notiere eigene Formulierungen zu deinem Thema.
– Übernimm formale Merkmale wie Strophen und Reimschema.
– Nutze die Stilmittel der Parodie.

Wer ~~reitet~~ so spät ~~durch~~ Nacht ~~und Wind~~?
   büffelt   *in der*   *noch fest*
Es ~~ist der Vater mit seinem Kind~~;
  sind die Schüler vor dem Test.

den Originaltext für die Parodie bearbeiten

INFO
Mittel der Parodie:
› Ironie:
   Wir liebten Tests.
› Übertreibung:
   Wir büffelten lange Nächte durch.

> **Eine Parodie schreiben**
>
> Gehe so vor, um einen Originaltext zu parodieren:
> - Lege das **Thema** / die **Leitidee** für deine Parodie fest. Überlege, ob deine Parodie Kritik enthalten soll.
> - Formuliere einen **Titel,** der an das Original erinnert und zugleich auf die Leitidee deiner Parodie verweist.
> - Lege eine **Ideensammlung** zum Inhalt an.
> - **Streiche** unpassende Stellen aus dem Original und **ersetze** sie durch Formulierungen zum Parodiethema.
> - Halte dich beim Textanfang, Titel und ggf. Refrain eng an das Original, damit es **wiedererkannt** wird.
> - Nutze Mittel der Parodie wie **Ironie** und **Übertreibung.**

7 a) Schreibe deine Parodie mit Hilfe deiner Vorarbeiten. Nutze auch das Merkwissen.

die Parodie schreiben

b) Tragt euch eure Parodien gegenseitig vor. Gebt euch eine Rückmeldung zum Vortrag (Sprechtempo, Betonung), zu Wirkung und Verständlichkeit.

Parodien beurteilen

c) Überarbeite deine Parodie anhand der Rückmeldungen.

den Text überarbeiten

> **Das habe ich gelernt**
>
> - Was ist eine Parodie? Nenne die Merkmale dieser Textsorte.
> - Nenne Stilmittel der Parodie und erkläre sie anhand von Beispielen.
> - Wähle einen Slogan, ein Sprichwort oder eine Redensart und parodiere diese Vorlage. Beschreibe in einem kommentierenden Text die gewählten sprachlichen Mittel.
> - Erstelle eine Checkliste zum Schreiben einer Parodie.
>
> Schreibe in dein Heft oder Portfolio.

Anwenden und vertiefen

Udo Lindenberg
Horizont (1994)

Wir war'n zwei Detektive
die Hüte tief im Gesicht.
Alle Straßen endlos,
Barrikaden gab's für uns doch nicht.
5 Du und ich, das war
einfach unschlagbar,
ein Paar wie Blitz und Donner.
Und immer nur auf brennend heißer Spur.

Wir war'n so richtig Freunde
10 für die Ewigkeit, das war doch klar,
hab'n die Wolken nicht gesehn
am Horizont, bis es dunkel war.
Und dann war's passiert,
hab es nicht kapiert,
15 ging alles viel zu schnell.
Doch zwei wie wir,
die dürfen sich nie verlier'n!

(Refrain)
Hinterm Horizont geht's weiter,
ein neuer Tag.
20 Hinterm Horizont immer weiter,
zusammen sind wir stark!
Das mit uns ging so tief rein,
das kann nie zu Ende sein,
so was Großes geht nicht einfach so vorbei!
[…]

Thema und Inhalt des Originals erfassen

Ideen für eine Parodie sammeln

1 a) Lies den Liedauszug und gib Thema und Inhalt knapp wieder.

b) Wähle Textstellen aus, die sich zum Umdichten für eine Parodie zum Schulabschluss eignen. Notiere Ideen, z. B.:
Wir war'n zwei Detektive —> Wir war'n dreiundzwanzig …

eine Parodie schreiben

2 a) Verwende das Lied „Horizont" als Vorlage für eine Parodie zum Thema „Schulabschluss". Schreibe eine Parodie, wie du es in diesem Kapitel gelernt hast.

b) Tragt euch eure Parodien gegenseitig vor und gebt euch eine Rückmeldung. Überarbeitet eure Texte bei Bedarf.

eine Parodie vortragen und überarbeiten

eine Parodie mit satirischen Zügen schreiben

3 Schreibe eine gesellschaftskritische Parodie zu einem Thema wie z. B. Klimawandel oder soziale Ungerechtigkeit. Suche selbst eine geeignete Textvorlage.

Wie sollen die Medien über Gewalttaten berichten?
Eine textgebundene Erörterung schreiben

Was weißt du schon?

- Tauscht euch über folgende Fragen aus:
  - Welche Gefühle lösen extreme Gewalttaten wie Amokläufe oder Terroranschläge bei euch aus?
  - Werden eure Gefühle gegenüber den Opfern und den Tätern von der medialen Berichterstattung beeinflusst?
  - Welche Folgen kann die mediale Berichterstattung für die Opfer und für die Täter haben?

- Wie erschließt ihr die Argumentation eines Textes?
  Beschreibt euer Vorgehen.

- Welche Formen des Erörterns kennt ihr?
  Erklärt sie an beispielhaften Erörterungsthemen und berichtet von euren Schreiberfahrungen.

- Wiederholt, was beim Erörtern zu beachten ist.
  - Worauf muss man bei der Formulierung von Argumenten achten?
  - Wie baut man eine Erörterung wirkungsvoll auf?

Die Argumentation eines Textes erschließen

den Inhalt eines Sachtextes klären

1 Lest das folgende Interview. Tauscht euch darüber aus und fasst in wenigen Sätzen zusammen:
- Was ist das Thema und welche Aspekte werden beleuchtet?
- Welche Ansichten vertritt der befragte Psychologe dazu?

Psychologe: Medien bieten Amoktätern eine Plattform

Scheithauer kritisiert Berichterstattung

Herbert Scheithauer im Gespräch mit Joachim Scholl
Angesichts des Amoklaufs eines Jugendlichen in Finnland hat der Entwicklungspsychologe Herbert Scheithauer die Medien aufgefordert, möglichst wenig über derartige Fälle zu berichten. Dass Bilder auf
5 *Nachrichtenwebseiten eingestellt und Videos dieser Täter immer wieder gezeigt würden, trage dazu bei, dass die Täter ihre Botschaft in der Welt verbreiten könnten, sagte Scheithauer.*

Joachim Scholl: Es ist schon der zweite mörderische Amoklauf in Finnland binnen* eines Jahres. Gestern erschoss ein 22-Jähriger in
10 der Kleinstadt Kauhajoki zehn Schüler einer Berufsschule und beging anschließend Selbstmord. Die Einzelheiten der Tat decken sich mit den Details anderer Mordzüge solcher Art. Waffenfetischismus*, Stilisierung* zum Rächer, und das sozusagen in aller Öffentlichkeit, im Internet gab es Videos, „Du stirbst als Nächstes"
15 war auf einem zu sehen und zu hören. Ich bin jetzt verbunden mit Prof. Herbert Scheithauer von der Freien Universität Berlin. Ein Schwerpunkt seiner Arbeit sind solche exorbitanten* Gewalttaten an Schulen. Guten Morgen, Herr Scheithauer!

Herbert Scheithauer: Schönen guten Morgen. Ich grüße Sie!

20 **Joachim Scholl:** Von Finnland hat man, was Schule, Bildung, gefestigte Sozialstrukturen anbelangt, immer nur Gutes gehört in den letzten Jahren, jetzt schon die zweite Bluttat im Verlauf eines Jahres. Das heißt doch, es kann anscheinend überall und immer passieren, aller offiziellen Bildungserfolge zum Trotz?

25 **Herbert Scheithauer:** Ja, so richtig mit den PISA-Erfolgen Finnlands hat das natürlich erst mal nichts zu tun, zumal Sie ja eigentlich davon ausgehen, dass wir so ein gewisses Muster immer wieder finden. Das heißt, dass solche Taten üblicherweise zwar nicht unbedingt an Eliteschulen stattfinden, aber dafür eher in Klein-
30 städten, an Schulen erst im gutbürgerlichen Milieu. Und davon gibt es eine Menge, und zwar nicht nur in den USA, wo klassischerweise diese Taten immer aufgetreten sind, sondern auch natürlich in vielen europäischen Ländern.

Joachim Scholl: Das ist ja das Erschreckende, dieses fast
35 kongruente* Muster mit anderen solchen Taten. Sie haben es angesprochen, Amerika. Seit dem Massaker an der Columbine

---

binnen: innerhalb, im Zeitraum von …

der Fetischismus: *hier:* übertriebene Begeisterung, Verehrung
die Stilisierung: Anpassung an einen bestimmten Stil
exorbitant: übertrieben, ausschweifend

kongruent: deckungsgleich, gleichförmig

Highschool in Littleton 1999 scheinen Täter sich zu imitieren. Experten sprechen sogar schon von einem internationalen Code* der Amokläufer. Wie sieht dieser Code im Einzelnen aus?

der Code: System von Regeln und Zeichen

Herbert Scheithauer: Tatsächlich ist es so, dass wir feststellen, dass dieser so genannte Copycat-Effekt da ist, das heißt, dass Taten, die heute geschehen, sich oftmals an den Taten orientieren, die bereits geschehen sind, oder dass vielleicht ja so genannte School-Shooter oder Amoktäter aus früheren Taten mehr oder weniger heroisiert* werden. Zum einen orientiert man sich so ein bisschen am Vorgehen der Täter oder man identifiziert sich sehr mit den Personen, versucht genauso auszusehen, genauso zu handeln oder versteckt auch Botschaften, die einfach Hinweise auf frühere Taten geben. Das ist auch leicht erklärbar, warum das so ist. Da natürlich medial auch sehr offen über viele dieser Taten immer wieder berichtet wurde, sind viele Materialien einfach im Internet beispielsweise oder in Printmedien verfügbar, sodass man sich tatsächlich auch hier einfach sehr gut informieren kann. […]

heroisieren: zum Helden erklären, als Helden verehren

Joachim Scholl: Eine letzte Frage, auch in eigener Sache, Herr Scheithauer. Sie haben bei Ihren Forschungen auch immer die Medienberichterstattung unter die Lupe genommen. Werden hier eigentlich Fehler gemacht? Machen wir Fehler?

Herbert Scheithauer: […] Das Einstellen von Bildern auf Webseiten, auf Nachrichtensenderwebseiten, das immer wieder Zeigen von Videos mit Gewalthintergrund dieser Täter trägt eigentlich genau dazu bei, was die Täter erreichen wollten, nämlich ihre Botschaft in die Welt zu verbreiten. Und das sollten wir unterbinden, weil wir damit natürlich auch zukünftigen Tätern potenziell die Möglichkeit geben, deutlich zu machen, du hast hier eine gute Plattform, dich selbst darzustellen. Und das ist für mich ein großes Risiko. Ich denke, die Medien sollten möglichst wenig darüber berichten. Es sollte vielmehr eine sinnvolle Aufklärung an Schulen zu diesem Thema stattfinden, aber nicht diese sensationssuchende Medienberichterstattung, wo auch tatsächlich diese Details der einzelnen Fälle so in die Öffentlichkeit gestellt werden, dass möglicherweise andere Jugendliche, die in ähnlichen Situationen sind wie frühere Täter, das faszinierend finden, sich daran orientieren und vielleicht auch in gewisser Hinsicht leiten lassen. […]

2 Notiert die Interviewfragen und -antworten in verkürzter Form.
— *Amoklauf an Schulen immer und überall möglich? Ja, …*

Inhalte exzerpieren
→ Exzerpt, S. 30, 41

3 a) Formuliert Scheithauers zentrale Forderungen.

b) Wie begründet er seine Forderungen? Exzerpiert seine Argumente und Belege/Beispiele aus dem Text.
— *Argument: Die mediale Berichterstattung führt dazu, dass …*
— *Beleg/Beispiel: der festgestellte Copycat-Effekt: …*

Thesen, Argumente und Belege notieren

TIPP
Markiert zunächst auf einer Textkopie.

Schriftlich Stellung nehmen

Sich eine Meinung zum Thema bilden

Im Folgenden schreibst du eine Erörterung zur Frage:
„Sollen die Medien umfassend über extreme Gewalttaten berichten?"
Dabei sollst du den Text von Seite 70 f. sowie die Ergebnisse eigener Recherche nutzen.

sich mit dem Ausgangstext auseinandersetzen

1 Stimmt ihr den Aussagen im Interview auf Seite 70 f. zu?
Notiert im Heft oder auf dem Rand eurer Textkopie
- zustimmende oder kritische Anmerkungen,
- weitere Beispiele oder Gegenbeispiele,
- Fragen.

weitere Informationen zum Thema beschaffen

2 Recherchiere weitere Informationen zur Erörterungsfrage, z. B. im Internet. Suche auch Antworten auf eure in Aufgabe 1 formulierten Fragen.

3 Wertet eure Recherche in Partnerarbeit aus.

a) Beschreibt euch gegenseitig, wie ihr bei der Recherche vorgegangen seid.

→ Quellen angeben, S. 245

b) Vergleicht eure Ergebnisse und wertet sie aus, z. B.:
- Sind die Quellen vertrauenswürdig?
- Passen die Texte zur Erörterungsfrage?
- Sind eure Fragen beantwortet oder fehlen Informationen?

eine Stoffsammlung für die Erörterung anlegen

4 a) Lege eine Stoffsammlung für die Erörterung an.

Sollen Medien umfassend über extreme Gewalttaten berichten?	
pro	kontra
These: Es sollte umfassend berichtet werden! – Arg. 1: Pressefreiheit Beleg/Beispiel: Medien haben das Recht, … – Arg. 2: Informationspflicht der Medien Beleg/Beispiel: Zu den Aufgaben der Medien gehört es, …	These: Es sollte möglichst wenig berichtet werden! – Arg. 1: Opferschutz geht vor! Beleg/Beispiel: Berichterstattung kann die Opfer zusätzlich …

TIPPS
- Stütze deine Argumente mit Belegen/Beispielen: Expertenbefunde, allgemein bekannte Tatsachen, eigene Erfahrungen usw.
- Nimm mögliche Gegenargumente vorweg und widerlege sie.

b) Vergleicht in Partnerarbeit eure Stoffsammlungen. Überarbeitet bei Bedarf.

die eigene Position klären

5 Entscheide dich für eine Position.
Du kannst auch für einen sinnvollen Kompromiss plädieren.

Schriftlich Stellung nehmen

Die Erörterung planen und schreiben

1 Informiere dich im Merkkasten darüber, wie man eine textgebundene Erörterung verfasst.

> **❗ Eine textgebundene Erörterung schreiben**
>
> Bei einer textgebundenen Erörterung geht man von einem Text aus und erörtert ein Thema im Anschluss daran.
> - Nenne in der **Einleitung** Thema, Autor/in, Textart und ggf. einen aktuellen Bezug des Ausgangstextes.
> - Fasse im **Hauptteil** die wichtigsten Aussagen des Textes zusammen und setze dich damit auseinander: Führe eigene Argumente und Belege/Beispiele an, die den Text bestätigen, kritisieren oder ergänzen.
> - Formuliere zum **Schluss** deine eigene Position zum Thema. Du kannst auch eine Forderung oder einen Appell anschließen oder mit einem Ausblick enden.

2 Entwirf einen Schreibplan für deine Erörterung.

a) Notiere stichpunktartig Inhalte deiner Einleitung. Nutze dazu das Merkwissen. — *die Einleitung planen*

b) Fasse für den Anfang des Hauptteils die Position von Scheithauer knapp zusammen. — *den Hauptteil planen*

c) Plane deine Auseinandersetzung mit dieser Position.
- Wähle die Stellen aus dem Interview, auf die du genau eingehen willst. Entscheide, was du wörtlich zitierst.
- Plane, welche deiner Anmerkungen und Fragen zu den Interview-Aussagen du einbauen willst (S. 72, Aufg. 1).
- Ordne die gesammelten weiteren Argumente für deine eigene Position (S. 72, Aufg. 4) steigernd an, d. h. vom schwächsten zum stärksten Argument.

d) Plane deinen Schluss. — *den Schluss planen*
- Formuliere deine eigene Position (Pro/Kontra/Kompromiss).
- Notiere Ideen für einen Appell oder für einen Ausblick.

Einleitung	Hauptteil	Schluss
– Thema	– Aussage des Ausgangstextes – Auseinandersetzung mit dem Text	– …

Schriftlich Stellung nehmen

Einleitungen beurteilen

3 a) Lies die beiden Anfänge einer Einleitung. Beschreibe, wie sie sich sprachlich und inhaltlich unterscheiden.

> **A** *Sollen die Medien umfassend über extreme Gewalttaten berichten?* „Na klar!", denkt ihr nun sicher. Aber denkt mal an die Opfer und ihre Angehörigen. Stellt euch vor, [...]

> **B** *Sollen die Medien umfassend über extreme Gewalttaten berichten?* Nach Gewalttaten wie Amokläufen oder Terroranschlägen wird immer wieder diskutiert, ob die Medien über solche Vorfälle umfassend berichten sollten. Eine Beantwortung dieser Frage versucht der Psychologe Herbert Scheithauer in einem Interview vom [...]

b) Beurteilt in Partnerarbeit, welcher Anfang geeigneter ist.

c) Formuliere deine eigene Einleitung für deine Erörterung.

die Einleitung formulieren

Auszüge aus einem Hauptteil untersuchen

4 Untersuche die folgenden Auszüge aus Hauptteilen in Bezug auf inhaltliche und sprachliche Genauigkeit. Nenne gegebenenfalls Überarbeitungsbedarf.

> **A** [...] Der Interviewte führt an, dass eine zu umfassende mediale Berichterstattung den Tätern eine Plattform biete, ihre schreckliche Botschaft in die Welt zu tragen, und so Nachahmer finde. Dazu führt er Beispiele und Belege an.
> Aber ich frage mich: Wo beginnt man, Informationen einzuschränken, und wo hört man auf? [...]

> **B** [...] Herr Scheithauser meint, dass die Täter dadurch so etwas wie Helden werden, weil „Amoktäter aus früheren Taten mehr oder weniger heroisiert werden" (Z. 44 f.). Ich frage mich da aber: Kommt es da nicht auf Art des Berichtes an? [...]

den Hauptteil formulieren
➜ Zitieren, S. 245
Konjunktiv, S. 232 f.

5 Fasse für den Anfang deines Hauptteils die Position von Herbert Scheithauer in wenigen Sätzen zusammen.

Der Interviewte vertritt zum Thema eine klare Position: ...
Dazu führt er an, dass ...
Als Kompromiss schlägt er vor, ...

Schriftlich Stellung nehmen

6 Führe deinen Hauptteil fort. Setze dich darin mit der im Interview vertretenen Position auseinander.
Gib wichtige Gedanken indirekt oder als wörtliche Zitate wieder (S. 73, Aufg. 2) und nimm dazu Stellung.
Du kannst die Formulierungshilfen im Kasten verwenden.

- Ich stimme zu …
- Ich stimme X zu, da …
- Dem kann ich nur zustimmen: …
- In der Tat …
- Ich lehne ab, …
- Ich glaube nicht, dass …
- Im Gegensatz zu X denke ich, dass …

- Dem kann ich nur teilweise zustimmen, denn …
- Auch wenn …, finde ich, man …
- Ich bezweifle …
- Dennoch/Trotzdem denke ich (nicht), dass …
- Folgende wichtige Aspekte fehlen im Interview: …

7 Beantworte zum Schluss die Ausgangsfrage: Sollten die Medien über extreme Gewalttaten umfassend berichten?

den Schluss formulieren

TIPP
Prüfe, ob sich ein sinnvoller Kompromiss anbietet.

a) Formuliere mit klaren Worten deine Position zur Frage: Pro, Kontra oder ein Kompromiss.

Auch wenn ich Herbert Scheithauers Argumentation überzeugend finde, denke ich doch …
Denn …

Umfassend berichtet werden sollte über …
Außen vor bleiben sollte jedoch …

Man sollte von Fall zu Fall entscheiden, …

b) Formuliere eine Aufforderung oder einen Ausblick.

Daher sollte unbedingt …
Es wird höchste Zeit, dass …

Zukünftig wird sicher …
Es wird sich zeigen, dass …

Das habe ich gelernt

- Wie geht man am besten vor, um die Argumentation eines Textes zu erschließen? Formuliere Tipps.
- Welche Arbeitsschritte gehören zu einer textgebundenen Erörterung? Erläutere.
- Was sollte man inhaltlich und sprachlich beim textgebundenen Erörtern beachten? Erläutere.

Schreibe in dein Heft oder Portfolio.

Schriftlich Stellung nehmen

Anwenden und vertiefen

Sicherungsverwahrung – Ewiges Koma

von Heribert Prantl [...]

Der Gesetzgeber hat die Anwendungsmöglichkeiten [der] Sicherungsverwahrung in jüngerer Zeit ständig erweitert; mittlerweile kann Sicherungsverwahrung auch gegen Ersttäter und sogar gegen Jugendliche verhängt werden. In der Vollzugspraxis wird
5 dann meist nur das Schild umgedreht, das vor der Zelle hängt; es steht dann nicht mehr „Strafe", sondern „Sicherung" darauf. Der Europäische Gerichtshof für Menschenrechte hat diese fehlende Unterscheidbarkeit kritisiert. [...]
Sicherungsverwahrung ist juristisch heikel: Der zentrale Satz des
10 Strafrechts „in dubio pro reo/im Zweifel für den Angeklagten" wird nämlich mit der Sicherungsverwahrung ins Gegenteil verkehrt – zumal dann, wenn sie nicht schon im Strafurteil, sondern erst später, aufgrund des Verhaltens in der Haft, verhängt wird. Sicherungsverwahrung bedeutet also „in dubio contra": gegen den
15 Häftling, aber für potenzielle Opfer. Sicherungsverwahrung heißt also: Eine Person wird weggesperrt nicht zum Zweck der Bestrafung, sondern zur Vorbeugung. Jemand, der einmal Täter war, bleibt auch nach Verbüßung seiner Strafe hinter Gittern – solange er als öffentliches Risiko gilt. Das kann und darf nur in ganz besonderen
20 Ausnahmefällen so sein. [...]
Viele Juristen werden bei der Sicherungsverwahrung von einer heftigen rechtsstaatlichen Unruhe befallen. Das liegt daran, dass dabei neben dem „in dubio pro reo" noch ein zweiter Kernsatz außer Acht gelassen wird, nämlich der Satz „nulla poena sine
25 culpa/keine Strafe ohne Schuld". Sicherungsverwahrung wird ja nicht für vergangene, sondern für eine mögliche künftige Schuld verhängt. Die herrschende juristische Meinung beschwichtigt diese rechtsstaatliche Unruhe damit, dass man Sicherungsverwahrung nicht als Strafe, sondern als „Maßregel der Sicherung und
30 Besserung" bezeichnet [...].

Schriftlich Stellung nehmen

einen Text erschließen

1 a) Was findet der Autor des Textes problematisch am aktuellen Stand der Sicherheitsverwahrung? Erschließt seine Position in Partnerarbeit und formuliert sie mit eigenen Worten.

Argumente sammeln

  b) Notiert stichpunktartig Argumente und Belege/Beispiele zur Frage: „Ist Sicherheitsverwahrung zu rechtfertigen?"

einen Text erschließen

2 a) Erschließe die Argumentation des Textes.

recherchieren und Argumente sammeln

  b) Recherchiere weiter zum Thema. Sammle Argumente und Belege/Beispiele für eine Erörterung zur Frage „Ist Sicherungsverwahrung zu rechtfertigen?"

textgebunden erörtern

  c) Schreibe eine textgebundene Erörterung zum Thema.

Texte recherchieren und textgebunden erörtern

3 Wähle ein umstrittenes Thema und recherchiere Texte dazu. Verfasse eine textgebundene Erörterung auf dieser Basis.

Ab ins Abenteuercamp?
Einen argumentierenden Artikel schreiben

Wir, das outdoor adventure Team, bieten euch Herausforderungen und unvergessliche Erlebnisse in der Natur. Ihr werdet zusammen Grenzen austesten und überwinden, knifflige Aufgaben lösen und jede Menge Spaß haben!

Was weißt du schon?

- Manche Klassen gestalten ihre Abschlussfahrt als Abenteuercamp mit Survivaltraining.
  Berichtet, was ihr darüber wisst.

- Könnt ihr euch eine außergewöhnliche Abschlussfahrt mit Survivaltraining z. B. in einem Camp vorstellen?
- Notiert eure Überlegungen zu diesem Thema.
- Diskutiert die Vor- und Nachteile einer solchen ungewöhnlichen Abschlussfahrt.

- In diesem Kapitel geht es darum, andere schriftlich zu überzeugen.
  Wiederholt: Wie geht man vor, wenn man jemanden schriftlich überzeugen möchte?

Einen argumentierenden Text planen

Viele Tageszeitungen bieten das Projekt „Zeitung macht Schule" an: Auf einer speziellen Seite erscheinen einmal monatlich Schülertexte, die in erster Linie für Schüler/innen geschrieben sind. Im Folgenden schreibst du einen Artikel zum Thema „Abschlussfahrt mit Survivaltraining", der in diesem Rahmen erscheinen könnte und für eine solche Abschlussfahrt argumentiert.

Schriftlich Stellung nehmen

den Adressatenbezug beachten

TIPP
Überlege:
> Welche Personen sprichst du an?
> Welche Erwartungen haben diese?

1 Beim Argumentieren sollte man von Anfang an im Blick haben, wen man anspricht und überzeugen will.

a) Notiere, wer die Adressaten bzw. Leser/innen deines Artikels im Rahmen des oben genannten Projekts sind.

b) Warum ist es wichtig, die Leser/innen beim Schreiben zu berücksichtigen? Erkläre.

c) Notiere Möglichkeiten, die Leser/innen in einem argumentierenden Text anzusprechen.
   – *direkte Ansprache: ihr, liebe Schüler/innen, ...*
   – *rhetorische Frage: Wer will schon ... ?*
   – *...*

eine Stoffsammlung anlegen
→ rhetorische Mittel, S. 96

2 a) Übernimm die Stoffsammlung in dein Heft und ergänze weitere Argumente.

Abschlussfahrt mit Survivaltraining!
   – besonderes Naturerlebnis
   – Zusammenhalt fördern
   – praktische Dinge lernen (Umgang mit Kompass, ...)
   – das Besondere einer Abschlussfahrt hervorheben
   – ...

b) Ergänze stichpunktartig Belege/Beispiele.

c) Notiere mögliche Einwände, d. h. Gegenargumente. Überlege, wie du sie entkräften kannst.

Argumente steigernd anordnen

d) Ordne deine Argumente steigernd an: Beginne mit dem schwächsten und ende mit dem stärksten Argument.

e) Vergleicht eure Stoffsammlungen in Partnerarbeit. Gebt euch eine Rückmeldung und überarbeitet bei Bedarf.

Einen argumentierenden Text verfassen

Die Einleitung schreiben

1 Die Einleitung einer schriftlichen Argumentation sollte folgende Bestandteile enthalten: Thema, Schreibanlass, Ansicht zum Thema, ggf. Vorstellung der Autorin / des Autors.

    a) Ordne dem Entwurf die genannten Bestandteile zu.
    — *Thema: Schulabschlussfahrt*
    — …

> *Ihr habt euch bestimmt auch schon Gedanken gemacht, wie ihr eure Schulabschlussfahrt gestalten möchtet. Wir, die Schüler/innen der 10b der Emilie-Heyermann-Realschule, haben viel darüber diskutiert – und finden es gut, die Abschlussfahrt ganz anders als üblich zu planen. Wie wäre es zum Beispiel, sie mit einem spannenden Survivaltraining zu verbinden? Mit diesem Artikel wollen wir euch von unserer Idee überzeugen.*

    b) Notiere, wie die Adressaten in der Einleitung gezielt angesprochen werden.

2 Schreibe eine Einleitung für deinen eigenen Artikel.

Argumente im Hauptteil entfalten

3 Untersucht in Partnerarbeit, wie das folgende Argument entfaltet, d. h. ausgeführt wurde.

    a) Ordnet mündlich folgende Elemente zu:
    Argument, Beispiel/Beleg, Adressatenbezug.

> *Noch wichtiger jedoch ist: Eine Abschlussfahrt sollte ein besonderes und unvergessliches Erlebnis sein, das die Klassengemeinschaft angemessen würdigt.*
> *Zweifellos seid ihr nach Jahren gemeinsamer Schulzeit zu einer Gemeinschaft zusammengewachsen, habt gute und schlechte Zeiten durchgestanden. Dafür wäre ein richtiges gemeinsames Abenteuer der ideale Abschluss, den ihr immer gern in Erinnerung behalten werdet. Und hierfür eignet sich ein Abenteuercamp eben mehr als eine x-beliebige Städtereise.*

    b) Notiert die Mittel zur Verknüpfung und zur inhaltlichen Verstärkung. Erklärt ihre Funktion und Wirkung.

    c) Benennt positiv belegte Ausdrücke, die die Idee der Abenteuer-Abschlussfahrt „schmackhaft machen" sollen.

---

eine Einleitung untersuchen

HILFE
> direkte Leseransprache mit Pronomen „ihr", …
> Bezugnahme auf Situation der …
> …

die Einleitung schreiben

ein Argument untersuchen

→ Konnotation, S. 132

Schriftlich Stellung nehmen

Argumente entfalten

4 a) Entfalte zwei weitere Argumente aus deiner Stoffsammlung. Nutze die Formulierungshilfen im Kasten.

> - **Argument einleiten:** Man darf nicht vergessen, dass ...
>   Hinzu kommt ...   Noch bedeutsamer ist ...
>   Besonders schwer wiegt ...   Am wichtigsten ...
> - **Beispiel/Beleg einleiten:** So ist zum Beispiel ...
>   Studien haben gezeigt ...   Es ist allgemein bekannt, dass ...
> - **verstärken:** ohne Zweifel   sicherlich   fraglos   unstrittig
>   In jedem Fall gilt: ...   Eines ist sicher: ...

b) Tragt euch die ausgeführten (entfalteten) Argumente gegenseitig vor. Gebt euch eine Rückmeldung zu ihrer Überzeugungskraft.

Gegenargumente entkräften

5 Warum ist es sinnvoll, in einem argumentativen Text auch ein oder mehrere Gegenargumente zu nennen und zu entkräften?
Tauscht euch darüber aus.

die Entkräftung eines Arguments untersuchen

6 Untersucht in Partnerarbeit die folgende Entkräftung.
Nutzt die Hinweise im Merkkasten auf Seite 81.
- Welches Gegenargument wird aufgegriffen?
- Wie ist die Entkräftung aufgebaut?
- Welche sprachlichen Mittel werden verwendet?
- Wird das Gegenargument überzeugend entkräftet?
  Begründet eure Ansicht.

> *Dass viele Bedenken haben, weil diese Art der Abschlussfahrt nicht sonderlich komfortabel ist, können wir gut nachvollziehen. Es ist sicher unbequem, im Zelt zu schlafen, selbst zu kochen und bei Wind und Wetter draußen zu sein. Bedenkt aber: Auch im Zelt kann es gemütlich sein, z. B. auf einer Luftmatratze. Außerdem findet die Fahrt im Sommer statt, sodass niemand zu frieren braucht, und an kühlen Abenden kann man ein Feuer machen. Gerade weil wir im Alltag viele Annehmlichkeiten als selbstverständlich ansehen, kann es eine gute Erfahrung sein, einmal auf sie zu verzichten, um sie hinterher wieder richtig zu schätzen.*

⚠️ Gegenargumente entkräften

Ein argumentativer Text gewinnt an Überzeugungskraft, indem **Gegenargumente genannt und entkräftet bzw. widerlegt** werden. Damit zeigt man, dass man sich mit der Gegenposition auseinandergesetzt hat.

- **Gehe auf das Gegenargument ein** und zeige, dass du es ernst nimmst. Nutze sprachliche Mittel wie z. B.:
  Es ist zwar richtig, dass ...   Ich kann ... gut verstehen.
  Sicher ist der Einwand berechtigt, dass ...
  Man mag einwenden, dass ...
- **Entkräfte / Widerlege** das Argument. Leite z. B. so über:
  Trotzdem ...   Und dennoch ...   Nichtsdestoweniger ...
  Aber man darf (bzw.: ihr dürft) nicht vergessen: ...
  Dem kann man aber entgegenhalten: ...

7 Lies die Gegenargumente, die du notiert hast (S. 78, Aufgabe 2 c). Wähle eines aus und entkräfte es schriftlich.

ein Gegenargument vorwegnehmen und entkräften

8 Arbeitet zu zweit. Nehmt gegenteilige Positionen ein.

a) Eine/r entfaltet jeweils schriftlich ein Argument. Die/Der andere entkräftet bzw. widerlegt es.

b) Tragt euch die Ergebnisse gegenseitig vor. Tauscht euch darüber aus, welche Seite jeweils überzeugender ist.

Den Schluss verfassen

9 Formuliere einen Schluss für deinen Artikel.
– Mache nochmals kurz deine Position deutlich, indem du beispielsweise dein wichtigstes Argument wiederholst.
– Formuliere eine passende Folgerung, einen Appell oder einen Ausblick.

den Schluss verfassen

HILFE
Ihr seht also: ...
Habt also den Mut, ...
Wir können also nur dazu raten, ...

10 a) Schreibe einen zusammenhängenden Artikel „Abschlussfahrt mit Survivaltraining!". Nutze dazu deine Vorarbeit.

b) Prüft und überarbeitet eure Artikel in Partnerarbeit.

Das habe ich gelernt

- Ziel eines argumentativen Artikels ist es, ...
- So ordne ich meine Argumente an: ...
- Es ist sinnvoll, ein Gegenargument zu entkräften, weil ...
- Schwierigkeiten habe ich noch mit ...
- Erstellt zu zweit eine Checkliste zum Schreiben eines argumentativen Artikels.

Schreibe in dein Heft oder Portfolio.

Anwenden und vertiefen

Abschlussfeier mit der ganzen Jahrgangsstufe oder getrennt?

Pro	Kontra
– keine Konkurrenz zwischen den Klassen	– Viele Schüler/innen kennen sich gar nicht
– bessere Angebote bei großer Personenzahl	– Probleme mit der Raumgröße
– Zeugnisübergabe und Feier an einem Ort	– unpersönliche Massenabfertigung
– Lehrer/innen müssen sich nicht für eine Klasse entscheiden	– …
– …	

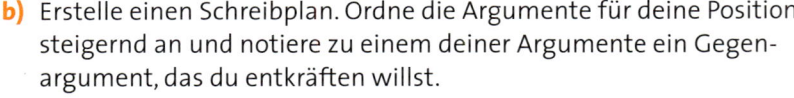

eine Stoffsammlung ergänzen

1 a) Ergänze die Stoffsammlung zur Diskussionsfrage: „Sollen alle zehnten Klassen gemeinsam ihren Abschluss feiern – oder besser jede Klasse für sich?"

b) Entscheide dich für eine Position.

einen Schreibplan anlegen

2 a) Notiere für einen argumentierenden Artikel zu dem Thema in der Schülerzeitung:
– Wer sind die Adressatinnen/Adressaten?
– Was ist der Anlass für deinen Artikel?
– Was ist deine Position zum Thema?

den Hauptteil eines argumentativen Artikels schreiben

b) Erstelle einen Schreibplan. Ordne die Argumente für deine Position steigernd an und notiere zu einem deiner Argumente ein Gegenargument, das du entkräften willst.

c) Schreibe den Hauptteil für einen Artikel zum Thema.

einen argumentierenden Brief verfassen

3 Schreibe einen argumentierenden Brief zu dem Thema an die Schulleitung.
– Gehe vor, wie du es in diesem Kapitel gelernt hast.
– Beachte den Adressatenbezug sprachlich (Anrede, …) und inhaltlich (an die Schulleitung gerichtete Argumente).

einen argumentierenden Brief ohne Vorgaben verfassen

4 Schreibe einen argumentierenden Brief an die Schulleitung zu dem Thema „Abschlussfeier: nachmittags oder abends?".

Texte überarbeiten

5 Überarbeitet eure Artikel in einer Schreibkonferenz.

Alles nur Äußerlichkeiten?
Mediale Texte erschließen und beurteilen

Karl-Theodor zu Guttenberg (geb. 1971), CSU, 2009 Wirtschaftsminister sowie 2009–2011 Verteidigungsminister der BRD

Was weißt du schon?

- Die Abbildung zeigt eine Titelseite der Zeitschrift „Bunte". Klärt die Art des Presseformats (Nachrichten-, Sportmagazin, „Klatschpresse", ...) und nennt charakteristische Merkmale dieses Formats.

- Beschreibe, wie der Politiker in Bild und Text dargestellt wird. Beurteile die Darstellung und begründe.

- Welche Bedeutung hat es, dass über einen führenden Politiker in diesem Zeitungsformat berichtet wird? Erläutere deine Ansicht dazu.

- Nenne Politiker/innen, die dir in den Medien auffallen. Erkläre, warum bzw. wodurch sie auffallen.

- Notiere: So gehe ich vor, wenn
  - ... ich einen schwierigen Sachtext erschließen will.
  - ... ich die Autorintention ermitteln will.

Texte erschließen und vergleichen

das Thema benennen

1 Überfliege den Zeitungsartikel (M 1) und den Zeitschriftentext (M 2). Benenne ihr gemeinsames Thema.

M 1 Nicht links, nicht rechts, sondern sexy

von Johannes Pennekamp (in „Handelsblatt" online, 13.5.2011)
Düsseldorf. Spieglein, Spieglein an der Wand, wer ist der schönste Politiker im Land? „Karl-Theodor, Karl-Theodor", hätte der Zauberspiegel wohl bis vor Kurzem erwidert. Schließlich kürte die Boulevardpresse Karl-Theodor zu Guttenberg und seine Gattin Stephanie
5 einst zum „schönsten Liebespaar der Politik". Jetzt, nach dem Abgang des feschen Barons*, könnte Norbert Röttgen (CDU) Ansprüche auf den Titel anmelden. Schließlich sagt man dem Umweltminister Ähnlichkeiten zu Hollywood-Schönling
10 George Clooney nach.

Norbert Röttgen

Alles nur Äußerlichkeiten, die in der Politik nichts zu bedeuten haben? Mitnichten. Eine ganze Reihe von wissenschaftlichen Studien zeigt: Wer besser aussieht, bekommt bei Wahlen mehr Stimmen –
15 und damit mehr Macht. Ob in Österreich, den USA, Finnland oder Frankreich: Überall, wo Wissenschaftler die Attraktivität von Kandidaten mit ihrem Wahlerfolg verglichen, stießen sie auf diesen Zusammenhang. In Konstellationen, in denen zwei Kandidaten direkt um einen Posten konkurrieren, könne die Schönheit sogar
20 über Sieg und Niederlage entscheiden, behaupten die Forscher. […] Wie stark das Aussehen den Wahlausgang beeinflussen kann, zeigen Studien des Hannoveraner Forschers Klein und seines Düsseldorfer Kollegen Ulrich Rosar, die eine Reihe deutscher Landtags- und Bundestagswahlen unter die Lupe genommen haben.
25 […] Sie ließen Fotos der Wahlkreiskandidaten bewerten und verglichen Attraktivität und Stimmergebnis. In einer Simulationsrechnung zeigen Klein und Rosar, dass bei der Bundestagswahl 2002 in jedem zehnten Wahlkreis der unterlegene Kandidat gewonnen hätte, wenn er von seinen Wählern als „hochattraktiv" eingeschätzt
30 worden wäre. Wahlkreise, in denen prominente Politiker kandidierten, untersuchten die Forscher allerdings nicht. Sie vermuten, dass der Schönheitseffekt in den Hintergrund tritt, wenn die politische Einstellung des Kandidaten zum entscheidenden Kriterium der öffentlichen Wahrnehmung geworden ist. „Bei
35 Kanzlerin Angela Merkel spielt das Aussehen kaum noch eine Rolle", sagt Klein. Auch Bundeskanzler Helmut Kohl* wusste durch andere Qualitäten zu überzeugen.
Aus demokratietheoretischer Perspektive sind solche Forschungsergebnisse beunruhigend. Mehrere Wissenschaftler äußern sich
40 besorgt darüber, dass nicht alleine Inhalte, sondern auch das Aussehen einen derart starken Einfluss auf die Wahlergebnisse hat. Gerade bei Direktwahlen* sei das bedenklich. […]

---

der Baron: *hier:* Hinweis auf den adligen Hintergrund zu Guttenbergs. Guttenberg trat 2011 nach Plagiatsvorwürfen bezüglich seiner Doktorarbeit zurück.

Helmut Kohl (geb. 1930), CDU, Bundeskanzler 1982–1998

die Direktwahl: Wahl in ein Amt direkt durch die Wahlberechtigten und nicht z. B. durch ein Parlament

M2 Schlicht schön

von Christoph Hickmann (in „Der Spiegel" 19/2011, S. 36 f.)
[…]
Es ist ein halbes Jahrhundert her, dass der attraktive John F. Kennedy* das erste politische Fernsehduell der Geschichte gegen einen schwitzenden, unrasierten Richard Nixon* gewann. Die Entwicklung ist also nicht ganz neu, in der Bundesrepublik zog der attraktive Willy Brandt* mit einer schönen Frau an seiner Seite erst ins Schöneberger Rathaus* und schließlich ins Kanzleramt ein. Doch auf den schneidigen Helmut Schmidt konnte Helmut Kohl folgen. Die Bilder hatten damals nicht ihre heutige Macht, sie ließen sich noch steuern, deshalb hatten sie häufig etwas Ikonenhaftes*. Kennedy auf seiner Yacht, die Brandts in Abendgarderobe.

Heute ist die Politik ausgeleuchtet bis in den letzten Winkel. Es gibt jetzt YouTube und damit Versprecher, Stolperer, Peinlichkeiten auf Abruf, das öffentliche Gedächtnis ist unbarmherzig. Schönheit ist mittlerweile auch eine Art Versicherung dagegen, öffentlich richtig schlecht auszusehen. […]

Schönheit ist deshalb noch längst nicht alles in der Politik, aber ein gewisser optischer Mindeststandard gehört nun genauso zur Grundausstattung wie Rhetorik und Intelligenz. Angela Merkel wird gern als Gegenbeispiel angeführt, doch bevor sie Kanzlerin wurde, war lange Zeit keine Rede davon, was sie eigentlich mit diesem Land machen wollte. Stattdessen gab es Witze über ihre Frisur. Legt man Bilder Angela Merkels aus den neunziger Jahren neben solche aus der Anfangszeit ihrer Kanzlerschaft, erzählen die Bilder eine erstaunliche Geschichte. Es ist die Geschichte einer fast perfekten Optimierung ihres öffentlichen Auftritts.

Wer nicht eine gewisse optische Gefälligkeit mitbringt, wird sich auch in Zukunft politische Reputation erarbeiten können, über besondere Sachkenntnis etwa. Doch schon jetzt hat er es schwer, in die erste Reihe vorzustoßen – dorthin, wo man der gnadenlosen öffentlichen Begutachtung ausgesetzt ist. Das ist eine Binsenweisheit im Berliner Politikbetrieb. Geht es dort in vertraulichen Gesprächen um Kandidatenfragen, fallen ständig Sätze wie: Den kann man doch nicht in die erste Reihe stellen! Können Sie sich die auf einem Wahlplakat vorstellen?

Man thematisiert dort auch, dass der SPD-Vorsitzende Gabriel erst mal ordentlich abnehmen müsste, bevor er Kanzlerkandidat werden könnte, aber auf öffentlicher Bühne spricht es niemand aus. […]

John F. Kennedy mit Ehefrau Jacqueline

John F. Kennedy (1917–1963), **Richard Nixon** (1913–1994): Kandidaten der US-Präsidentschaftswahl 1960
Willy Brandt (1913–1992), SPD: Berliner Bürgermeister und später Bundeskanzler
ins Schöneberger Rathaus ziehen: *hier:* Bürgermeister von Berlin werden
ikonenhaft: sinnbildlich

Inhalt und Aufbau erschließen

2 a) Gebt eure ersten Leseeindrücke wieder.

b) Klärt unbekannte Wörter durch Nachdenken, Nachfragen oder Nachschlagen.

3 Erschließt Inhalt und Aufbau der Texte in Partnerarbeit.
– Benennt die Sinnabschnitte jedes Textes mit Zeilenangaben.
– Fasst jeden Sinnabschnitt in einem Satz zusammen.
– Notiert die Kernaussage jedes Textes in einem Satz.

TIPP
Arbeitet hier und im Folgenden mit Textkopien.

4 Beschreibt, wie die beiden Texte aufgebaut sind.
M1
– *Abschnitt 1: Einleitung: Märchenzitat mit aktuellem Bezug*
– *Abschnitt 2: rhetorische Frage …*

Texte inhaltlich vergleichen

5 In welchem Punkt widersprechen sich die Texte M1 und M2? Belege anhand von Textstellen.

rhetorische Mittel erkennen

HILFE
M1
› *Einleitung: Frage aus dem Märchen wird bezogen auf …*
› *provokante rhetorische Frage Z. 11 f. …*

6 Untersuche, wie die Autoren die Leser/innen zum Weiterlesen bewegen und den Text „auflockern".
– Welche Sätze machen neugierig, provozieren, …?
– Welche ausdrucksstarken Verben und Adjektive vermitteln den Sachverhalt anschaulich und eindrücklich?
Markiere entsprechende Stellen auf einer Textkopie.

die Darstellungsweise untersuchen

7 „Die Texte stellen den Sachverhalt in erster Linie sachlich und neutral dar." Notiert in Partnerarbeit Textstellen, die diese Einschätzung stützen:
– Übertragt die Tabelle in eure Hefte.
– Notiert jeweils mindestens zwei Wörter bzw. Sätze zu jedem aufgeführten Aspekt.

Merkmale	Textbeispiele	Funktion/Wirkung
Nennung von Informationsquellen	*„Eine ganze Reihe von wissenschaftlichen Studien zeigt: …" (M1, Z. 12 f.)*	*wirkt seriös, objektiv, glaubwürdig*
Verwendung neutraler, nicht wertender Ausdrücke	*Nomen: der Umweltminister, …* *Verben: …* *Adjektive: …*	…

Information und Meinung unterscheiden
↪ Konnotation, S. 132; Ironie, S. 135

8 Die Texte M1 und M2 enthalten neben den sachlich-informativen Elementen auch wertende Elemente.

a) Markiert in euren Textkopien entsprechende Stellen. Nutzt dazu den folgenden Merkkasten.

b) Vergleicht eure Ergebnisse in Partnerarbeit.

Sachtexte und mediale Texte erschließen

❗ Information und Meinung unterscheiden

Auch bei eher neutral-sachlichen Textsorten wie dem Bericht kann die Autormeinung einfließen, von der
offenen Meinungsäußerung bis hin zu **indirekten, versteckten Wertungen.**

- **explizite (ausdrückliche) Meinungsäußerung:**
  Es ist bedenklich, dass ... / Es kann nicht angehen, dass ...
- **wertende Nomen, Verben oder Adjektive,**
  z. B. negativ konnotierte oder umgangssprachliche:
  der Macher, der Schönling;
  rumposaunen, betulich;
  Sie enttäuschte / brillierte / bewährte sich bei ...
- **ironisch-spöttische / übertreibende Darstellung:**
  Nun wird es für ihn eng – wieder mal.
  Einst waren sie das Traumpaar ...
- **kritische oder rein rhetorisch gemeinte Fragen:**
  War das wirklich die ganze Wahrheit?
  Wollen Sie das?
- **Weglassungen,** z. B. Aussparen der positiven Aspekte eines kritisierten Sachverhalts.

9 a) Tauscht euch in Partnerarbeit über eure Ansicht zum Thema und zu den Texten dazu aus: Welche Meinung habt ihr zum Thema „Die Bedeutung von Schönheit in der Politik"?

b) Beurteilt die sprachliche Darstellung des Sachverhalts in den beiden Texten (M1 und M2). Formuliert und beantwortet passende Fragen dazu.
– *Sind die Texte ansprechend und gut lesbar verfasst?*
– *Wird der Sachverhalt in angemessener Weise dargestellt (z. B. informativ, objektiv, wertend, spöttisch, ...)?*
– ...

c) Formuliere deine Ansicht schriftlich in einem kurzen Text. Du kannst die Formulierungshilfen im Kasten nutzen.

> Die beiden Texte machen deutlich, wie wichtig ...
> Das Thema spricht mich an / nicht an, weil ...
> Beim Text ... fehlt mir ...
> Beim Text ... überzeugt mich ...
> Vor allem der Autor des Textes M 2 verwendet häufig ...
> Das hat zur Folge, dass ...
> Meine Ansicht zum Thema ...

zu Sachtexten Stellung nehmen

Einen Essay erschließen und dazu Stellung nehmen

In einem Essay setzt man sich subjektiv mit einem Thema auseinander und führt seine Gedanken dazu aus. Ein Essay soll zum Denken anregen, oft auch provozieren, und bietet Raum für das Spiel mit der Sprache.

1 Betrachte die Fotos und überfliege Überschrift und Text. Benenne das Thema des Essays.

überfliegend lesen
→ Lesestrategien, S. 243

TRIUMPH DER ALBERNHEIT
Warum Politikerfotos oft so seltsam wirken

von Dirk Kurbjuweit (in „Der Spiegel" 45/2011, S. 38 ff.)
Als der Schauspieler Robert De Niro einen Boxer darstellen sollte, lernte er mühsam boxen. Er ließ sich von Könnern vermöbeln, um mit dem Schmerz vertraut zu sein, und er nahm 27 Kilo zu, um auch einen verfetteten Boxer spielen zu können, dann nahm er sie
5 wieder ab. In dem Film „Wie ein wilder Stier" spielt De Niro einen Boxer, als wäre er ein Boxer. Er bekam einen Oscar dafür.
Als der Politiker Philipp Rösler* einen Boxer darstellen sollte, zog er Boxhandschuhe an und guckte verwegen. Das Foto illustrierte ein Interview mit „Bild am Sonntag". Rösler wirkte nicht kämpferisch,
10 sondern wie die Karikatur eines Kämpfers. Ein Politiker kann nicht den Aufwand eines Schauspielers betreiben, aber er muss sich ja nicht als Boxer inszenieren. Rösler wollte das so. Er wollte sich mit diesem Bild aufwerten und auf Eigenschaften hinweisen, die er entweder nicht hat oder die bislang allen verborgen geblieben sind.
15 Das geht häufig schief.
[…]
Der schmale Rösler als Boxer ist albern. Leider gibt es eine Menge Fotos mit schrägen oder albernen Inszenierungen von Politikern. Sie haben offenbar einen starken Drang, sich auf seltsame Art darstellen zu lassen. Warum ist das so? Und warum gibt es so wenig
20 gute Politikerfotos?
An das Auftreten von Politikern in Demokratien gibt es zwei Erwartungen, die einander widersprechen. Sie sollen nicht König sein, sondern Mensch unter Menschen, aus dem Volk kommen und im Volk geblieben sein, damit sie die Nöte der Leute kennen. Wer
25 abgehoben wirkt, ist unten durch. Anderseits soll auch etwas von einem König in ihnen stecken: Würde und Glanz, eine Art von erhabener Nichtalltäglichkeit. Nur so ist zu erklären, dass teilentrückte Adelsabkömmlinge wie Richard von Weizsäcker* und Karl-Theodor zu Guttenberg in besonderer Weise verehrt wurden.
30 Die Selbstinszenierungen von Politikern für Kameras sind von diesen beiden Erwartungen geprägt. Politiker sollen normal sein und sie sollen anders sein. Heraus kommen schräge Fotos, die manchmal wie Selbstveralberungen wirken.
Es gibt drei Grundtypen des politischen Posierens*: Männer spielen
35 gern den Krieger, Frauen gern die Frau und Männer wie Frauen gern den normalen Menschen.

Philipp Rösler (geb. 1973), FDP, damals Bundeswirtschaftsminister und deutscher Vizekanzler

Richard von Weizsäcker (geb. 1920), CDU, Bundespräsident 1984–1994

posieren: *hier:* sich darstellen, sich in Szene setzen

Christian Wulff mit Leibwächtern

Könige haben sich oft als Krieger darstellen lassen und demokratische Politiker halten das nicht viel anders. Im Archiv der schrägen Selbstinszenierungen finden sich auffallend viele Fotos, die Politiker als wehrhaft zeigen. Rösler boxte einen Boxsack, Kurt Beck, der Ministerpräsident von Rheinland-Pfalz, stülpte sich den Helm eines römischen Legionärs über, Guttenberg posierte wie ein Drachentöter auf dem Modell eines Dinosauriers und Bundespräsident Christian Wulff ließ sich in Afghanistan inmitten einer Rotte kriegerischer Leibwächter ablichten. Es sind breite Burschen, die ihn umgeben, muskulös, schwer bewaffnet, gut gepanzert, Sonnenbrillen statt Augen. […]

Der Krieger ist eine Sozialfigur, die es in Deutschland lange nicht gab, weil sie sich durch die bösen Taten der Wehrmacht unmöglich gemacht hatte. Durch den Einsatz der Bundeswehr in Afghanistan kehrt sie langsam zurück, aber nicht als Held. Zudem geht der gesellschaftliche Trend zum innerlich aufgeweichten Mann, der sich in einer Familie besser bewährt als in einem Kampf.

Rösler, Beck, Guttenberg und Wulff sind genau diese Typen, in deren Händen man eine Kinderrassel erwartet, nicht eine Waffe. Selbst zu einem kleinen Trupp vereint, läge die Kampfkraft dieser vier unter der eines durchschnittlichen Hooligans*. Aber sie zeigen sich als Krieger, den es offenkundig noch als Mythos* gibt, als Traum vom verlorenen Mannsbild: ausgehärtet, stark, gefährlich. Aber mit solchen Adjektiven kann man heutzutage nicht mehr protzen. Das zeigt, wozu die fotografische Inszenierung häufig dient, sie soll das Unsagbare sagen. „Ich bin ganz schön gefährlich" ist ein Satz, mit dem man sich lächerlich macht. Das Kriegerfoto transportiert diese Botschaft in einer milderen Form, oft ironisiert, aber doch in der Hoffnung, dass etwas hängenbleibt.

Wenn man bei den Politikerinnen nach einer Häufung sucht, findet man seltsamerweise das üppige Dekolleté oder andere Inszenierungen von Weiblichkeit. Bundeskanzlerin Angela Merkel hat sich vor der Oper in Oslo mit einem tiefen Ausschnitt gezeigt. Danach

der Hooligan: aggressiver Fußballfan
der Mythos: Person oder Sache, die aus meist verschwommenen Vorstellungen heraus glorifiziert wird

die Ikonografie: Erklärung von Bildinhalten
der Eros: sinnliche Liebe

70 ließ sie dementieren, dass damit eine Botschaft verbunden gewesen sei, doch wurde hier ohne Zweifel „die Beredsamkeit
75 des Körpers" eingesetzt, wie es im „Handbuch der politischen Ikonografie*" heißt. [...]
Die Botschaft des Busens
80 vereint Eros* und Mütterlichkeit, womit klassische Rollen von Frauen angesprochen sind. Die

Angela Merkel in Oslo (2008)

Parallele zu den Männern ist, dass auch diese Rollen kein hohes
85 Ansehen mehr im politischen Diskurs genießen. Auch hier scheint es allerdings eine Unterströmung zu geben, die Politikerinnen bedienen wollen. Der auf politischer Bühne unsagbare Satz „Ich bin erotisch" oder „Ich bin mütterlich" wird durch ein Foto zugleich gemieden und plakatiert. So kann man Weibsbild sein und für eine
90 androgyne* Gesellschaft kämpfen. [...]

die Androgynie: Vereinigung der Merkmale beider Geschlechter

In der dritten Rubrik im Archiv der schrägen Politikerfotos soll der Eindruck einer harmlosen Normalität erweckt werden. Es ist eine Maßnahme gegen den Verdacht der Abgehobenheit, eine fotografische Wiedereingliederung in das Volk. Der Politiker tut Dinge, die
95 andere auch tun. [...] Ungezählt sind die Fotos, auf denen Politiker lieb mit Tieren sind; auch sie fallen in die Kategorie der harmlosen Normalität. Helmut Kohl war ein Meister der Streichelsymbolik: Wer nett zum Rind ist, ist auch nett zum Volk.
Keine dieser Inszenierungen gelingt. Die Männer sind zu offen-
100 sichtlich nicht einmal Kriegerchen und wirken deshalb lachhaft. Aus üppiger Weiblichkeit lassen sich keine politischen Stärken ableiten. Und eine Inszenierung von Normalität kann per se* nicht gelingen. Was hergestellt wird, um normal auszusehen, sieht in besonders drastischer Weise hergestellt aus. [...]
105 Mit Worten ist nicht mehr viel zu holen. [...] Wer seit längerer Zeit im Journalismus arbeitet, hat noch keine Layout-Reform erlebt, in der nicht die Bilder größer geworden sind und Textraum verschwunden ist. Der Bildredakteur ist der Sieger der Geschichte. [...]

per se: an sich, von selbst

2 Arbeite mit einer Textkopie, auf der du wichtige Textstellen markieren und Randnotizen anbringen kannst.

a) Notiere deinen ersten Leseeindruck.

b) Bildet Gruppen und gebt euch gegenseitig eure Leseeindrücke wieder.

einen Text gemeinsam erschließen
→ reziprokes Lesen, S. 243

3 Erarbeitet den Text in Gruppen. Nutzt die Methode des reziproken Lesens.

4 Vergleicht den Essay mit den Texten auf Seite 84 f.:
- Vergleicht euren ersten Eindruck von der sprachlichen Ausgestaltung der Texte.
- Welche Aspekte von M1 und M2 kommen auch im Essay vor? Welche sind neu?

Texte vergleichen

5 Lest den folgenden Merkkasten. Erklärt euch in Partnerarbeit gegenseitig Merkmale und Funktion eines Essays. Zieht dabei Beispiele aus dem Essay S. 88 ff. heran.

Merkmale eines Essays erfassen

> **Der Essay**
>
> Der Essay (franz. *essay*: Versuch) gehört zu den **argumentativen Sachtexten.** Ein Essay
> - enthält neben **erörternden** Passagen oft auch **beschreibende** oder **erzählende** Elemente.
> - verzichtet oft auf eine sachliche Sprache zugunsten einer **lockeren Art der Themenbehandlung.**
> - soll **Denkanstöße** geben. Aussagen sind oft **zugespitzt, provokativ** oder **ironisch** formuliert.

6 a) Fasst die Hauptaussage des Autors Dirk Kurbjuweit (S. 88 ff.) in wenigen Sätzen zusammen.

b) Arbeitet sprachliche Mittel des Textes heraus und führt Beispiele an.

Textaussage und sprachliche Darstellung untersuchen

7 a) Nimm Stellung zum Essay in einem Leserbrief an die Zeitschrift, die den Text veröffentlicht hat.
- Gib im Betreff den Text an, auf den du dich beziehst (Titel, Autor, Ausgabe der Zeitschrift, Seitenzahl).
- Gehe im Hauptteil auf die Meinung des Autors und auf seine sprachliche Darstellung ein. Erläutere deine eigene Meinung.
- Fasse zum Schluss deine Position zusammen.

b) Überarbeitet eure Texte in Partnerarbeit. Nutzt dafür folgende Fragen:
- Ist ersichtlich, auf welchen Text genau ihr euch bezieht?
- Ist euer Leserbrief sinnvoll und übersichtlich gegliedert?
- Geht ihr ausreichend auf die vom Autor geäußerte Meinung ein?
- Habt ihr eure eigene Meinung nachvollziehbar begründet?
- Habt ihr euren Leserbrief sachlich formuliert?

zu einem Essay Stellung nehmen

HILFE
*Sehr geehrte Damen und Herren,
in seinem Essay vertritt … die Ansicht, dass …
In seiner Darstellung …
Einerseits stimme ich zu, dass …
Andererseits …*

Das habe ich gelernt

- „Sprache bedeutet Inhalt." Erkläre diese Aussage anhand von Textbeispielen aus diesem Kapitel.

- Nenne Merkmale von sachlich-neutralem und von wertendem Schreiben. Führe jeweils Beispiele an.

- Nenne Merkmale und Funktion eines Essays.

Schreibe in dein Heft oder Portfolio.

Sachtexte und mediale Texte erschließen

Anwenden und vertiefen

Inhalte wiedergeben

INFO
die Boulevardzeitung: Druckerzeugnis mit großer Auflage und populären Inhalten. Sachverhalte werden oft emotionalisiert, verkürzt oder verzerrt dargestellt.

die First Lady: Partnerin des amtierenden Staats-/Regierungschefs (hier bezogen auf Frankreich, USA, Deutschland)

1 Lies den folgenden Ausschnitt aus einem Artikel der Boulevardzeitung „Express". Gib seinen Inhalt mit eigenen Worten wieder.

Angela Merkel im Glamour-Outfit

Salzburg. Oh là là, Frau Kanzlerin! Für einen Opernbesuch bei den Salzburger Festspielen hat sich Angela Merkel am Sonntagabend mal wieder mächtig in Schale geschmissen.
Ein lila-glänzender Zweiteiler, bestehend aus Chiffon-Blazer und langem, ausgestelltem Rock. Zu dem schillernden Outfit trägt die Kanzlerin natürlich passende Pumps und violette Handtasche. Das Outfit hat die Kanzlerin schon einmal getragen: Schon im Jahr 2007 kam sie in der gleichen Kombination nach Bayreuth.
Möchte Merkel so schick den eleganten First-Ladys* der Politik (Carla Bruni, Michelle Obama oder Bettina Wulff) Konkurrenz machen?

Merkmale sachlichen und wertenden Schreibens erfassen

2 In welchem „Ton" ist der Text geschrieben: sachlich-neutral, spöttisch, ironisch, kritisch, …? Belege deine Einschätzung, indem du die Tabelle in dein Heft überträgst und ergänzt.

sprachliche Mittel / Merkmale	Textbeispiele	Funktion/Wirkung
– Ausruf mit ironischem Ton – direkte Anrede	„Oh là là, Frau Kanzlerin!" (Z. 1)	undistanziert, spöttisch; macht neugierig
– Übertreibung in mehrfacher Hinsicht: … – bildhafte …	„mal wieder mächtig in Schale geschmissen"	…

zu einem Zeitungstext Stellung nehmen

3 Nimm schriftlich Stellung zum Text.
– Lege einen Schreibplan mit Einleitung, Hauptteil und Schluss an. Notiere Stichworte zu diesen Teilen.
– Formuliere deinen Text mit Hilfe des Schreibplans aus.

in einem Leserbrief Stellung nehmen

4 a) Schreibe einen Leserbrief, in dem du zu dem Artikel Stellung nimmst. Gehe auch auf folgende Fragen ein:
– Wie beurteilst du diese Art der Berichterstattung?
– Wird der Autor des Textes seiner Verantwortung beim Informieren der Leser/innen gerecht?

b) Überarbeitet eure Texte in Partnerarbeit.

„Deutschland, einig Vaterland?"
Reden analysieren

INFO
Christa Wolf (1929–2011) war eine deutsche Schriftstellerin und Intellektuelle der DDR (Deutsche Demokratische Republik). Die abgedruckten Sätze sagte sie bei einer Kundgebung auf dem Alexanderplatz in Ostberlin nach einer Demonstration am 4. November 1989.

„Jede revolutionäre Bewegung befreit auch die Sprache. Was bisher so schwer auszusprechen war, geht uns auf einmal frei über die Lippen. Wir staunen, was wir offenbar schon lange gedacht haben und was wir uns jetzt laut zurufen: Demokratie – jetzt oder nie!"

„Unglaubliche Wandlungen. Das ‚Staatsvolk der DDR' geht auf die Straße, um sich als – Volk zu erkennen. Und dies ist für mich der wichtigste Satz dieser letzten Wochen – der tausendfache Ruf: Wir – sind – das – Volk!"

Was weißt du schon?

- Lies die Redeauszüge.
  Kläre ihren historisch-politischen Hintergrund.

- Gib den Inhalt der Redeauszüge wieder.
  Berücksichtige hierbei die Hintergrundinformationen.

- Erkläre, welche Macht Sprache laut Christa Wolf hat.
- Lies die Auszüge laut und betont vor. Mit welchen sprachlichen Mitteln „arbeitet" Wolf (Wortwahl, Pausen, …)?
- Stelle Vermutungen an, zu welchem Zweck Wolf diese Mittel verwendet.

- Zu welchen Anlässen und mit welchen Zielen werden politische Reden gehalten? Notiere Beispiele.

Sachtexte und mediale Texte erschließen

Eine politische Rede untersuchen

Höreindrücke formulieren

1 a) Lass dir die folgenden Auszüge einer Rede von Christian Wulff zweimal von jemandem vorlesen.
– Formuliere nach dem ersten Hören deinen ersten Eindruck in Stichworten.
– Notiere nach dem zweiten Durchgang Wörter und Sätze, die dir besonders im Gedächtnis geblieben sind.

INFO
Christian Wulff (geb. 1959), CDU, deutscher Bundespräsident 2010–2012. Die Auszüge stammen aus seiner Rede zum 20. Jahrestag der Deutschen Einheit. Die Rede wurde am 3. Oktober 2010 im Rahmen der Feierlichkeiten in Bremen gehalten und im Fernsehen übertragen.
Die vollständige Rede kannst du nachlesen unter: http://www.bundespraesident.de/SharedDocs/Reden/DE/Christian-Wulff/Reden/2010/10/20101003_Rede.html.

„Vielfalt schätzen – Zusammenhalt fördern"

Wir feiern heute, was wir vor zwanzig Jahren erreicht haben: Einigkeit und Recht und Freiheit für unser deutsches Vaterland. Wir erinnern uns an jenen epochalen Tag, wie ihn ein Volk wohl nur ganz selten erlebt. Ich denke an diesem Tag an die Bilder aus Berlin,
5 in der Nacht vom 2. auf den 3. Oktober. An die Menschen, die vor dem Reichstagsgebäude standen. An die gespannte Erwartung in den Momenten vor Mitternacht. An den Klang der Freiheitsglocke. An das Hissen der Fahne der Einheit. An die Nationalhymne. An das Glücksgefühl. An die Tränen. An den Zusammenhalt in diesem
10 historischen Augenblick unserer Geschichte. Auch 20 Jahre später erfüllt mich dies mit größter Dankbarkeit.

Seit 20 Jahren sind wir wieder „Deutschland einig Vaterland". Doch was meint „einig Vaterland"? Was hält uns zusammen? Sind wir zusammengewachsen, trotz aller Unterschiede?

15 Eine erste Antwort liegt auf der Hand: Es ist die Erinnerung an unsere gemeinsame Geschichte. Zu ihr gehört, dass wir an alle denken, die diese Einheit möglich machten. An die Bürgerrechtlerinnen und Bürgerrechtler, die beharrlich gegen eine Diktatur Widerstand geleistet haben. Die verstorbene Bärbel Bohley war eine
20 von ihnen. Sie hat gezeigt, was Mut bewegen kann, und hat damit vielen anderen Menschen Mut gegeben. „Nichts war uns zu groß, als dass wir es nicht angepackt, nichts war uns zu klein, als dass wir uns nicht darum gekümmert hätten", das war so ein Satz von ihr. Er berührt mich bis heute. Und ich verneige mich vor Bärbel
25 Bohley und allen, die für die Freiheit gekämpft haben. […]

Unsere Kirchen gaben dem aufbrechenden Mut zur Freiheit ein Obdach. Viele Menschen fühlten: Es muss sich etwas ändern. Aber durch das Gefühl ändert sich
30 noch gar nichts. Ich muss etwas ändern. Und es begann – mit den Montagsgebeten und den Montagsdemonstrationen. Erst gingen wenige, dann immer mehr Mutige auf die Straßen […], wirklich ein Wunder,
35 ein Wendepunkt. Bewirkt von Menschen. Sie haben sich selbst aus der Diktatur befreit – ohne Blutvergießen. Der Freiheits-

wille der Menschen war immer da – ungebrochen. Doch jetzt war die Zeit da. Und was 1953* noch von Panzern niedergewalzt wurde, konnte 1989 nicht mehr aufgehalten werden. Das ist die eigentliche historische Leistung der Menschen. Ihr Mut hat die ganze Welt beeindruckt. […] [U]nendlich Wertvolles wurde gewonnen: die Erfahrung der Menschen, dass sie mit ihrem Mut der Veränderung ihr eigenes Leben in Freiheit gestalten konnten. Damit haben sie unserer deutschen Geschichte ein wichtiges Kapitel hinzugefügt. Damit haben sie aus ganz Deutschland ein anderes Deutschland gemacht. Damit haben sie vorgelebt, wie Umbrüche zu meistern sind, für das persönliche Glück wie für unser aller Zusammenhalt.

Damit kommen wir zur zweiten Antwort auf unsere Frage: „Deutschland, einig Vaterland"? Was heißt das heute? Zwanzig Jahre nach der Einheit stehen wir vor der großen Aufgabe, neuen Mut zur Veränderung zu finden, neuen Zusammenhalt zu ermöglichen in einer sich rasant verändernden Welt. […]

1989 haben die Ostdeutschen gerufen: „Wir sind das Volk, wir sind ein Volk!" Das rief Nationalgefühl wach, das lange verschüttet war – aus nachvollziehbaren historischen Gründen. Inzwischen ist in ganz Deutschland ein neues Selbstbewusstsein gewachsen, ein unverkrampfter Patriotismus, ein offenes Bekenntnis zu unserem Land, das um seine große Verantwortung für die Vergangenheit weiß und so Zukunft gestaltet. Dieses – im Sinne des Wortes – Selbst-Bewusstsein tut uns gut. Es tut auch unserem Verhältnis zu anderen gut: Denn wer sein Land mag und achtet, kann besser auf andere zugehen.

„Wir sind ein Volk!" Dieser Ruf der Einheit muss heute eine Einladung sein an alle, die hier leben. Eine Einladung, die nicht gegründet ist auf Beliebigkeit, sondern auf Werten, die unser Land stark gemacht haben. […] Wenn mir deutsche Musliminnen und Muslime schreiben: „Sie sind unser Präsident" – dann antworte ich aus vollem Herzen: Ja, natürlich bin ich Ihr Präsident! Und zwar mit der Leidenschaft und Überzeugung, mit der ich der Präsident aller Menschen bin, die hier in Deutschland leben. […]

Jetzt komme ich zur dritten Antwort auf unsere Ausgangsfrage. „Deutschland, einig Vaterland", das heißt, unsere Verfassung und die in ihr festgeschriebenen Werte zu achten und zu schützen. Zuallererst die Würde eines jeden Menschen, aber auch die Meinungsfreiheit, die Glaubens- und Gewissensfreiheit, die Gleichberechtigung von Mann und Frau. Sich an unsere gemeinsamen Regeln zu halten und unsere Art zu leben zu akzeptieren. […]

Wir gehen mit Mut und Zuversicht nach vorne. Die vergangenen zwanzig Jahre haben gezeigt, was wir gemeinsam schaffen konnten und was wir dementsprechend auch in der Zukunft werden schaffen können. Wir sind – im doppelten Sinne des Wortes – zusammengewachsen und zusammen gewachsen.
Gott schütze Deutschland.

Beim Aufstand des 17. Juni **1953** kam es in der DDR zu Streiks und Demonstrationen mit politischen und wirtschaftlichen Forderungen.

b) Stellt euch gegenseitig eure ersten Höreindrücke vor.

Redesituation und Thema klären

2 a) Lies nun den Text selbst durch. Bestimme Thema und Redesituation mit Hilfe folgender Fragen:
Wann? Wer? An wen? Was? Aus welchem Anlass?

b) Erarbeitet in Gruppen den Inhalt der Rede genauer.
Nutzt hierfür die Methode des reziproken Lesens (S. 243).

den Inhalt der Rede erschließen

3 Christian Wulff stellt in seiner Rede eine zentrale Frage, auf die er drei Antworten gibt.

HILFE
Frage:
› Was hält die Deutschen ...?
Antwort 1: Erinnerung an ...

a) Formuliere die Frage mit eigenen Worten und notiere Wulffs Antworten stichpunktartig.

b) Nehmt zu den Ausführungen Wulffs kurz Stellung.
Führt dazu ein Blitzlicht in der Klasse durch.

> **❗ Eine Rede analysieren**
>
> Beachte folgende Aspekte bei der Analyse einer Rede:
> - **Redesituation:** Aus welchem Anlass, wo und für wen wird die Rede gehalten?
> - **Inhalt:** Was sind das Thema und die Hauptaussage?
> - **Argumentation:** Welche zentralen Thesen werden vertreten? Werden sie durch Argumente belegt und diese durch Belege/Beispiele gestützt?
> - **Rhetorische Mittel:**
>   Welche rhetorischen Mittel werden eingesetzt und welche Funktion haben sie? Beispiele:
>   – wiederholte und direkte Ansprache des Publikums
>   – Betonung des „Wir" durch Pronomen (*wir, uns, ...*)
>   – Schlagwörter mit positiven oder negativen Konnotationen
>   – bildhafte Sprache (Vergleiche, Metaphern, ...)
>   – Alliteration (*Land und Leute, ...*)
>   – Anapher (*Wir feiern heute. Wir feiern bewusst. Wir ...*)
>   – rhetorische Fragen (*Aber ist das wirklich so? ...*)
>   – Aufruf oder Appell (*Lassen Sie uns gemeinsam ...*)
> - **Intention:** Welche Wirkung soll die Rede erzielen?

➔ rhetorische Stilmittel, S. 24
Konnotation, S. 132
Schlagwort, S. 133

rhetorische Mittel untersuchen

4 Wulff verwendet in seiner Rede mehrere rhetorische Mittel.
Untersucht sie in Partnerarbeit.

TIPP
Arbeitet mit einer Textkopie und markiert mit unterschiedlichen Farben.

a) Informiert euch mit Hilfe des Merkkastens über rhetorische Stilmittel.
Nennt Textbeispiele dafür aus der Rede von Wulff.

b) Übertragt die Tabelle. Ergänzt rhetorische Mittel aus der Rede sowie ihre Funktion. Notiert Textbeispiele mit Zeilenangaben.

rhetorisches Mittel und Beispiel	Funktion/Wirkung
– Verwendung der Pronomen „wir", „unser", „uns" (Z. 1, 2, 3, 12 u. a.) – ...	– Betonen/Wecken eines „Wir-Gefühls" – ...

Eine Redeanalyse verfassen

Im Folgenden setzt du dich schriftlich mit Inhalt und Sprachgestaltung einer Rede auseinander und erklärst deine persönliche Einschätzung der Rede bzw. wichtiger Abschnitte.

1 Eine Redeanalyse hat einen festgelegten Aufbau und ist in Einleitung, Hauptteil und Schluss gegliedert.

   a) Übertrage den folgenden Schreibplan in dein Heft.

   b) Ordne die Aspekte einer Rede, die du auf den vorigen Seiten erarbeitet hast, den Teilen zu. Nutze dabei auch den Merkkasten.

die Redeanalyse planen

Einleitung	Hauptteil	Schluss
– Ort, Datum – …	– zentrale Aussagen – …	– Fazit – …

2 Ergänze in deinem Schreibplan passende Stichworte. Nutze hierfür die Ergebnisse zu den Aufgaben auf den vorigen Seiten.

> **❗ Eine Redeanalyse verfassen**
>
> So kannst du deine Redeanalyse aufbauen:
> - In der **Einleitung** gehst du kurz auf die Redesituation ein: Ort und Datum, Redner/in, Titel/Thema, Anlass bzw. politischer oder gesellschaftlicher Hintergrund, Adressatenkreis.
> - Nenne im **Hauptteil** die wichtigsten Gedanken der Rede und gehe auf die Redeabsicht ein. Beschreibe sprachlich-stilistische Besonderheiten und ihre Wirkung.
> - Fasse zum **Schluss** den Hauptgedanken der Rede zusammen. Schreibe eine kurze Wertung.

3 a) Schreibe eine Einleitung zu deiner Redeanalyse.

die Einleitung schreiben

In seiner Rede vom 3. Oktober 2010 zum 20. Jahrestag der Deutschen Einheit geht Christian Wulff auf …

   b) Vergleicht und prüft eure Einleitungen in Partnerarbeit.
     – Enthalten sie alle wichtigen Punkte? Nutzt den Merkkasten.
     – Sind die Einleitungen kurz und klar verständlich verfasst?

Sachtexte und mediale Texte erschließen

den Hauptteil schreiben
→ Zitieren, S. 245

4 Fasse im Hauptteil den Inhalt der Rede zusammen und gehe auf die Redeabsicht ein. Beschreibe im Hinblick darauf sprachliche Gestaltungsmittel und ihre Wirkung.

a) Formuliere den Hauptteil mit Hilfe deines Schreibplans (S. 97) und deiner Untersuchungsergebnisse (Seite 95 f.).

> *Im ersten Teil der Rede (Z. 1–11) geht Wulff auf die Ereignisse vor 20 Jahren ein …*
> *Im zweiten Teil (Z. 12–25) thematisiert Wulff …*
> *An mehreren Stellen der Rede (z. B. Z. …) verwendet er …*
> *Wulff beschwört ein „Wir-Gefühl", indem er …*
> *Sein Schlusssatz drückt aus, dass …*
> *Ziel seiner Rede ist es offenbar, seine Zuhörer/innen …*

b) Vergleicht eure Hauptteile in Partnerarbeit. Prüft:
– Enthalten eure Ausführungen alle wichtigen Punkte? Nutzt den Merkkasten auf der vorigen Seite.
– Sind die Aspekte inhaltlich und mit Hilfe von sprachlichen Überleitungsmitteln gut miteinander verbunden?
– Sind die Zitate korrekt eingebaut und stimmen die Zeilenangaben?

den Schluss schreiben

5 Formuliere einen Schluss, in dem du die untersuchten Auszüge aus der Rede von Wulff beurteilst. Du kannst die Wendungen im Kasten verwenden.

> In seiner Rede gelingt es Wulff …
> Besonders beeindruckt mich …
> Nicht nachvollziehen kann ich …

→ Schreibkonferenz, S. 245

6 Überarbeitet eure fertigen Texte in einer Schreibkonferenz.

Das habe ich gelernt

- Erkläre einer Lernpartnerin / einem Lernpartner, was du über das Sachthema dieses Kapitels gelernt hast.
- „Von der Rede zur Redeanalyse": Notiere stichpunktartig, wie du sinnvoll vorgehen kannst.
- Erkläre drei rhetorische Mittel und ihre mögliche Wirkung bei der Verwendung in einer Rede.
- Welche Aufgaben im Kapitel haben dir geholfen, welche waren weniger hilfreich? Begründe.
- Notiere Punkte, an denen du noch arbeiten musst.

Schreibe in dein Heft oder Portfolio.

Anwenden und vertiefen

Am 7. Juni 2011 wurde Bundeskanzlerin Angela Merkel in Washington von US-Präsident Barack Obama die „Presidential Medal of Freedom" verliehen. Diese Medaille gilt als die höchste zivile Auszeichnung der USA. Die folgenden Redeauszüge stammen aus Merkels Dankesrede im Rahmen eines Festessens mit Vertretern aus Politik und Gesellschaft.

Sehr geehrter Herr Präsident, lieber Barack Obama,
liebe Michelle Obama,
5 sehr geehrte Damen und Herren,

das erste politische Ereignis, an das ich mich aus meiner
10 Kindheit bewusst erinnere, ist der Bau der Berliner Mauer vor 50 Jahren. Ich war damals sieben Jahre alt. Dass Erwachsene, auch meine Eltern, vor Fassungslosigkeit weinten, hatte mich tief
15 erschüttert. Die Familie meiner Mutter zum Beispiel wurde durch den Bau der Mauer getrennt.

Ich bin im unfreien Teil Deutschlands, der DDR, aufgewachsen. Viele Jahre habe ich, wie viele, viele andere, von Freiheit geträumt – auch von der Freiheit, in die USA zu reisen. Ich hatte mir das sehr fest
20 vorgenommen für den Tag, an dem ich das Rentenalter erreiche – das lag bei Frauen in der DDR bei 60 Jahren, bei Männern erst bei 65 Jahren – so waren wir als Frauen privilegiert.

Aber dass ich einmal im Rosengarten des Weißen Hauses stehen würde und von einem amerikanischen Präsidenten die Freiheits-
25 medaille empfangen würde – das lag jenseits aller meiner Vorstellungskräfte. Und glauben Sie mir, diese Auszeichnung ist ein wirklich sehr bewegender Moment. Meinen Dank für diese außerordentliche Ehre richte ich an das amerikanische Volk, das so viel für uns Deutsche getan hat.

30 Und ich danke Ihnen ganz persönlich, Herr Präsident, lieber Barack. Sie sind ein Mann mit starken Überzeugungen. Sie berühren mit Ihrer Leidenschaft und Ihren Visionen für eine gute Zukunft die Menschen – auch in Deutschland. Sie schaffen es immer wieder, wichtige internationale Impulse zu geben. Ich nenne nur das
35 Thema Abrüstung, die Frage nach dem Verhältnis unserer Länder zu den Ländern des Mittleren Ostens und nicht zuletzt den Nahost-Friedensprozess. Die Freiheitsmedaille sehe ich als Ausdruck der exzellenten deutsch-amerikanischen Partnerschaft an. Gemeinsam treten unsere Länder für Frieden in Freiheit ein.

INFO
Angela Merkel (geb. 1954), CDU, wurde 2005 erste deutsche Bundeskanzlerin. Die vollständige Rede vom 7. Juni 2011 kannst du nachlesen unter: http://www.bundeskanzlerin.de/nn_683608/Content/DE/Rede/2011/06/2011-06-07-usa-medal-of-freedom.html.

40 Welche Kraft die Sehnsucht nach Freiheit entfalten kann, hat die Geschichte schon oft gezeigt. Sie bewegte Menschen dazu, Ängste zu überwinden und sich offen gegen Diktaturen zu stellen – so auch im Osten Deutschlands und Europas vor rund 22 Jahren. Einige dieser mutigen Frauen und Männer begleiten mich heute Abend.
45 Die Freiheitsmedaille, die mir verliehen wird, wird auch ihnen verliehen.

Die Sehnsucht nach Freiheit lässt sich nicht dauerhaft einmauern. Sie war es auch, die den Eisernen Vorhang zu Fall brachte, der Deutschland und Europa, ja sogar die Welt in zwei Blöcke teilte.
50 Amerika stand entschlossen auf der Seite der Freiheit. Dieser Entschlossenheit hatten wir Deutsche auch zu verdanken, dass unser Land die Einheit in Frieden und Freiheit wiedererlangte. […]

Doch noch immer fordert der Kampf für Freiheit viel zu viele Opfer. Dabei gehen meine Gedanken auch zu unseren Soldaten, Polizisten
55 und unzähligen Helfern. Ich verneige mich in Demut vor allen, die für Freiheit ihr Leben in Gefahr bringen. […]

Mag dies auch manchmal als endloser Kampf gegen Windmühlen erscheinen – meine persönliche Erfahrung ist: Wovon wir heute noch nicht zu träumen wagen, das kann morgen schon Realität
60 sein.

Keine Kette der Diktatur, keine Fessel der Unterdrückung vermag der Kraft der Freiheit auf Dauer zu widerstehen. Das ist meine Überzeugung, die mich auch weiterhin leiten wird. So soll und so wird mir die „Presidential Medal of Freedom" zugleich Ansporn und
65 Bestätigung sein.

Herr Präsident, ich danke Ihnen für die Ehre.

eine Rede analysieren

1 Erschließt die Rede von Angela Merkel in Partnerarbeit.

a) Bestimmt Thema und Redesituation mit passenden W-Fragen. Nutzt die Informationen in der Randspalte S. 99.

b) Fasst den Redeinhalt stichpunktartig zusammen. Stellt Vermutungen zur Redeabsicht an.

c) Erstellt eine Übersicht zu den sprachlichen Mitteln und ihrer Wirkung. Beachtet besonders die Verwendung von Schlagwörtern. Wie gelingt es Merkel, ihre Zuhörer/innen persönlich anzusprechen?

eine Redeanalyse verfassen

2 Verfasse eine Redeanalyse zur Rede von Angela Merkel.

a) Plane den Aufbau anhand des Merkkastens auf S. 98.

b) Formuliere den Text aus und führe Textbelege an.

c) Überarbeitet eure Texte in Partnerarbeit.

eine Redeanalyse verfassen und Reden miteinander vergleichen

3 a) Verfasse eine Redeanalyse zur Rede von Angela Merkel.

b) Vergleiche Angela Merkels Rede mit der von Christian Wulff (S. 94 f.). Erläutere Gemeinsamkeiten und Unterschiede.

Hinter die Geschichte schauen
Kurze Prosatexte erschließen

Wolfdietrich Schnurre
Kampf der Schüchternheit

Zur Brillenschlange, die eine Optikerwerkstatt betrieb, kam eine Blindschleiche, um sich Augengläser verpassen zu lassen. „Und wozu?", fragte die Schlange, „du kannst doch weder mit noch ohne Brille sehen." „Aber mit sehe ich doch wenigstens so *aus*."

INFO
Eine **Parabel** ist eine meist kurze, lehrhafte Erzählung, in der in der Regel Personen handeln. Den Lesenden bleibt es überlassen, die Bildebene (das Erzählte) deutend auf die Sachebene (das Gemeinte) zu übertragen.

Was weißt du schon?

- Stelle Textformen mit lehrhaftem Charakter in einem Cluster zusammen. Notiere die jeweiligen Textmerkmale dazu.

- Formuliere eine Lehre zum Text von Wolfdietrich Schnurre. Ordne den Text einer Gattung zu.

- Erkläre den Unterschied zwischen Bild- und Sachebene (oder Bedeutungsebene) eines Textes am Beispiel des Schnurre-Textes.

- Stelle Lesen und Interpretieren von Texten gegenüber.

- Wie gehst du vor, wenn du einen literarischen Text erschließt? Beschreibe.

- Welche zentralen Aspekte untersuchst du bei einer Textanalyse? Lege eine Übersicht an.

- Was bedeutet es für dich, „hinter die Geschichte zu schauen"? Erläutere.

Literarische Texte erschließen

Eine Parabel erschließen

einen Text in Sinnabschnitte gliedern

INFO
Franz Kafka (geb. 1883 in Prag, gest. 1924 in Kierling/Österreich) war ein deutschsprachiger Schriftsteller. Seine Werke (Romane und Erzählungen), größtenteils nach seinem Tod und gegen seinen Willen veröffentlicht, wurden weltweit bekannt und einflussreich.

die Luke: Öffnung im Deck eines Schiffs

Zwischenüberschriften formulieren

Leseerwartungen überprüfen

Inhalt und Thema klären

1. a) Lies die Parabel (zum Begriff s. S. 101). Gliedere sie in Sinnabschnitte und notiere die jeweiligen Zeilen.

Franz Kafka
Der Steuermann (1920)

„Bin ich nicht Steuermann?", rief ich. „Du?", fragte ein dunkler, hochgewachsener Mann und strich sich mit der Hand über die Augen, als verscheuche er einen Traum. Ich war am Steuer gestanden in der dunklen Nacht, die schwach brennende Laterne
5 über meinem Kopf, und nun war dieser Mann gekommen und wollte mich beiseiteschieben. Und da ich nicht wich, setzte er mir den Fuß auf die Brust und trat mich langsam nieder, während ich noch immer an den Stäben des Steuerrades hing und beim Niederfallen es ganz herumriss. Da aber fasste es der Mann, brachte es in
10 Ordnung, mich aber stieß er weg. Doch ich besann mich bald, lief zu der Luke*, die in den Mannschaftsraum führte, und rief: „Mannschaft! Kameraden! Kommt
15 schnell! Ein Fremder hat mich vom Steuer vertrieben!" Langsam kamen sie, stiegen auf aus der Schiffstreppe,
20 schwankende, müde, mächtige Gestalten. „Bin ich der Steuermann?", fragte ich. Sie nickten, aber Blicke hatten sie nur für den
25 Fremden, im Halbkreis standen sie um ihn herum und, als er befehlend sagte: „Stört mich nicht", sammelten sie sich, nickten mir zu und zogen wieder die Schiffs-
30 treppe hinab. Was ist das für ein Volk! Denken sie auch oder schlurfen sie nur sinnlos über die Erde?

b) Notiere zu jedem Sinnabschnitt eine passende Überschrift.

2. Welche Erwartung hattet ihr beim Lesen der einzelnen Abschnitte? Tauscht euch in Partnerarbeit über eure Erwartungen im Textverlauf aus.

3. a) Fasse den Inhalt der Parabel schriftlich in drei Sätzen zusammen.
   b) Was ist das Thema der Parabel? Vergleicht eure erste Einschätzung in Partnerarbeit.

Figuren und Figurenkonstellation untersuchen

4 Was erfährst du über die Figuren(gruppe) in der Parabel?

   a) Schreibe zu jeder Figur(engruppe) Zitate mit Zeilenangaben in dein Heft.

1) der Fremde
„‚Du?', fragte ein dunkler, hochgewachsener Mann […]" (Z. 1 f.)
…

2) der Steuermann (Ich-Erzähler)
„Bin ich nicht Steuermann?", rief ich. (Z. 1)
…

3) die Mannschaft
…

   b) Notiere zu den Zitaten Eigenschaften und Haltungen, die deinem Bild von der jeweiligen Figur(engruppe) entsprechen.

   c) Vergleicht die Ergebnisse in Gruppen. Gebt euch gegenseitig eine Rückmeldung und überarbeitet ggf. eure Notizen.

5 a) Wählt in Partnerarbeit eine Figur(engruppe) aus und lest die notierten Zitate dazu im Textzusammenhang nach. Notiert sprachliche Mittel und ihre Wirkung bzw. ihren Aussagegehalt.

– *Fragen als Stilmittel im Text:*
  „Bin ich nicht Steuermann?" (Z. 1): Die Frage zeigt …
– *Alliteration: schwankende, müde, mächtige Gestalten*
  Wirkung: Die Alliteration lenkt den Blick auf den Gegensatz von …

   b) Bildet arbeitsgleiche Gruppen und vergleicht eure Deutungsansätze.

   c) Bestimmt Gruppensprecher/innen, die eure Ergebnisse im Plenum vorstellen.

6 Diskutiert in eurer Gruppe die folgenden Fragen:
– Was sind die Motive der Figuren(gruppen)?
– Wer ist der bessere Steuermann: Der Ich-Erzähler oder der Fremde?
– Was erwartet der alte, was der neue Steuermann von der Mannschaft?

7 Bestimmt im Kafka-Text:
– die Erzählsituation (z. B. auktorial, personal, Ich-Erzählsituation),
– die erzählte Zeit, d. h. den Zeitraum, über den sich das Geschehen erstreckt.

8 Inwieweit verändert sich die Aussage der Parabel, wenn die Situationsbeschreibung „Ich war am Steuer gestanden in der dunklen Nacht" an den Textanfang rückt?
Tauscht euch zu zweit darüber aus.

---

literarische Figuren untersuchen

sprachliche Mittel untersuchen

Erzählsituation und Erzählstruktur bestimmen

Literarische Texte erschließen

Bildebene und Sachebene erschließen

Anfangs- und Schlusssatz deuten

9 a) Die Parabel „Der Steuermann" von Franz Kafka beginnt und endet mit einer Frage. Deute die beiden Fragen:
– Wer spricht jeweils?
– Was sagt die Frage über den Fragenden aus?

b) Diskutiert in der Klasse die Funktion der Schlussfrage. Berücksichtigt dabei den folgenden Merkkasten.

> **❗ Die Parabel**
> - Die Parabel (griech. *parabole:* Gleichnis) ist eine meist kurze **lehrhafte Erzählung,** die verschlüsselt eine allgemeine Erkenntnis oder Lebensweisheit ausdrückt.
> - Im Unterschied zur verwandten Gattung **Fabel** sind die handelnden Figuren meist Menschen.
> - Die Lehre wird nicht zwingend formuliert. Den Lesenden bleibt es überlassen, die **Bildebene** (das Erzählte) mit der **Sachebene** (dem Gemeinten) zu verknüpfen.

die Parabel deuten

10 Übernimm die Tabelle in dein Heft und schreibe deine Deutung in die rechte Spalte. Ergänze weitere Aspekte.

Parabeltext (Bildebene)	Übertragung (Sachebene)
der bisherige Steuermann	politischer Führer
der neue Steuermann	...
die Mannschaft	...
dunkle Nacht	...

11 Otto von Bismarck, der erste deutsche Reichskanzler, machte die Wendung „das Staatsschiff steuern" in Deutschland bekannt. Kann man die Parabel von Kafka in diesem Sinne deuten? Nimm Stellung und argumentiere anhand des Textes.

die Aktualität einer Parabel erläutern

12 Kafkas Parabel ist von zeitloser Aktualität. Nenne Beispiele für Bezüge zu deiner eigenen Lebenswirklichkeit.

HILFE
› Verhalten in Cliquen
› ...

13 Auf welche Aspekte geht der folgende Auszug einer Interpretation ein?

> [...] Der Ich-Erzähler hat nicht die Autorität, sich als Steuermann gegen den Neuen zu behaupten. Dies verdeutlicht Kafka durch die unsichere Eingangsfrage „Bin ich nicht Steuermann?". Das herablassende „Du?" des Fremden zeigt deutlich, was er von dem Steuermann hält. Unterstrichen wird seine Haltung durch seine Handbewegung (Z. 2 f.). [...]

eine Interpretation verfassen
➔ S. 223

14 Verfasse eine Interpretation der Parabel.

Literarische Texte erschließen

Eine Kurzgeschichte erschließen

1 Lest die Kurzgeschichte und tauscht euch zu zweit über eure ersten Leseeindrücke aus.

Heinrich Böll
Die ungezählte Geliebte

Die haben mir meine Beine geflickt und haben mir einen Posten gegeben, wo ich sitzen kann: Ich zähle die Leute, die über die neue Brücke gehen. Es macht ihnen ja Spaß, sich ihre Tüchtigkeit mit Zahlen zu belegen, sie berauschen sich an diesem sinnlosen Nichts
5 aus ein paar Ziffern, und den ganzen Tag, den ganzen Tag geht mein stummer Mund wie ein Uhrwerk, indem ich Nummer auf Nummer häufe, um ihnen abends den Triumph einer Zahl zu schenken. Ihre Gesichter strahlen, wenn ich ihnen das Ergebnis meiner Schicht mitteile, je höher die Zahl, umso mehr strahlen sie, und sie
10 haben Grund, sich befriedigt ins Bett zu legen, denn viele Tausende gehen täglich über ihre neue Brücke …
Aber ihre Statistik stimmt nicht. Es tut mir leid, aber sie stimmt nicht. Ich bin ein unzuverlässiger Mensch, obwohl ich es verstehe, den Eindruck von Biederkeit zu erwecken.
15 Insgeheim macht es mir Freude, manchmal einen zu unterschlagen und wieder, wenn ich Mitleid empfinde, ihnen ein paar zu schenken. Ihr Glück liegt in meiner Hand. Wenn ich wütend bin, wenn ich nichts zu rauchen habe, gebe ich nur den Durchschnitt an, manchmal unter dem Durchschnitt, und wenn mein Herz
20 aufschlägt, wenn ich froh bin, lasse ich meine Großzügigkeit in einer fünfstelligen Zahl verströmen. Sie sind ja so glücklich! Sie reißen mir förmlich das Ergebnis jedes Mal aus der Hand, und ihre Augen leuchten auf, und sie klopfen mir auf die Schulter. Sie ahnen ja nichts! Und dann fangen sie an zu multiplizieren, zu dividieren,
25 zu prozentualisieren, ich weiß nicht was. Sie rechnen aus, wie viel heute jede Minute über die Brücke gehen und wie viel in zehn Jahren über die Brücke gegangen sein werden. Sie lieben das zweite Futur, das zweite Futur ist ihre Spezialität – und doch, es tut mir leid, dass alles nicht stimmt …

den Leseeindruck formulieren

INFO
Heinrich Böll (1917–1985) war ein deutscher Schriftsteller. Er erhielt 1972 den Literaturnobelpreis.

Merkmale von Kurzgeschichten:
> offener Anfang
> offener Schluss
> Beschränkung auf wenige Personen und das Wesentliche der Handlung (ausschnitthaft), oft wird ein Wendepunkt im Leben dargestellt
> Figuren werden nur in wenigen Zügen charakterisiert
> kurze Zeitspanne der Handlung
> einfacher Sprachstil, dicht an der Alltagssprache
↪ S. 226

30 Wenn meine kleine Geliebte über die Brücke kommt – und sie kommt zweimal am Tage –, dann bleibt mein Herz einfach stehen. Das unermüdliche Ticken meines Herzens setzt einfach aus, bis sie in die Allee eingebogen und verschwunden ist. Und alle, die in dieser Zeit passieren, verschweige ich ihnen. Diese zwei Minuten
35 gehören mir, mir ganz allein, und ich lasse sie mir nicht nehmen. Und auch wenn sie abends wieder zurückkommt aus ihrer Eisdiele, wenn sie auf der anderen Seite des Gehsteiges meinen stummen Mund passiert, der zählen, zählen muss, dann setzt mein Herz wieder aus, und ich fange erst wieder an zu zählen, wenn sie nicht
40 mehr zu sehen ist. Und alle, die das Glück haben, in diesen Minuten vor meinen blinden Augen zu defilieren*, gehen nicht in die Ewigkeit der Statistik ein: Schattenmänner und Schattenfrauen, nichtige* Wesen, die im zweiten Futur der Statistik nicht mitmarschieren werden …
45 Es ist klar, dass ich sie liebe. Aber sie weiß nichts davon, und ich möchte auch nicht, dass sie es erfährt. Sie soll nicht ahnen, auf welche ungeheure Weise sie alle Berechnungen über den Haufen wirft, und ahnungslos und unschuldig soll sie mit ihren langen, braunen Haaren und den zarten Füßen in ihre Eisdiele marschieren,
50 und sie soll viel Trinkgeld bekommen. Ich liebe sie. Es ist ganz klar, dass ich sie liebe.

defilieren: vorbeiziehen, vorbeimarschieren
nichtig: wertlos

Neulich haben sie mich kontrolliert. Der Kumpel, der auf der anderen Seite sitzt und die Autos zählen muss, hat mich früh genug gewarnt, und ich habe höllisch aufgepasst. Ich habe gezählt wie
55 verrückt, ein Kilometerzähler kann nicht besser zählen. Der Oberstatistiker selbst hat sich drüben auf die andere Seite gestellt und hat später das Ergebnis einer Stunde mit meinem Stundenplan verglichen. Ich hatte nur einen weniger als er. Meine kleine Geliebte war vorbeigekommen, und niemals im Leben werde ich dieses
60 hübsche Kind ins zweite Futur transponieren lassen, diese meine kleine Geliebte soll nicht multipliziert und dividiert und in ein prozentuales Nichts verwandelt werden. Mein Herz hat mir geblutet, dass ich zählen musste, ohne ihr nachsehen zu können, und dem Kumpel drüben, der die Autos zählen musste, bin ich sehr
65 dankbar gewesen. Es ging ja glatt um meine Existenz.

Der Oberstatistiker hat mir auf die Schulter geklopft und hat gesagt, dass ich gut bin, zuverlässig und treu. „Eins in der Stunde verzählt", hat er gesagt, „macht nicht viel. Wir zählen sowieso einen gewissen prozentualen Verschleiß hinzu. Ich werde beantragen, dass Sie zu
70 den Pferdewagen versetzt werden."
Pferdewagen ist natürlich die Masche. Pferdewagen ist ein Lenz* wie nie zuvor. Pferdewagen gibt es höchstens fünfundzwanzig am Tage, und alle halbe Stunde einmal in seinem Gehirn die nächste Nummer fallen zu lassen, das ist ein Lenz!
75 Pferdewagen wäre herrlich. Zwischen vier und acht dürfen überhaupt keine Pferdewagen über die Brücke, und ich könnte spazieren gehen oder in die Eisdiele, könnte sie mir lange anschauen oder sie vielleicht ein Stück nach Hause bringen, meine kleine, ungezählte Geliebte …

Lenz/sich einen faulen Lenz machen: viel freie Zeit haben, nur wenig arbeiten (der Lenz: Frühling)

2 Fasse die Kurzgeschichte schriftlich in drei Sätzen zusammen.

den Inhalt zusammenfassen

3 Untersucht in Gruppen die Figuren der Kurzgeschichte.

die Figuren untersuchen

a) Wie kann man sich einer literarischen Figur annähern? Stellt verschiedene Möglichkeiten zusammen.

b) Formuliert Fragen, die bei der Charakterisierung der Hauptfigur helfen. Beantwortet sie gemeinsam.
 Wie bewertet der Ich-Erzähler sein Tun?
 Warum zählt er seine heimliche Geliebte nicht mit?

HILFE
naiv, gewitzt, bedächtig, verlässlich, …

c) Legt eine Liste mit mindestens 15 Adjektiven an, die zu eurem Bild der Hauptfigur passen.

4 Beschreibe die Beziehung der Hauptfigur zu der „ungezählten Geliebten". Beziehe dich auf den Text.

HILFE
› Eigenschaften
› Verhältnis zur „Geliebten"
› Motive für …

5 Entwerft in einem literarischen Gespräch (s. S. 243) ein vielschichtiges Bild der Hauptfigur und beurteilt ihr Verhalten.

6 Welches Bild zeichnet Heinrich Böll von den Statistikern?

a) Notiere Stichworte und ergänze passende Textstellen.

b) Untersuche die Erzählsituation und beschreibe ihre Bedeutung für die Beurteilung der Statistiker.

➜ Erzählsituation, S. 226

c) Vergleicht in Partnerarbeit. Tauscht euch darüber aus, wen die Statistiker repräsentieren könnten.

7 Die Kurzgeschichte hieß ursprünglich „Auf der Brücke". Welcher Aspekt der Textaussage wird durch den neuen Titel besonders akzentuiert? Erläutere.

die Bedeutung des Titels erklären

8 Nenne die Merkmale der Gattung „Kurzgeschichte", die der Text von Heinrich Böll enthält. Nutze die Hinweise in der Randspalte auf Seite 105.

die Merkmale einer Kurzgeschichte erfassen

Literarische Texte erschließen

sprachliche Mittel analysieren

9 Untersuche die sprachlichen Mittel dieser Kurzgeschichte.

a) Übernimm die Tabelle in dein Heft. Trage sprachlich auffällige Textstellen ein (Spalte 1) und benenne die verwendeten sprachlichen Mittel (Spalte 2).

Textstelle	sprachliche Mittel	Wirkung bzw. Bedeutung
Die haben mir die Beine geflickt (Z. 1)	Demonstrativpronomen: die, …	abwertend
den ganzen Tag, den ganzen Tag (Z. 5 f.)	Wiederholung	…
stummer Mund (Z. …)	…	…
…	…	…

b) Beschreibe die Wirkung bzw. Bedeutung der Textstellen in Stichworten (Spalte 3).

c) Vergleicht die Ergebnisse in der Klasse.

die Thematik erfassen

10 a) Formuliere die Thematik des Textes. Vergleiche auch mit der Parabel „Der Steuermann" von Franz Kafka (S. 102)

zu einer Deutung Stellung nehmen

b) „Diese Kurzgeschichte spiegelt auch die Ohnmacht des Einzelnen gegen die Obrigkeit." – Wie verstehst du diese Aussage? Nimm Stellung und beziehe dich dabei auf den Text.

einen persönlichen Bezug herstellen

11 Welchen Bezug hat die Kurzgeschichte zu deiner Lebenswirklichkeit? Nimm Stellung.

sich über den Autor informieren

12 Informiert euch über Heinrich Böll und seine Werke. Formuliert in wenigen Sätzen eine Aussage über sein Schaffen: wichtige Werke, bevorzugte Themen usw.

Literarische Texte erschließen

Das habe ich gelernt

- Erkläre Merkmale und Funktion einer Parabel.
- Die Merkmale einer Kurzgeschichte sind: …
- „Manche literarische Texte sind von zeitloser Aktualität." Erkläre diese Aussage.
- Einer literarischen Figur kann man sich auf verschiedenen Wegen annähern: …
- In einem literarischen Gespräch kann ich …

Schreibe in dein Heft oder Portfolio.

Anwenden und vertiefen

Christa Reinig
Fische

Ein Fisch biss in einen Angelhaken.
Was flatterst du so hektisch herum?, fragten ihn die anderen Fische. Ich flattere nicht hektisch herum, sagte der Fisch an der Angel, ich bin Kosmonaut und trainiere in der Schleuderkammer. – Wer's
5 glaubt, sagten die anderen Fische, und sahen zu, wie es weitergehen sollte. Der Fisch an der Angel erhob sich und flog in hohem Bogen aus dem Wasser. Die Fische sagten: Er hat unsere Sphäre verlassen und ist in den Raum hinausgestoßen.
Mal hören, was er erzählt, wenn er zurückkommt.
10 Der Fisch kam nicht wieder. Die Fische sagten: Stimmt also, was die Ahnen* uns überliefert haben, dass es da oben schöner ist als hier unten. Ein Kosmonaut nach dem anderen begab sich zum Training in die Schleuderkammer und flog in den Raum hinaus. Die Kosmonauten standen in Reih und Glied und warteten, bis sie
15 drankamen. Am Ufer saß ein einsamer Angler und weinte. Einer der Kosmonauten sprach ihn an und fragte: O großer Fisch, was weinst du, hast du auch gedacht, dass es hier oben schöner ist? – Darum weine ich nicht, sagte der Angler, ich weine, weil ich niemandem erzählen kann, was heute und hier geschieht. Achtundfünfzig in
20 einer Stunde und kein Zeuge weit und breit.

> **INFO**
> **Christa Reinig** (geb. 1926 in Berlin, 1964 Flucht aus der DDR, gest. 2008 in München) war eine deutsche Schriftstellerin und Herausgeberin.

die Ahnen: Vorfahren

Wolfgang Borchert
Der Mann im weißen Kittel

Der Mann mit dem weißen Kittel schrieb Zahlen auf das Papier.
Er machte ganz kleine, zarte Buchstaben dazu.
Dann zog er den weißen Kittel aus und pflegte eine Stunde lang die Blumen auf der Fensterbank. Als er sah, dass eine Blume einge-
5 gangen war, wurde er sehr traurig und weinte.
Und auf dem Papier standen die Zahlen. Danach konnte man mit einem halben Gramm in zwei Stunden tausend Menschen totmachen.
Die Sonne schien auf die Blumen.
10 Und auf das Papier.

> **INFO**
> **Wolfgang Borchert** (1921–1947), ein Schriftsteller der Nachkriegszeit, schrieb zahlreiche Kurzgeschichten und Gedichte sowie das Heimkehrer-Drama „Draußen vor der Tür".

Literarische Texte erschließen

- Lies die beiden Texte auf Seite 109 sowie die Kurzgeschichte „Der Filialleiter" (S.54).
- Entscheide dich für einen der drei Texte sowie eine der nachfolgenden Aufgabenstellungen 1–3.

den Inhalt zusammenfassen

Figuren charakterisieren

die Textaussage erfassen

 1
a) Gib den Textinhalt schriftlich in drei Sätzen wieder.

b) Lege für die Hauptfigur bzw. die Hauptfigurengruppe eine Liste mit Charaktereigenschaften an. Ergänze jeweils passende Textstellen mit Zeilenangaben.

c) Worin besteht für dich die Kernaussage des Textes?
Notiere Stichworte und erläutere sie einer Lernpartnerin / einem Lernpartner anhand des Textes.

Analyseaspekte wählen und bearbeiten

2 a) Wähle vier der folgenden Aspekte der Textuntersuchung aus. Analysiere den Text mit einer Lernpartnerin / einem Lernpartner.

Aspekte der Textanalyse
- Textsorte
- Inhalt
- Figurenzeichnung (Anlage/Ausgestaltung der Figuren)
- Erzählsituation
- sprachliche Merkmale
- Thema und Kernaussage des Textes
- Erklärung der Textaussage anhand von Beispielen
- Bezug zur heutigen Lebenswirklichkeit

b) Notiert die Ergebnisse zu jedem gewählten Aspekt auf einen Stichwortzettel.

c) Tauscht die Ergebniszettel mit anderen aus, die die gleiche Aufgabenstellung bearbeitet haben.
Gebt euch gegenseitig ein konstruktives Feedback.

eine vollständige Textanalyse durchführen

 3 a) Untersuche alle Aspekte der Textanalyse.
Notiere deine Überlegungen so, dass du sie vor der Klasse vorstellen kannst.

b) Recherchiere passend zu dem gewählten Text ergänzende Textmerkmale und -beispiele im Internet. Stelle deine Ergebnisse der Klasse vor.

zu Deutungen Stellung nehmen

 4 Diskutiert die Textinterpretationen auf der Basis der eigenen Untersuchungsergebnisse und Deutungsansätze.

Zweischneidig durch Witz und Ironie
Einen satirischen Text erschließen

„Auch die Satire ist eine Waffe. Zweischneidig durch Witz und Ironie. Weder Witz noch Ironie haben positive oder konstruktive Aspekte. Also ist zwangsläufig auch die Satire, wie jede Waffe, destruktiv und zersetzend. Gott sei Dank. Sie baut ab, wo das Fundament nicht stimmt, sie zersetzt, was falsch zusammengewachsen ist." (Loriot) R

„Die Satire muß übertreiben und ist ihrem tiefsten Wesen nach ungerecht. Sie bläst die Wahrheit auf, damit sie deutlicher wird […]."(Kurt Tucholsky) R

INFO
Die **Satire** ist eine Spottdichtung, die menschliche Eigenschaften oder Verhaltensweisen kritisiert und gesellschaftliche oder politische Missstände aufdeckt.

Was weißt du schon?

- Lies die Erklärungen zur Satire oben. Gib die Aussagen mit eigenen Worten wieder.
- Welche sprachlichen Mittel der Satire sprechen Loriot und Kurt Tucholsky an? Welche kennst du bereits? Erkläre anhand von Beispielen.
- Was macht die Satire zu einer „Waffe"? Erläutere.
- Erläutere mögliche Autorabsichten einer Satire.

Merkmale einer Satire erfassen

den Leseeindruck formulieren

INFO
Kurt Tucholsky (geb. 1890 in Berlin, gest. 1935 in Göteborg) war einer der bedeutendsten deutschen Publizisten und Gesellschaftskritiker der Weimarer Republik. Er wirkte als Satiriker, Kabarettautor, Liedtexter, Romanautor, Lyriker und Kritiker. Er schrieb auch unter den Pseudonymen Peter Panter, Theobald Tiger, Ignaz Wrobel und Kaspar Hauser.

1 a) Lies die folgende Satire. Notiere deinen ersten Leseeindruck einschließlich der Textwirkung.

Kurt Tucholsky
Ratschläge für einen schlechten Redner

Fang nie mit dem Anfang an, sondern immer drei Meilen vor dem Anfang! Etwa so:
„Meine Damen und meine Herren! Bevor ich zum Thema des heutigen Abends komme, lassen Sie mich Ihnen kurz …"
5 Hier hast du schon so ziemlich alles, was einen schönen Anfang ausmacht: eine steife Anrede; der Anfang vor dem Anfang; die Ankündigung, daß und was du zu sprechen beabsichtigst, und das Wörtchen kurz. So gewinnst du im Nu die Herzen und die Ohren der Zuhörer.
10 Denn das hat der Zuhörer gern: daß er deine Rede wie ein schweres Schulpensum aufbekommt; daß du mit dem drohst, was du sagen wirst, sagst und schon gesagt hast. Immer schön umständlich. Sprich nicht frei – das macht einen so unruhigen Eindruck. Am besten ist es: du liest deine Rede ab. Das ist sicher, zuverlässig, auch
15 freut es jedermann, wenn der lesende Redner nach jedem viertel Satz mißtrauisch hochblickt, ob auch noch alle da sind. […]
Sprich, wie du schreibst. Und ich weiß, wie du schreibst.
Sprich mit langen, langen Sätzen – solchen, bei denen du, der du dich zu Hause, wo du ja die Ruhe, deren du so sehr benötigst, deiner
20 Kinder ungeachtet, hast, vorbereitest, genau weißt, wie das Ende ist, die Nebensätze schön ineinandergeschachtelt, so daß der Hörer, ungeduldig auf seinem Sitz hin und her träumend, sich in einem Kolleg* wähnend, in dem er früher so gern geschlummert hat, auf das Ende solcher Perioden wartet … nun, ich habe dir eben ein
25 Beispiel gegeben. So mußt du sprechen. […]
Kümmere dich nicht darum, ob die Wellen, die von dir ins Publikum laufen, auch zurückkommen – das sind Kinkerlitzchen. Sprich unbekümmert um die Wirkung, um die Leute, um die Luft im Saale; immer sprich, mein Guter. Gott wird es dir lohnen.
30 Du mußt alles in die Nebensätze legen. Sag nie: „Die Steuern sind zu hoch." Das ist zu einfach. Sag: „Ich möchte zu dem, was ich soeben gesagt habe, noch kurz bemerken, daß mir die Steuern bei weitem …" So heißt das. […]
Wenn du einen Witz machst, lach vorher, damit man weiß, wo die
35 Pointe ist.
Eine Rede ist, wie könnte es anders sein, ein Monolog. Weil doch nur einer spricht. Du brauchst auch nach vierzehn Jahren öffentlicher Rednerei noch nicht zu wissen, daß eine Rede nicht nur ein Dialog, sondern ein Orchesterstück ist: eine stumme Masse spricht
40 nämlich ununterbrochen mit. Und das mußt du hören. Nein, das brauchst du nicht zu hören. Sprich nur, lies nur, donnere nur, geschichtele nur.

das Kolleg: die Bildungseinrichtung

Zu dem, was ich soeben über die Technik der Rede gesagt habe, möchte ich noch kurz bemerken, daß viel Statistik* eine Rede immer sehr hebt. Das beruhigt ungemein, und da jeder imstande ist, zehn verschiedene Zahlen mühelos zu behalten, so macht das viel Spaß.

Kündige den Schluss deiner Rede lange vorher an, damit die Hörer vor Freude nicht einen Schlaganfall bekommen. [...] Kündige den Schluß an, und dann beginne deine Rede von vorn und rede noch eine halbe Stunde. Dies kann man mehrere Male wiederholen. [...] Sprich nie unter anderthalb Stunden, sonst lohnt es gar nicht erst anzufangen.

Wenn einer spricht, müssen die andern zuhören – das ist deine Gelegenheit! Mißbrauche sie.[...] R

die Statistik: zahlenmäßige Erfassung von Daten

b) Vergleicht eure ersten Leseeindrücke und die Textwirkung in der Klasse.

2 Benenne mit eigenen Worten den Missstand, den Kurt Tucholsky mit seinem Text kritisiert.

das Thema der Satire benennen

3 Untersuche und notiere, wie Tucholsky vorgeht.
– Wie spricht er die Leser/innen an?
– Wie baut er seinen Text auf?

– *Leseransprache: Die Leser/innen werden einbezogen, indem ...*
– *Aufbau: In jedem Absatz wird ...*

Aufbau und Leseransprache untersuchen

4 Tucholskys Text enthält viele ironisch gemeinte Stellen.

a) Lies den Hinweis in der Randspalte und suche Beispiele für Ironie im Text.

b) Stelle in einer Tabelle gegenüber:
– den ironisch formulierten Wortlaut (das Gesagte) und
– das, was der Autor damit ausdrücken will (das Gemeinte).

Ironie im Text erfassen

INFO
Ironie ist eine Redeweise, in der das Gegenteil des Gesagten gemeint ist, z. B.: „*Na, ein super Tag heute!*" (als Kommentar zu einem besonders schlechten Tag)
→ Ironie, S. 135

Wortlaut	Bedeutung
– „Fang nie mit dem Anfang an, sondern immer drei Meilen vor dem Anfang!" (Z. 1 f.)	– Als Redner/in sollte man zügig zum Thema kommen.

Literarische Texte erschließen

weitere Mittel der Satire erfassen

5 a) Auch die folgenden sprachlichen Mittel werden oft in satirischen Texten verwendet:
– Übertreibungen,
– sprachliche Bilder (Metaphern, Vergleiche),
– Neologismen (Wortneuschöpfungen).
Notiere für jedes dieser Mittel mindestens ein Textbeispiel.

Übertreibung:
– „Fang nie mit dem Anfang an, sondern immer drei Meilen vor dem Anfang!" (Z. 1 f.)
– ...

b) In den Zeilen 18–25 erzielt Tucholsky eine satirische Wirkung durch den auffälligen Satzbau. Erkläre Funktion und Wirkung an dieser Stelle.

Autorabsicht und Wirkung reflektieren

6 a) Warum hat Kurt Tucholsky seine Kritik als Satire geäußert? Nimm dazu schriftlich Stellung in deinem Heft.

b) Diskutiert: Wie hätte der Text auf euch gewirkt, wenn Tucholsky seine Kritik direkt und nicht satirisch formuliert hätte?

satirisches und nicht-satirisches Schreiben vergleichen

HILFE
A *Es ist unerträglich, wenn Redner/innen ...*
B *Ratschläge für eine tolle Rede: ...*

7 a) Wähle und bearbeite eine der folgenden Schreibaufgaben:

A Schreibe die Satire in einen Text um, der den betreffenden Missstand explizit, d. h. ausdrücklich, benennt und kritisiert.

B Schreibe einen Text zur Thematik der Satire, der jedoch nicht kritisiert, sondern Ratschläge gibt, wie der betreffende Missstand verhindert werden kann.

b) Lest eure Texte in der Klasse vor und diskutiert ihre Wirkung.

Die Satire

- Als **Satire** bezeichnet man eine **Spottdichtung,** die **Kritik** an menschlichen Schwächen und Lastern oder an gesellschaftlichen Missständen übt.
- Häufig verwendete **Mittel der Satire** sind: Über- oder Untertreibung, Ironie, Verallgemeinerungen, Wortneuschöpfungen, sprachliche Bilder (Metapher, Vergleich), Aufzählungen, ein auffälliger Satzbau.
- Satirisches Schreiben ist an keine Textform gebunden, kommt also **in vielen literarischen Gattungen** vor.
- Eng verwandt mit der Satire ist die **Parodie** (s. S. 61ff.), die sich im Gegensatz zur Satire jedoch immer auf eine Textvorlage bzw. ein Original bezieht.
- Eine Zeichnung mit satirischer Funktion nennt man **Karikatur.**

Eine Satire analysieren

1 a) Lies die folgende Satire. Notiere deinen ersten Leseeindruck einschließlich der Textwirkung.

Martin Suter
Hunold, Manager und Familienvater

Hunold kann auch abschalten und nur für seine Familie da sein. In der Regel Ende Juli. Dann lässt er die Firma Firma sein und geht in die Sommerferien. Zwar nicht vier Wochen wie Linda und die Kinder, aber immerhin zehn Tage. Es kommt ja nicht in erster Linie
5 auf die Länge an, die Intensität ist es, die zählt. Und in puncto Intensität ist Hunold stark.
Er kommt so Mitte der zweiten Woche und meidet damit die gehässigen ersten Tage. Bei seiner Ankunft sind die Sonnenschutzfaktoren schon runter auf zehn, und Annina (7) und Terry (9)
10 wissen, wo es die beste Pizza gibt und was „ein Magnum mit Mandelsplitter" in der Landessprache heißt. Linda ist braun genug für die neue Feriengarderobe und bewegt sich mit der Nonchalance* einer erschöpften Mutter von zwei kleinen Kindern nach zehn Tagen Kampf gegen Ultraviolett, Quallen, Hitze und unterschied-
15 liche Auffassungen in fast allen Fragen des täglichen Lebens.
Wenn Hunold ankommt, ist die Familie bereit für ihn.
Den Abend nach seiner Ankunft *widmet* er Linda. Sobald sie die Kinder ins Bett gebracht hat, besitzt sie seine ungeteilte Aufmerksamkeit. Dann kann sie ihm einmal all das erzählen, wofür ihm
20 sonst seine Managementaufgaben (letztlich ja seine Aufgaben als Ernährer) keine Zeit lassen. Das ist der Moment, wo er *zuhört,* wo er alles wissen will über die kleinen Sorgen und Sensationchen des Alltags einer Mutter zweier Kinder und Frau eines Executive Vice President der Schweizer Niederlassung eines internationalen
25 Markenartiklers*.
Wenn es nicht zu spät wird oder einer seiner praktischen Ratschläge zur Haushaltsführung oder Kindererziehung zu einer
30 Verstimmung geführt hat, intensiviert er nach dem Zubettgehen die Beziehung auch noch über das rein Geistige hinaus.
Der Tag gehört dann der ganzen
35 Familie. Er beginnt mit dem *gemeinsamen* Frühstück. Sich hinsetzen, sich *zuwenden.* „Wie würdest du Qualle schreiben, Annina?" – „Wie heißt das Land,
40 wo wir sind, und wie seine Hauptstadt, Terry?" Kinder sind ja so wissensdurstig.

den Leseeindruck formulieren

INFO
Martin Suter (geb. 1948 in Zürich) ist ein Schweizer Autor. Er hat zahlreiche Romane, aber auch Kolumnen, Songtexte und Komödien verfasst. Einige seiner Romane wurden verfilmt.

die Nonchalance: Lässigkeit, Ungezwungenheit

der Markenartikler: Konzern, der Markenartikel herstellt

unpopulär:
unbeliebt

Das Programm des ersten Tages sieht keinen Strandbesuch vor. Das hat vor allem pädagogische Gründe. Hunold will mit dieser
45 unpopulären* Maßnahme seine natürliche Autorität von Anfang an wiederherstellen, Kinder brauchen Führung, sie wollen, dass ihnen jemand sagt, wo es langgeht. Natürlich ist das im Normalfall Linda, aber kann eine Mutter auf die Länge den Vater ersetzen? Ein Tag ohne die Ablenkung des Strandlebens verbessert die Intensität des
50 Zusammenseins. Und auch die persönliche Erreichbarkeit am ersten Tag seiner Firmenabwesenheit.
Hunold *beschäftigt* sich also rückhaltlos mit seinen Kindern. Was sind das für kleine Menschlein, die er hier führt, für die er sorgt, die zu ihm *aufschauen*, die ihm *vertrauen*? Welche seiner Bewegungen,
55 Züge, Charaktereigenschaften, Talente *entdeckt* er in ihnen wieder? Wie kann er *wecken, motivieren, fördern*?
Er versucht, ihnen die Landessprache des Ferienortes näherzubringen, denn Kinder lernen Sprachen ja so leicht. Er bemüht sich, ihren Ekel vor Fisch zu überwinden, denn Kinder brauchen

der Phosphor, das Magnesium:
chemische Elemente

60 Phosphor und Magnesium*. Er erzählt ihnen ausführlich über seine Tätigkeit als Executive Vice President, denn Kinder wollen wissen: Was ist das für ein Mensch, mein Papi? Was tut er, wenn er am Morgen früh weggeht, und am Abend spät zurückkommt? Im Bett nach dem ersten gemeinsamen Ferientag fragt Annina ihre Mutter:
65 „Wievielmal schlafen, bis Papi wieder arbeiten muss?" „Achtmal", antwortet Linda Hunold ohne nachzurechnen.

b) Tauscht euch über euren ersten Leseeindruck aus.
Erklärt die Wirkung, die der Text auf euch hat.

den Inhalt klären

2 Fasse den Inhalt der Satire in drei Sätzen zusammen.

äußere und innere Situation der Hauptfigur untersuchen

3 a) Notiere mit Zeilenangaben, welche Informationen du über Hunold erhältst: Beruf, Familie, Einstellungen usw.

b) Erklärt in Partnerarbeit Hunolds späte Anreise.
Welche Gründe gibt er vor, welche Gründe vermutet ihr?
Argumentiert anhand des Textes.

➔ Hochwertwort, Schlagwort, S. 133

4 Einige Wörter im Text sind kursiv gedruckt (z. B. Zeile 52).
Es handelt sich um positiv belegte Wörter.

a) Lies diese Wörter laut. Ordne sie Sachbereichen zu.

b) Erkläre dieses sprachliche Mittel: Was wird damit über Hunolds Verhalten und Einstellung als Vater ausgesagt?

die Beziehung zwischen Figuren beschreiben

5 Was könnten die Mutter oder die Kinder über Hunolds Verhalten denken und wie würden sie es beschreiben?
Tauscht euch zu zweit darüber aus.

6 a) Im Text werden typische sprachliche Mittel der Satire verwendet. Ordne sie den Textstellen unten zu; einige Textstellen kannst du mehrfach zuordnen.

sprachliche Mittel untersuchen

| Aufzählung | rhetorische Frage | |
| Übertreibung | Verallgemeinerung | Verniedlichung |

A „kleinen Sorgen und Sensatiönchen des Alltags" (Z. 22)

B „Kinder sind ja so wissensdurstig." (Z. 41 f.)

C „Hunold *beschäftigt* sich rückhaltlos mit seinen Kindern." (Z. 52)

D „Was sind das für kleine Menschlein, die er hier führt, für die er sorgt, die zu ihm *aufschauen*, die ihm *vertrauen*?" (Z. 52 ff.)

E „Kinder lernen Sprachen ja so leicht." (Z. 58)

b) Welchen „Typ" repräsentiert Hunold? Beschreibe mit eigenen Worten, z. B. mit treffenden Adjektiven und Verben.
strategisch denkender Manager, der ...

die Hauptfigur charakterisieren

c) Erkläre die Pointe des Textes am Schluss (Z. 65 f.). Was sagt sie über die Hauptfigur aus?

7 a) Nehmt in Kleingruppen Stellung zu folgenden Textdeutungen. Welche Aspekte fehlen jeweils? Führt Textbelege an.

zu Deutungen Stellung nehmen

A In der Satire wird gezeigt, dass es in der Familie viele Probleme gibt. Die Familienmitglieder reden gar nicht richtig miteinander.

B Am Klischee eines Managers wird gezeigt, dass viele Väter zu viel arbeiten und sich zu wenig Zeit für die Familie nehmen. Es wird aber auch deutlich, wie schwer es ist, Beruf und Familie zu vereinbaren.

C Am Beispiel Hunolds wird gezeigt, dass Väter oft nicht auf die Bedürfnisse und Wünsche der Kinder eingehen.

b) Formuliere selbst, was deiner Meinung nach mit dieser Satire kritisiert wird. Belege deine Aussagen am Text.

eine Deutung formulieren

Das habe ich gelernt

- Notiere typische sprachliche Mittel der Satire. Nenne jeweils Beispiele.
- Sammelt zu zweit: Wer/Was kann in einer Satire kritisiert werden? Mit welcher Absicht werden Satiren verfasst?
- Notiere: Was fällt dir beim Analysieren von Satiren noch schwer?

Schreibe in dein Heft oder Portfolio.

Literarische Texte erschließen

Anwenden und vertiefen

INFO
Rafik Schami (geb. 1946 in Damaskus, Syrien) lebt und arbeitet seit 1971 in Deutschland. Er hat zahlreiche Prosatexte und Hörspiele in deutscher Sprache verfasst.

Damaskus: Hauptstadt von Syrien

Rafik Schami
Andere Sitten

In Damaskus* fühlt sich jeder Gastgeber beleidigt, wenn seine Gäste etwas zu essen mitbringen. Und kein Araber käme auf die Idee, selber zu kochen oder zu backen, wenn er bei jemandem eingeladen ist. Die Deutschen sind anders. Wenn man sie einlädt,
5 bringen sie stets etwas mit: Eingekochtes vielleicht oder Eingelegtes, manchmal auch selbstgebackenen Kuchen und in der Regel Nudelsalat. […]
In Damaskus hungert ein Gast am Tag der Einladung, weil er weiß, dass ihm eine Prüfung bevorsteht. Er kann nicht bloß einfach
10 behaupten, dass er das Essen gut findet, er muss es beweisen, das heißt eine Unmenge davon verdrücken. Das grenzt oft an Körperverletzung, denn keine Ausrede hilft. Gegen die Argumente schüchterner, satter oder auch magenkranker Gäste halten Araber immer entwaffnende, in Reime gefasste Erpressungen bereit.
15 Deutsche einzuladen ist angenehm. Sie kommen pünktlich, essen wenig und fragen neugierig nach dem Rezept. […].
Deutsche Gäste kommen nicht nur pünktlich, sie sind auch präzise in ihren Angaben. Wenn sie sagen, sie kommen zu fünft, dann kommen sie zu fünft. Und sollten sie wirklich einmal einen
20 sechsten Gast mitbringen wollen, telefonieren sie vorher stundenlang mit dem Gastgeber, entschuldigen sich dafür und loben dabei die zusätzliche Person als einen Engel der guten Laune und des gediegenen Geschmacks.
So großartig Araber als Gastgeber sind, als Gäste sind sie dagegen
25 furchtbar. Sie sagen, sie kommen zu dritt um zwölf Uhr zum Mittagessen. Um sieben Uhr abends treffen sie ein. Und vor Begeisterung über die Einladung bringen sie Nachbarn, Cousins, Tanten und Schwiegersöhne mit. Aber das bleibt ihr Geheimnis, bis sie vor der Tür stehen. […]

---

den Textinhalt erfassen

1 a) Stelle in einer Tabelle im Heft arabische und deutsche Sitten laut Text gegenüber.

das Mittel der Übertreibung erkennen

b) Arbeite mit einer Textkopie. Markiere das satirische Mittel der Übertreibung im Text, wie oben im ersten Satz vorgegeben.

sprachliche Mittel im Text erkennen

2 Untersuche die im Text verwendeten sprachlichen Mittel: Metapher, Steigerung, Übertreibung. Markiere sie auf einer Textkopie und erläutere sie einer Lernpartnerin / einem Lernpartner.

eine Satire untersuchen und deuten

3 a) Erläutere, was den Text von Rafik Schami zur Satire macht.

b) Erkläre die satirische Kritik, die der Text formuliert.

eine Satire schreiben

4 Schreibe eine eigene Satire, z. B. zu einem „Esstyp": wählerische / vornehme / gierige / … Esser/innen.

Der Besuch der alten Dame
Dramatische Texte erschließen

„[…] Güllen steht für die Welt. Eine beklagenswerte Welt, in der Geld alles und Humanität bzw. Mitgefühl nichts mehr bedeuten. Diese Dürrenmatt-Version des Düsseldorfer Schauspielhauses, miterarbeitet vom vorzüglichen Ensemble, ist mehr als gelungen […]."
(Peter Bilsing)

INFO
Die Titelfigur des Dramas „Der Besuch der alten Dame" von Friedrich Dürrenmatt ist die Multimilliardärin Claire Zachanassian. Sie kehrt in ihren Heimatort Güllen zurück, um sich an ihrem früheren Geliebten Alfred zu rächen …

Was weißt du schon?

- In diesem Kapitel geht es um das Theaterstück „Der Besuch der alten Dame". Stelle anhand des Bild- und Textmaterials oben Vermutungen an, wovon das Stück handeln könnte.

- Was unterscheidet dramatische Texte von epischen und lyrischen Texten? Notiere Stichworte.

- Welche Faktoren tragen zum Gelingen einer Theateraufführung bei? Sammelt in Partnerarbeit.

- Ein Drama bzw. Theaterstück kann man unterschiedlich „erleben": lesen, interpretieren, bei der Bühnenaufführung zuschauen, selbst spielen, … Tauscht euch über die Unterschiede beim „Erleben" aus.

Den Einstieg in die Handlung untersuchen

den Inhalt der ersten Szene erfassen

INFO
Friedrich Dürrenmatt (1921–1990): Der Schweizer Schriftsteller verfasste Dramen, Prosatexte und Hörspiele. Er beschäftigte sich auch mit dem Wesen des Dramas und wurde als Verfasser von Tragikkomödien (s. Seite 225) bekannt.

In seiner **Tragikkomödie „Der Besuch der alten Dame"** tragen nur die wichtigsten Figuren Namen. Nebenfiguren werden mit „der Zweite, der Dritte" usw. oder mit ihrer Berufsbezeichnung benannt (der Maler, der Lehrer, der Pfarrer usw.).

1 Lest den Anfang des Dramas. Macht dann ein Blitzlicht: Was erfährt man über die Stadt Güllen und über die Titelfigur?

Erster Akt (Szenenauszug 1)

Glockenton eines Bahnhofs, bevor der Vorhang aufgeht. Dann die Inschrift: Güllen. Offenbar der Name der kleinen Stadt, die im Hintergrund angedeutet ist, ruiniert, zerfallen. Auch das Bahnhofsgebäude verwahrlost […]. Vor dem Häuschen eine Bank, auf ihr vier Männer. Ein fünfter, aufs
5 *unbeschreiblichste verwahrlost, wie die andern, beschreibt ein Transparent mit roter Farbe, offenbar für einen Umzug: Willkommen Kläri. […]*

Der Erste: Die „Gudrun", Hamburg–Neapel.
Der Zweite: Um elfuhrsiebenundzwanzig kommt der „Rasende Roland", Venedig–Stockholm.
10 **Der Dritte:** Das einzige Vergnügen, das wir noch haben: Zügen nachschauen.
Der Vierte: Vor fünf Jahren hielten die „Gudrun" und der „Rasende Roland" noch in Güllen. Dazu noch der „Diplomat" und die „Lorelei", alles Expresszüge von Bedeutung.
15 **Der Erste:** Von Weltbedeutung.
Der Zweite: Nun halten nicht einmal die Personenzüge. Nur zwei von Kaffigen und der Einuhrdreizehn von Kalberstadt.
Der Dritte: Ruiniert.
Der Vierte: Die Wagner-Werke zusammengekracht.
20 **Der Erste:** Bockmann bankrott.
Der Zweite: Die Platz-an-der-Sonnehütte eingegangen.
Der Dritte: Leben von der Arbeitslosenunterstützung.
Der Vierte: Von der Suppenanstalt.
Der Erste: Leben?
25 **Der Zweite:** Vegetieren.
Der Dritte: Krepieren.
Der Vierte: Das ganze Städtchen.
Glockenton.
Der Zweite: Höchste Zeit, daß die Milliardärin kommt. In
30 Kalberstadt soll sie ein Spital gestiftet haben.
Der Dritte: In Kaffigen die Kinderkrippe und in der Hauptstadt eine Gedächtniskirche.
Der Maler: Von Zimt, dem naturalistischen Schmierer, ließ sie sich porträtieren.
35 **Der Erste:** Die mit ihrem Geld. Die Armenian-Oil besitzt sie, die Western Railways, die North Broadcasting Company und das Hongkonger Vergnügungsviertel.
Zuggeräusch, der Bahnhofsvorstand salutiert. Die Männer verfolgen den Zug mit einer Kopfbewegung von rechts nach links.
40 **Der Vierte:** Der „Diplomat".
Der Dritte: Dabei waren wir eine Kulturstadt.
Der Zweite: Eine der ersten im Lande.

Der Erste: In Europa.
Der Vierte: Goethe hat hier übernachtet. Im Gasthof zum Goldenen Apostel.
Der Dritte: Brahms ein Quartett komponiert.
Glockenton.
Der Zweite: Berthold Schwarz das Pulver erfunden.
Der Maler: Und ich habe mit Glanz die Ecole des Beaux-Arts* besucht; doch was treibe ich jetzt? Inschriftenmalerei!
Zuggeräusch. Links erscheint ein Kondukteur, als wäre er eben vom Zug gesprungen.*
Der Kondukteur *mit langgezogenem Schrei:* Güllen!
Der Erste: Der Personenzug von Kaffingen.
Ein Reisender ist ausgestiegen, geht von links an den Männern auf der Bank vorbei, verschwindet in der Türe mit der Anschrift: Männer.
Der Zweite: Der Pfändungsbeamte.
Der Dritte: Geht das Stadthaus pfänden.
Der Vierte: Politisch sind wir auch ruiniert.
Der Bahnhofsvorstand *hebt die Kelle:* Abfahrt!
Vom Städtchen her der Bürgermeister, der Lehrer, der Pfarrer und Ill, ein Mann von fast fünfundsechzig Jahren, alle schäbig gekleidet.
Der Bürgermeister: Mit dem Einuhrdreizehn-Personenzug von Kalberstadt kommt der hohe Gast.
Der Lehrer: Der gemischte Chor singt, die Jugendgruppe.
Der Pfarrer: Die Feuerglocke bimmelt. Die ist noch nicht versetzt.
Der Bürgermeister: Auf dem Marktplatz bläst die Stadtmusik, und der Turnverein bildet eine Pyramide zu Ehren der Milliardärin. Dann ein Essen im Goldenen Apostel. Leider reicht es finanziell nicht zur Beleuchtung des Münsters und des Stadthauses am Abend.
Der Pfändungsbeamte kommt aus dem Häuschen.
Der Pfändungsbeamte: Guten Morgen, Herr Bürgermeister. Grüße recht herzlich.
Der Bürgermeister: Was wollen Sie denn hier, Pfändungsbeamter Glutz?
Der Pfändungsbeamte: Das wissen Herr Bürgermeister schon. Ich stehe vor einer Riesenaufgabe. Pfänden Sie mal eine ganze Stadt. [...] R

die Ecole des Beaux-Arts (franz. Schule der schönen Künste): Kunsthochschule
der Kondukteur (franz.): Schaffner, Zugführer

2 Beantworte folgende Fragen:
– Wie hat sich die Situation in Güllen im Laufe der Jahre entwickelt?
– Welche Hoffnungen und Erwartungen haben die Einwohner?
– Was erfährt man über die Titelfigur und ihre Bedeutung?

die Ausgangssituation des Dramas erfassen

3 a) Mit welchen Mitteln werden im Drama die Figuren und die Ausgangssituation dargestellt? Gib beispielhafte Textstellen an.
b) Vergleiche mit den Mitteln eines erzählenden Textes (s. S. 225). Benenne Gemeinsamkeiten und Unterschiede.

Mittel des Dramas benennen

HILFE
> *Bühnenbild: ...(Z. 1–6)*
> *Kostüme: ...(Z. 5, 62)*

Figuren und Figurenkonstellation untersuchen

Claire Zachanassian trifft in Güllen ein und wird gebührend empfangen. Im Verlauf des ersten Aktes besucht sie mit ihrer Jugendliebe Alfred Ill den Konradsweilerwald, der seinerzeit Treffpunkt des Liebespaars war.

Leseeindrücke formulieren

1 Lest den folgenden Szenendialog. Tauscht euch über eure Eindrücke von dem Gespräch aus.

Erster Akt (Szenenauszug 2)

[…]

Claire Zachanassian: Auf diesem Findling küßten wir uns. Vor mehr als fünfundvierzig Jahren. Wir liebten unter diesen Sträuchern, unter dieser Buche, zwischen Fliegenpilzen im Moos. Ich war siebzehn und du noch nicht zwanzig. Dann hast du Mathilde
5 Blumhard geheiratet mit ihrem Kleinwarenladen und ich den alten Zachanassian mit seinen Milliarden aus Armenien. Er fand mich in einem Hamburger Bordell. Meine roten Haare lockten ihn an, den alten, goldenen Maikäfer.
Ill: Klara!
10 **Claire Zachanassian:** Eine Henry Clay, Boby.
Die beiden Blinden: Eine Henry Clay, eine Henry Clay.
Der Butler kommt aus dem Hintergrund, reicht ihr eine Zigarre, gibt ihr Feuer.
Claire Zachanassian: Ich schätze Zigarren. Eigentlich sollte ich jene
15 meines Mannes rauchen, aber ich traue ihnen nicht.
Ill: Dir zuliebe habe ich Mathilde Blumhard geheiratet.
Claire Zachanassian: Sie hatte Geld.
Ill: Du warst jung und schön. Dir gehörte die Zukunft. Ich wollte dein Glück. Da mußte ich auf das meine verzichten.
20 **Claire Zachanassian:** Nun ist die Zukunft gekommen.
Ill: Wärest du hier geblieben, wärest du ebenso ruiniert wie ich.
Claire Zachanassian: Du bist ruiniert?
Ill: Ein verkrachter Krämer in einem verkrachten Städtchen.
Claire Zachanassian: Nun habe *ich* Geld.
25 **Ill:** Ich lebe in einer Hölle, seit du von mir gegangen bist.
Claire Zachanassian: Und ich bin die Hölle geworden.
Ill: Ich schlage mich mit meiner Familie herum, die mir jeden Tag die Armut vorhält.
Claire Zachanassian: Mathildchen machte dich nicht glücklich?
30 **Ill:** Hauptsache, daß du glücklich bist.
Claire Zachanassian: Deine Kinder?
Ill: Ohne Sinn für Ideale.
Claire Zachanassian: Der wird ihnen schon aufgehen.
Er schweigt. Die beiden starren in den Wald ihrer Jugend.
35 **Ill:** Ich führe ein lächerliches Leben. Nicht einmal recht aus dem Städtchen bin ich gekommen. Eine Reise nach Berlin und eine ins Tessin, das ist alles.
Claire Zachanassian: Wozu auch. Ich kenne die Welt.

Ill: Weil du immer reisen konntest.
Claire Zachanassian: Weil sie mir gehört.
Er schweigt und sie raucht.
Ill: Nun wird sich alles ändern.
Claire Zachanassian: Gewiß.
Ill *lauernd:* Du wirst uns helfen?
Claire Zachanassian: Ich lasse das Städtchen meiner Jugend nicht im Stich.
Ill: Wir haben Millionen nötig.
Claire Zachanassian: Wenig.
Ill *begeistert:* Wildkätzchen! R

2 a) Untersuche den Dialog zwischen Ill und Claire mit Hilfe der Hinweise im Merkkasten.

Thema:
— Im Gespräch zwischen Ill und Claire geht es um …

b) Erkläre folgende Textstellen: Z. 26, 32, 33, 43.

einen Dialog untersuchen

> ### Dialoge und Figuren untersuchen
> Der Handlungsverlauf eines Dramas wird von einem **zentralen Konflikt** zwischen den Figuren bestimmt. Die Beziehung zwischen diesen Figuren erschließt sich über die **Dialoge,** die das wichtigste Gestaltungsmittel des Dramas sind.
> Untersuche bei einem Dialog:
> - **Thema:** Worum geht es in dem Gespräch?
> - **Gesprächsverhalten:** Wie sprechen die Figuren miteinander?
> - **Gesprächsmotive, -ziele:** Welche Motive treiben die Gesprächspartner, was wollen sie erreichen?

3 a) Beschreibe das Verhältnis zwischen Ill und Claire. Was erfährst du über ihre Vergangenheit und über die Gegenwart?

b) Notiere Eigenschaften der beiden, die im Dialog deutlich werden. Belege anhand von Textstellen.

c) Visualisiert das Verhältnis der beiden Figuren zueinander. Stützt eure Skizze mit einer Sammlung von aussagekräftigen Textstellen.

Figuren und Figurenkonstellation beschreiben

4 a) Verfasse je einen Monolog für beide Figuren. Darin äußern sie, was sie über das Gespräch denken und wie sie zueinander stehen.

b) Tragt euch eure Monologe gegenseitig vor und gebt eine Rückmeldung: Passen sie zur Figurenzeichnung (s. Aufg. 3)?

einen Figurenmonolog verfassen

5 Stelle Vermutungen darüber an, wie das Stück weitergehen könnte. Begründe anhand von Textstellen, die etwas andeuten.

Vermutungen zum Handlungsverlauf anstellen

Literarische Texte erschließen

den Text szenisch umsetzen

6 a) Bereitet ein szenisches Lesen zum Szenenauszug vor. Nutzt die Hinweise im Merkkasten.

b) Gebt euch gegenseitig eine Rückmeldung zum Spiel. Werden die Charakterzüge der Figuren und das Element der Vorahnung deutlich?

> **! Szenisch lesen**
>
> Tipps für das szenische Lesen eines Dramenauszugs:
> - Fertigt eine Kopie der gewählten Dramenszene(n) an.
> - Beachtet die Regieanweisungen und notiert weitere Hinweise zu Intonation, Körpersprache usw.
> - Behaltet im Blick: Was für ein Bild der Figur soll vermittelt werden? Dazu müssen Tonfall und Körpersprache passen.

7 Lies den folgenden Szenenauszug. Fasse zusammen:
– Was geschieht?
– Welche neuen Informationen erhalten die Zuschauer/innen?

Erster Akt (Szenenauszug 3)

[…]

Claire Zachanassian: Bürgermeister, Güllener. Eure selbstlose Freude über meinen Besuch rührt mich. Ich war zwar ein etwas anderes Kind, als ich nun in der Rede des Bürgermeisters vorkomme […] Um jedoch meinen Beitrag an eure Freude zu leisten,
5 will ich gleich erklären, daß ich bereit bin, Güllen eine Milliarde zu schenken. Fünfhundert Millionen der Stadt und fünfhundert Millionen verteilt auf jede Familie.
Totenstille.
Der Bürgermeister *stotternd:* Eine Milliarde.
10 *Alle immer noch in Erstarrung.*
Claire Zachanassian: Unter einer Bedingung.
Alle brechen in einen unbeschreiblichen Jubel aus. Tanzen herum, stehen auf die Stühle, der Turner turnt usw. Ill trommelt sich begeistert auf die Brust.
15 **Ill:** Die Klara! Goldig! Wunderbar! Zum Kugeln! Voll und ganz mein Zauberhexchen!
Er küßt sie.
Der Bürgermeister: Unter einer Bedingung haben gnädige Frau
20 gesagt. Darf ich diese Bedingung wissen?
Claire Zachanassian: Ich will die Bedingung nennen. Ich gebe euch eine Milliarde und kaufe
25 mir dafür die Gerechtigkeit.
Totenstille.
[…]
Der Butler: Wie ihr vernommen habt, bietet Frau Claire Zachanassian eine Milliarde und will

dafür Gerechtigkeit. Mit anderen Worten: Frau Claire Zachanassian bietet eine Milliarde, wenn ihr das Unrecht wieder gut macht, das Frau Zachanassian in Güllen angetan wurde. Herr Ill, darf ich bitten?
Ill steht auf, gleichzeitig erschrocken und verwundert.
Ill: Was wollen Sie von mir?
Der Butler: Treten Sie vor, Herr Ill.
Ill: Bitte.
Er tritt vor den Tisch rechts. Lacht verlegen. Zuckt die Achseln.
Der Butler: Es war im Jahre 1910. Ich war Oberrichter in Güllen und hatte eine Vaterschaftsklage zu behandeln. Claire Zachanassian, damals Klara Wäscher, klagte Sie, Herr Ill, an, der Vater ihres Kindes zu sein.
Ill schweigt.
Der Butler: Sie bestritten damals die Vaterschaft, Herr Ill. Sie hatten zwei Zeugen mitgebracht.
Ill: Alte Geschichten. Ich war jung und unbesonnen.
Claire Zachanassian: Führt Koby und Loby vor, Toby und Roby.
Die beiden kaugummikauenden Monstren führen die beiden blinden Eunuchen* in die Mitte der Bühne, die sich fröhlich an der Hand halten.
Die Beiden: Wir sind zur Stelle, wir sind zur Stelle!
Der Butler: Erkennen Sie die beiden, Herr Ill.
Ill schweigt.
Die Beiden: Wir sind Koby und Loby, wir sind Koby und Loby.
Ill: Ich kenne sie nicht.
Die Beiden: Wir haben uns verändert, wir haben uns verändert.
Der Butler: Nennt eure Namen.
Der Erste: Jakob Hühnlein, Jakob Hühnlein.
Der Zweite: Ludwig Sparr, Ludwig Sparr.
Der Butler: Nun, Herr Ill.
Ill: Ich weiß nichts von ihnen.
Der Butler: Jakob Hühnlein und Ludwig Sparr, kennt ihr Herrn Ill?
Die Beiden: Wir sind blind, wir sind blind.
Der Butler: Kennt ihr ihn an seiner Stimme?
Die Beiden: An seiner Stimme, an seiner Stimme.
Der Butler: 1910 war ich der Richter und ihr die Zeugen. Was habt ihr geschworen, Ludwig Sparr und Jakob Hühnlein, vor dem Gericht zu Güllen?
Die Beiden: Wir hätten mit Klara geschlafen, wir hätten mit Klara geschlafen.
Der Butler: So habt ihr vor mir geschworen. Vor dem Gericht, vor Gott. War dies die Wahrheit?
Die Beiden: Wir haben falsch geschworen, wir haben falsch geschworen.
Der Butler: Warum, Ludwig Sparr und Jakob Hühnlein?
Die Beiden: Ill hat uns bestochen, Ill hat uns bestochen.
Der Butler: Womit?
Die Beiden: Mit einem Liter Schnaps, mit einem Liter Schnaps.
[...]
Der Butler: Dies ist die Geschichte: Ein Richter, ein Angeklagter, zwei falsche Zeugen, ein Fehlurteil im Jahr 1910. Ist es nicht so, Klägerin?

der Eunuch: durch Kastration zeugungsunfähig gemachter Mann

die Dirne: Prostituierte

80 *Claire Zachanassian steht auf.*
Claire Zachanassian: Es ist so.
Ill *stampft auf den Boden*: Verjährt, alles verjährt! Eine alte, verrückte Geschichte.
Der Butler: Was geschah mit dem Kind, Klägerin?
85 **Claire Zachanassian** *leise*: Es lebte ein Jahr.
Der Butler: Was geschah mit Ihnen?
Claire Zachanassian: Ich wurde eine Dirne*.
Der Butler: Weshalb?
Claire Zachanassian: Das Urteil des Gerichts machte mich dazu.
90 **Der Butler:** Und nun wollen Sie Gerechtigkeit, Claire Zachanassian?
Claire Zachanassian: Ich kann sie mir leisten. Eine Milliarde für Güllen, wenn jemand Alfred Ill tötet.
Totenstille. Frau Ill stürzt auf Ill zu, umklammert ihn.
Frau Ill: Fredi!
95 **Ill:** Zauberhexchen! Das kannst du doch nicht fordern! Das Leben ging doch längst weiter!
Claire Zachanassian: Das Leben ging weiter, aber ich habe nichts vergessen, Ill […] und nun will ich Gerechtigkeit, Gerechtigkeit für eine Milliarde.
100 *Der Bürgermeister steht auf, bleich, würdig.*
Der Bürgermeister: Frau Zachanassian: Noch sind wir in Europa, noch sind wir keine Heiden. Ich lehne im Namen der Stadt Güllen das Angebot ab. Im Namen der Menschlichkeit. Lieber bleiben wir arm, denn blutbefleckt.
[…] R

Dialoge vergleichen

8 **a)** Vergleiche den Dialog zwischen Claire und Ill mit dem Dialog auf Seite 122 f. Ergänze die Figurenzeichnung (vgl. S. 123, Aufg. 3).

b) Überarbeite deine Monologe für Ill und Claire (S. 123, Aufg. 4) mit Hilfe der neuen Informationen.

c) Benenne Möglichkeiten für den weiteren Verlauf der Handlung.

ein Standbild erstellen

9 Spielt die Szene oben und „friert" an einer zentralen Stelle das Spiel ein. Stellt die Szene dann in einem Standbild nach und sprecht über das Verhältnis zwischen den Figuren.

die Figurenkonstellation darstellen

10 Skizziert die Beziehungen zwischen Claire, Ill und Bürgermeister als Stellvertreter für die Einwohner Güllens.

Rollenkarten anlegen

11 Erstellt Rollenkarten für Claire und den Bürgermeister. Versetzt euch dazu in die Figuren hinein und fragt:

> Claire
> – Wer bin ich? Ich bin Claire Zachanassian, ehemals Einwohnerin von Güllen und Geliebte von …
> – Was will ich? …
> – Welche Einstellung habe ich? …
> – Wie stehe ich zu …? …
> – Was …? …

Die Figurenentwicklung untersuchen

Im Lauf der Zeit bemerkt Ill, dass die Güllener immer mehr Geld ausgeben – auch Nachbarn und Freunde. Verzweifelt sucht er den Bürgermeister auf, bei dem ihm gleich die teure Zigarrenmarke und die neue Krawatte auffallen.

1 Lies den Auszug. Vollziehe Gesprächsverhalten und -strategien des Bürgermeisters im Verlauf des Dialogs nach. Notiere Stichpunkte dazu.
- *gibt sich erstaunt, stellt Scheinfragen (Z. 2)*
- *gibt Verantwortung ab (Z. ...)*
- *...*

Zweiter Akt (Szenenauszug 4)

[...]
Ill: Ich verlange den Schutz der Behörde.
Der Bürgermeister: Ei. Wozu denn?
Ill: Das wissen der Herr Bürgermeister schon.
Der Bürgermeister: Mißtrauisch?
5 **Ill:** Für meinen Kopf ist eine Milliarde geboten.
Der Bürgermeister: Wenden Sie sich an die Polizei.
Ill: Ich war bei der Polizei.
Der Bürgermeister: Das wird sie beruhigt haben.
Ill: Im Munde des Polizeiwachtmeisters blitzt ein neuer Goldzahn.
10 **Der Bürgermeister:** Sie vergessen, daß Sie sich in Güllen befinden. In einer Stadt mit humanistischer* Tradition. Goethe hat hier übernachtet. Brahms ein Quartett komponiert. Diese Werte verpflichten.
Von links tritt ein Mann auf mit einer Schreibmaschine.
Der Mann: Die neue Schreibmaschine, Herr Bürgermeister.
15 Eine Remington.
Der Bürgermeister: Ins Büro damit.
Der Mann nach rechts ab.
Der Bürgermeister: Wir verdienen Ihren Undank nicht. Wenn Sie kein Vertrauen in unsere Gemeinde zu setzen vermögen, tun Sie
20 mir leid. Ich habe diesen nihilistischen* Zug nicht erwartet. Wir leben schließlich in einem Rechtsstaat.
Ill: Dann verhaften Sie die Dame.
Der Bürgermeister: Merkwürdig. Äußerst merkwürdig.
Ill: Das hat der Polizeiwachtmeister auch gesagt.
25 **Der Bürgermeister:** Das Vorgehen der Dame ist weiß Gott nicht ganz so unverständlich. Sie haben schließlich zwei Burschen zu Meineid* angestiftet und ein Mädchen ins nackte Elend gestoßen.
Ill: Dieses nackte Elend bedeutet immerhin einige Milliarden, Bürgermeister.
30 *Schweigen.*
Der Bürgermeister: Reden wir ehrlich miteinander.
Ill: Ich bitte darum.
Der Bürgermeister: Von Mann zu Mann, wie Sie es verlangt haben. Sie besitzen nicht das moralische Recht, die Verhaftung der Dame zu
35 verlangen, und auch als Bürgermeister kommen Sie nicht in Frage.

der Humanismus: Weltanschauung, die sich an den Interessen, den Werten und der Würde des Menschen orientiert

der Nihilismus: Verneinung jeglicher Ordnung

der Meineid: falscher Eid vor Gericht

Literarische Texte erschließen

[…]
Ill: Man schmückt schon meinen Sarg, Bürgermeister! Schweigen ist mir zu gefährlich.
Der Bürgermeister: Aber wieso denn, lieber Ill? Sie sollten dankbar sein, daß wir über die üble Affäre den Mantel des Vergessens breiten.
Ill: Wenn ich rede, habe ich noch eine Chance, davonzukommen.
Der Bürgermeister: Das ist nun doch die Höhe! Wer soll Sie denn bedrohen?
Ill: Einer von euch.
Der Bürgermeister erhebt sich.
Der Bürgermeister: Wen haben Sie im Verdacht? Nennen Sie mir den Namen, und ich untersuche den Fall. Unnachsichtig.
[…]
Ill: Ich sehe einen Plan an der Wand. Das neue Stadthaus?
Er tippt auf den Plan.
Der Bürgermeister: Mein Gott, planen wird man wohl noch dürfen.
[…] R

die Figurenentwicklung beschreiben

2 Erläutere und belege/begründe anhand von Textstellen:
– Wie hat sich die Situation in Güllen verändert?
– Wie schätzt du das Verhalten des Bürgermeisters ein?

eine Szene spielen

3 Spielt die Szene. Nutzt den Merkkasten auf Seite 124.

Figurenmonologe schreiben und vergleichen

4 a) Verfasse einen Monolog des Bürgermeisters, in dem deutlich wird, wie er wirklich über die Situation denkt.

b) Lest und vergleicht eure Monologe.

Vermutungen zum Ausgang anstellen und überprüfen

5 a) Stelle Vermutungen über den Ausgang des Dramas an. Begründe anhand von Szenenauszügen im Kapitel.

b) Informiere dich darüber, wie das Theaterstück endet.

die Aussageabsicht des Dramas formulieren

6 a) Formuliere die zeitlose Thematik und die Botschaft des Dramas „Der Besuch der alten Dame". Nutze den folgenden Wortspeicher.

TIPP
Lies nochmals den Ausschnitt aus der Theaterrezension auf Seite 119.

| Werte/Ideale käuflich Not Gerechtigkeit Rache Liebe Hass |

b) Vergleicht eure Texte in Gruppen. Überarbeitet bei Bedarf.

Das habe ich gelernt

- Erläutere die Bedeutung der Gesprächsanalyse zum Verständnis eines Dramas.
- Was versteht man unter „Figurenkonstellation"? Erkläre.
- Notiere, was beim Anlegen einer Rollenkarte wichtig ist.

Schreibe in dein Heft oder Portfolio.

Literarische Texte erschließen

Anwenden und vertiefen

Mit dem folgenden Auszug wird der Bogen zurück zum Anfang des Dramas geschlagen: Kurz bevor Claire in Güllen eintrifft, sammelt der Bürgermeister Informationen für eine Begrüßungsrede.

Ill: Da kann ich dem Bürgermeister dienen. Klara liebte die Gerechtigkeit. Ausgesprochen. Einmal wurde ein Vagabund abgeführt. Sie bewarf den Polizisten mit Steinen.
Der Bürgermeister: Gerechtigkeitsliebe. Nicht schlecht. Wirkt
5 immer. Aber die Geschichte mit dem Polizisten unterschlagen wir besser.
Ill: Wohltätig war sie auch. Was sie besaß, verteilte sie, stahl Kartoffeln für eine arme Witwe.
Der Bürgermeister: Sinn für Wohltätigkeit. Dies, meine Herren, muß
10 ich unbedingt anbringen. Es ist die Hauptsache. […]
Ich für meinen Teil wäre vorbereitet – das übrige muß Ill tun.
Ill: Ich weiß. Die Zachanassian soll mit ihren Millionen herausrücken.
Der Bürgermeister: Millionen – das ist genau die richtige
15 Auffassung.
Der Lehrer: Mit einer Kinderkrippe ist uns nicht gedient.
Der Bürgermeister: Mein lieber Ill, Sie sind seit langem schon die beliebteste Persönlichkeit in Güllen. Ich trete im Frühling zurück und nahm mit der Opposition Fühlung. Wir einigten uns, Sie zu
20 meinem Nachfolger vorzuschlagen.
Ill: Aber Herr Bürgermeister.
Der Lehrer: Ich kann dies nur bestätigen.
Ill: Meine Herren, zur Sache. Ich will vorerst mit der Klara über unsere miserable Lage reden.
25 **Der Pfarrer:** Aber vorsichtig – zartfühlend.
Ill: Wir müssen klug vorgehen, psychologisch richtig. […]

Kurz danach trifft Claire Zachanassian ein und begegnet Ill.

Ill: Klara.
Claire Zachanassian: Alfred.
Ill: Schön, daß du gekommen bist.
30 **Claire Zachanassian:** Das habe ich mir immer vorgenommen, mein Leben lang, seit ich Güllen verlassen habe.
Ill *unsicher*: Das ist lieb von dir.
Claire Zachanassian: Auch du hast an mich gedacht?
35 **Ill:** Natürlich. Immer. Das weißt du doch, Klara.
Claire Zachanassian: Es war wunderbar, all die Tage, da wir zusammen waren.
Ill *stolz*: Eben. *Zum Lehrer*: Sehen Sie,
40 Herr Lehrer, *die* habe ich im Sack.
Claire Zachanassian: Nenne mich, wie du mich immer genannt hast.

Ill: Mein Wildkätzchen.
Claire Zachanassian *schnurrt wie eine alte Katze:* Wie noch?
45 **Ill:** Mein Zauberhexchen.
Claire Zachanassian: Ich nannte dich „mein schwarzer Panther".
Ill: Der bin ich noch.
Claire Zachanassian: Unsinn. Du bist fett geworden. Und grau und versoffen.
50 […] R

Literarische Texte erschließen

Inhalte zusammenfassen

1 Lies die Textauszüge. Fasse den Inhalt knapp zusammen.

eine Figurenkonstellation beschreiben

2 a) Beschreibe das Verhältnis zwischen Ill und dem Bürgermeister, wie es im Auszug oben dargestellt wird.

b) Vergleiche mit dem Auszug auf Seite 127f. Beschreibe, wie sich das Verhältnis im Vergleich zu dort verändert hat.

eine Figur untersuchen

3 Lies nochmals die Szene im Konradsweilerwald (S. 122f.) und setze sie in Bezug zum Auszug auf S. 129.

a) Welche Adjektive treffen auf Alfred Ills Verhalten gegenüber Claire Zachanassian zu?

> berechnend   unsicher   naiv   verlogen   selbstbewusst
> nichtsahnend   liebevoll   …

b) Erkläre und beurteile die Äußerungen und das Verhalten von Alfred Ill. Schreibe in ganzen Sätzen.

die Figurenentwicklung beschreiben

4 Beschreibe schriftlich anhand von ausgewählten Textstellen aus Szenen in diesem Kapitel, wie sich Einstellung und Verhalten der Güllener im Lauf des Dramas verändern.

Textstellen deuten

5 Erläutere das Element der Vorahnung, d. h. der Andeutung des weiteren Handlungsverlaufs, in der Szene auf Seite 129.

ein Rollenprofil erstellen

6 a) Erkläre, warum Ill sterben musste.

b) Erstelle eine Rollenkarte mit einem ausführlichen Rollenprofil für Alfred Ill. Es soll dabei helfen, einen Schauspieler auf die Darstellung dieser Figur vorzubereiten.

Textaussagen übertragen

7 Fallen dir Situationen ein, in denen Menschen sich ähnlich verhalten wie die Bewohner Güllens? Beschreibe sie.

Tragödie und Komödie unterscheiden

8 Friedrich Dürrenmatt hat seinem Drama den Untertitel „Eine tragische Komödie in drei Akten" gegeben.

a) Informiere dich im Orientierungswissen über die Begriffe „Tragödie" und „Komödie". Erkläre mit eigenen Worten.

b) Nenne Elemente des Tragischen und des Komischen im Stück „Der Besuch der alten Dame".

Was Wörter wert sind
Sprache untersuchen

der Besserverdiener
die Einheitsschule
die Atomkraft
der Entsorgungspark
der Leistungsträger
die Kernenergie
die Gemeinschaftsschule
die Müllkippe

Was weißt du schon?

- Jeweils zwei Wörter oben bezeichnen das Gleiche. Schreibe die Wörterpaare in dein Heft.

- Welches der beiden Wörter ist jeweils eher negativ konnotiert, d.h. inhaltlich negativ besetzt, welches eher positiv? Werte die Wörter aus, z.B.: *die Einheitsschule*:
„Einheit" klingt hier nach „Gleichmacherei" auf Kosten von Individualität → negativ konnotiert

- Alle diese Wörter sind in der öffentlichen Diskussion oft verwendet worden. Ordne jedem Wörterpaar das jeweilige Thema zu (*Bildung*, ...).

- Erkläre anhand eines Wörterpaares, warum Politiker/innen für ein und dasselbe unterschiedliche Wörter verwenden.

- „Wörter haben Macht!" Erkläre anhand von Beispielen.

Die Bedeutung der Wortwahl durchschauen

Aussagen erschließen

1 Gib den Inhalt der beiden Aussagen kurz wieder. Erkläre, um welchen Schultyp es hier geht.

> **A** „Zahlreiche Studien kritisieren: Das bestehende Schulsystem sortiert Kinder viel zu früh in bestimmte Schubladen – Haupt- oder Realschule sowie Gymnasium. Viele Talente werden so vergeudet, Chancen vertan. Wir wollen Kinder deshalb länger gemeinsam lernen lassen. Weniger Ausgrenzung und mehr Chancen – das geht meines Erachtens nur in und mit der Gemeinschaftsschule."
> (Hannelore Kraft, SPD, Interview für die Homepage der SPD, 2007)

> **B** „Die Linke – damit meine ich SPD, Grüne und Linkspartei – setzt auf die Einheitsschule. Sie schert alle über einen Kamm und vergisst dabei, dass Menschen unterschiedlich begabt sind und wir deshalb ein maßgeschneidertes Bildungssystem für die Schüler brauchen. […] Die FDP will ein durchlässiges Bildungssystem, das Chancengleichheit bietet."
> (Guido Westerwelle, FDP, Interview für die *Berliner Zeitung*, 2008)

die Wortwahl untersuchen

TIPP
Notiere positiv bzw. negativ belegte Ausdrücke.

2 Derselbe Schultyp wird einmal „Gemeinschaftsschule" (Aussage A) und einmal „Einheitsschule" (Aussage B) genannt. Untersuche die beiden Politikeraussagen oben:

a) Mit welchen Worten wird das von der eigenen Partei bevorzugte Schulsystem beschrieben, mit welchen das von der gegnerischen Partei bevorzugte System? Notiere z. B.:

Aussage A
Gemeinschaftsschule (favorisiertes System):
länger gemeinsam lernen, mehr Chancen, …

b) Tauscht euch in Partnerarbeit über die Konnotation der notierten Begriffe aus. Nutzt dazu den Merkkasten.

> **❗ Denotation und Konnotation unterscheiden**
> - Die **Denotation** ist die Grundbedeutung eines Wortes, die man im Wörterbuch nachschlagen kann, z. B.
>   *gemeinsam: miteinander.*
> - Die **Konnotation** meint seine Nebenbedeutung, d. h. Erfahrungen und Gefühle, die wir damit verbinden, z. B.
>   *gemeinsam: sozial, Zugehörigkeit, Stärke, sich unterstützen, …*

3 a) Beurteile mit Hilfe des Merkkastens unten, ob man die Begriffe „Einheitsschule" und „Gemeinschaftsschule" als Schlagwörter bezeichnen kann.

b) Untersuche die weiteren in Aufgabe 2 notierten Ausdrücke.
– Welche Wörter sind Hochwertwörter? Erkläre.
– Welche werden seitens der Politiker/innen als Schlagwörter verwendet und zu welchem Zweck? Begründe.

Hochwertwörter und Schlagwörter erkennen

> ### Hochwertwörter und Schlagwörter erkennen
>
> - **Hochwertwörter** sind Wörter, die positive Emotionen hervorrufen, z. B. *Freiheit, Menschenwürde*. Häufig werden sie als Schlagwörter benutzt, um eigene Positionen oder Forderungen positiv darzustellen.
> - **Schlagwörter** nennt man Ausdrücke, die häufig in der öffentlichen Auseinandersetzung verwendet werden, um Sachverhalte überzeugend darzustellen. Sie können positiv belegt sein (z. B. *die Bildungsrepublik*) oder negativ (z. B. *Gutmenschen*) und mit folgenden Absichten eingesetzt werden:
>   – die Position des (politischen) Gegners abwerten,
>   – Positionen und Forderungen auf ein eingängiges Wort verkürzen,
>   – eigene Positionen oder Forderungen aufwerten.

4 Erkläre die Bedeutung und die Funktion von Hochwertwörtern anhand der abgebildeten Wahlplakate.

die Verwendung von Hochwertwörtern untersuchen

5 Hochwertwörter spielen auch bei der Werbung für Produkte und Dienstleistungen eine wichtige Rolle.

a) Formuliert in Partnerarbeit Werbesprüche (z. B. für eure Schule, einen Verein) aus, in denen ihr passende Hochwertwörter verwendet.

b) Stellt eure Werbesprüche in der Klasse vor.
Wie beurteilt ihr einen solchen Sprachgebrauch? Diskutiert.

HILFE
> *Wir stehen für gute Bildung mit gleichen Chancen!*
> *Mehr Leidenschaft für mehr Leistung!*
> ...

Nachdenken über Sprache

133

Mehrdeutigkeit und Ironie verstehen

Mehrdeutigkeit erfassen

HILFE
- *für etwas zu haben sein: ...*
- *jeder Dreck: ...*

INFO
die Redewendung: feste Verbindung von Wörtern, die meist eine übertragene Bedeutung hat, z. B.: *seinen Kopf durchsetzen → seinen Willen durchsetzen*

1 a) Lies die Werbesprüche auf den Mülleimern, die für eine Aktion der Stadtreinigung Hamburg entworfen wurden.
Nenne und erkläre die verwendeten Redewendungen.

b) Erkläre, was bei der Verwendung in diesem Kontext den Witz ausmacht. Stelle dazu die übliche Bedeutung der Redewendungen (siehe a) den hier gemeinten gegenüber.
— „Bin für jeden Dreck zu haben."
hier wörtlich genommen: Passantinnen/Passanten sollen ...

mehrdeutige Werbesprüche verfassen

2 Denkt euch in Partnerarbeit weitere Mülleimer-Sprüche aus, die mit zwei Bedeutungen „spielen", z. B.:
„Ich fühle mich so leer!"

3 a) Lies den Werbetext. Gib wieder, worum es geht.

mehrdeutige Ausdrücke erklären

HILFE
„erröten":
a) eigentliche Bedeutung: ein rotes Gesicht bekommen (Mensch) → Stadt wird personifiziert, sie ist stolz auf neue Mülleimer
b) hier wörtlich „rot werden": ...

Hamburg errötet

Müll bekommt in Hamburg einen Korb. Der ist seit fast drei Jahren rot. Und er kann sprechen: Um aus den rund 9.100 Papierkörben der Stadtreinigung Hamburg ein Wesen mit Riesenklappe zu machen, braucht es nämlich nur zwei Augen. Glücklicherweise ist die große Schnauze schon vorhanden. Als echter Hanseat kommentiert unser Papierkorb nun so trocken die Sauberkeitslage, dass alle ihm gern mal die Klappe stopfen. [...] Unsere neuen, feuerroten Eimer sind ständig auf einem Bein unterwegs und pflegen wirklich saubere Umgangsformen.

b) Im Text werden mehrdeutige Ausdrücke verwendet. Notiert und erklärt sie in Partnerarbeit.

c) Beschreibt die Wirkung dieser Mehrdeutigkeit bei euch als Adressatinnen/Adressaten.

> **Mehrdeutigkeit verstehen**
>
> Wörter können, abhängig vom Kontext, mehrere Bedeutungen haben. **Mehrdeutigkeit** wird oft gezielt eingesetzt, z. B. in Witzen oder in der Werbung:
> „Bücherhallen Hamburg – bei uns werden Sie viel mitnehmen!"
> (Werbung für öffentliche Bibliotheken)

4 Das folgende Plakat haben Schüler/innen auf einer Demonstration gegen Einsparungen im Bildungsbereich verwendet.

a) Erkläre, was das Plakat wörtlich aussagt und was die Jugendlichen eigentlich meinen.

b) Erläutert in Partnerarbeit, auch mit Hilfe des Merkkastens:
– Warum ist der Plakatspruch ein Beispiel für Ironie?
– Warum nutzen die Schüler/innen dieses Mittel, was wollen sie bei den Adressatinnen/Adressaten bewirken?

c) Sucht weitere Beispiele für Ironie, z. B. auf Plakaten oder in Alltagssituationen.

d) Denkt euch eigene Beispiele für ironische Redeweise aus (Situation, ironische Äußerung). Ihr könnt kleine Dialoge dazu schreiben.

Ironie erkennen und erklären

> **Ironie verstehen**
>
> **Ironie** ist eine Redeweise, in der **das Gegenteil** des Gesagten gemeint ist, z. B.:
> „Tolles Wetter heute!" (Äußerung einer Person, die von einem Regenschauer überrascht wird)
> „Na, das hast du ja wieder toll hinbekommen!" (zu jemandem, der gerade einen Fehler gemacht hat)
> Beim Sprechen können Betonung und Mimik deutlich machen, dass die Äußerung ironisch gemeint ist.

➔ Satire, S. 111 ff.

Sprachlich genau sein

> Bei einer Textinterpretation gibst du immer auch Teile des gelesenen Textes wieder: direkt (mit Zitaten) oder indirekt (sinngemäße Wiedergabe mit Paraphrasierung). Dabei ist es wichtig, den Sinn der betreffenden Sätze nicht zu verfälschen.

den Inhalt einer Parabel wiedergeben
→ die Parabel, S. 101 ff.

INFO
Franz Kafka (1883–1924) lebte in Prag. Er verdiente sein Geld als Jurist, sah aber seine eigentliche Berufung im Schreiben.

der Schutzmann: Polizist

1 Lies die Parabel und gib kurz wieder, worum es geht.

Franz Kafka
Gib's auf!

Es war sehr früh am Morgen, die Straßen rein und leer, ich ging zum Bahnhof. Als ich eine Turmuhr mit meiner Uhr verglich, sah ich, dass es schon viel später war, als ich geglaubt hatte, ich musste mich sehr beeilen, der Schrecken über diese Entdeckung ließ mich
5   im Weg unsicher werden, ich kannte mich in dieser Stadt noch nicht sehr gut aus, glücklicherweise war ein Schutzmann* in der Nähe, ich lief zu ihm und fragte atemlos nach dem Weg. Er lächelte und sagte: „Von mir willst du den Weg erfahren?" „Ja", sagte ich, „da ich ihn selbst nicht finden kann."
10   „Gib's auf, gib's auf", sagte er und wandte sich mit einem großen Schwunge ab, so wie Leute, die mit ihrem Lachen allein sein wollen.

Einleitungen zu einer Interpretation untersuchen
→ Hinter die Geschichte schauen, S. 101 ff.

2 a) Lies die beiden folgenden Einleitungen zu einer schriftlichen Interpretation der Parabel.

> **A** Die Parabel „Gib's auf!" von Franz Kafka handelt von jemandem, der seine Orientierung schrittweise verliert und keine Hilfe erfährt.

> **B** In der Parabel „Gib's auf!" von Franz Kafka ist jemand orientierungs- und hilflos.

> **C** In der Parabel „Gib's auf!" geht es um Orientierungslosigkeit.

b) Vergleiche die Einleitungen.
– Wie werden jeweils Nomen, Verben und Adjektive verwendet?
– Welche Wirkung entsteht jeweils durch den Sprachgebrauch?

(A) die Orientierung (schrittweise) verlieren …
(B) orientierungslos sein
(C) Orientierungslosigkeit
→ Nomen-Verb-Verbindung in Beispiel A hat die Wirkung, dass …

eine Einleitung schreiben und prüfen

3 a) Schreibe selbst eine Einleitung für eine Interpretation der Parabel.

b) Prüft eure Vorschläge in Partnerarbeit: Treffen die Formulierungen den Inhalt der Parabel genau?

4 Die folgenden Sätze aus einer Inhaltszusammenfassung der Parabel sind zu ungenau.

Formulierungen überarbeiten

Der Ich-Erzähler bemerkt, dass er unpünktlich ist. [...]
Er findet den Weg nicht mehr, weil er so über seine Entdeckung erschrickt. [...]
Der Schutzmann dreht sich schwungvoll weg und lacht alleine vor sich hin. [...]

a) Prüft zunächst:
– Wo kann man ein treffenderes Nomen, Verb oder Adjektiv verwenden?
– Wo sollte man die Satzstruktur verändern?

b) Erarbeitet zu zweit genauere Formulierungen für jeden Satz. Schreibt die überarbeiteten Sätze auf.
Der Ich-Erzähler erschrickt darüber, dass es schon viel später ...

5 a) Benennt in Partnerarbeit die sprachlichen „Schwachstellen" bei den folgenden Deutungsansätzen. Bezieht euch auf bestimmte Wortarten, Wörter, Satzteile.

die Wortwahl verbessern

> **A** Die Sätze sind genauso „verloren" wie der Ich-Erzähler. Am Anfang ist noch alles klar sortiert, dann wird es immer verschachtelter.

> **B** Der Schutzmann ist komisch. Er möchte dem Ich-Erzähler einfach nicht helfen.

b) Formuliert Verbesserungsvorschläge und bezieht euch dabei auf bestimmte Wortarten, Wörter oder Satzteile, z. B.:
Das Pronomen „es" in Beispiel A ist ungenau. Man weiß nicht, ...

c) Überarbeitet die Sätze und schreibt sie neu auf.

Das habe ich gelernt

- Erläutere den Ausdruck „Konnotation" anhand von Beispielen.
- Stelle in einer Tabelle zusammen: Definition, Funktion und Beispiele zu Schlagwörtern und Hochwertwörtern.
- Übertrage die Satzanfänge in dein Heft. Vervollständige die Sätze und ergänze Beispiele.
  – Eine Aussage ist mehrdeutig, wenn ...
  – Eine Aussage ist ironisch, wenn ...
- Das Teilkapitel „Sprachlich genau sein" war für mein eigenes Schreiben hilfreich / nicht hilfreich, weil ...

Schreibe in dein Heft oder Portfolio.

Nachdenken über Sprache

Anwenden und vertiefen

Wortbedeutungen klären

 1 Lies den Text und kläre unbekannte oder schwierige Wörter, z. B. mit Hilfe eines Wörterbuches.

Die Politik will twittern, warum auch immer

[…] Der Internetdienst Twitter ist derzeit in aller Munde. Einzelne Betreiber großer Internetportale halten Twitter für belanglos, Journalisten kritisieren laienhafte Bürgerreporter, Sprachwissenschaftler warnen vor Sprachverfall, PR-Berater empfehlen Twitter-
5 Präsenz für den Bundestagswahlkampf und in den USA kann man als Twitterer angeblich Präsident werden.
So verhasst Twitter den einen ist, so suspekt* ist es den anderen. Genutzt wird es von allen. Man streitet, ob die Suggestion* von Nähe, Unmittelbarkeit und Authentizität* insbesondere den
10 politischen Twitterer zum Erfolg führen oder zumindest unterstützen kann. Doch worum es dabei eigentlich geht, welche Zielgruppen sich über Twitter ansprechen lassen und was genau da eigentlich kommuniziert wird, das kann keiner so recht sagen. Fest steht aber, dass immer mehr Menschen mitmachen. […]
15 Wahl.de erhält täglich Nachricht darüber, dass man „jetzt auch" twittere, und verzeichnet derzeit fast 300 „politische" Accounts (Tendenz ebenfalls stark steigend).
[…]

suspekt: nicht geheuer
die Suggestion: *hier:* Anschein
die Authentizität: Echtheit

sprachliche Merkmale eines Textes benennen

 2 Fasse kurz die sprachlichen Besonderheiten des Textes zusammen. Berücksichtige hierbei, was du in diesem Kapitel gelernt hast.

Hochwertwörter und Schlagwörter bestimmen

3 Untersucht die Sprache des Textes in Partnerarbeit.

a) Nennt ein Beispiel für ein Hochwertwort im Text.

b) Der Text enthält sowohl negativ als auch positiv konnotierte Schlagwörter. Übertragt die Tabelle in eure Hefte und ergänzt zwei Beispiele aus dem Text.

Schlagwort	Konnotation	Funktion
laienhafte Bürgerreporter (Z. 3)…	…	…

Mehrdeutigkeit erfassen

 4 a) Erkläre, worin die Mehrdeutigkeit der folgenden Zeitungsschlagzeile besteht:

> ### Briten planen Einschnitte bei Operationen

eindeutig formulieren

b) Formuliere die Schlagzeile so um, dass deutlich wird, dass es um Einsparmaßnahmen geht.

Grammatik-Check
Den Umgang mit Wortarten, Satzgliedern und Sätzen üben

Im Kaufrausch

Ganz nahe beieinander liegen bei Menschen im Kaufrausch Wahnsinn und Glück. Und das Verkaufen ist das Ziel der Marketingexperten einer Firma. Ihr Job ist es, ein Produkt möglichst erfolgreich an den Kunden zu bringen. Marketingexperten arbeiten mit Neurowissenschaftlern zusammen, die sich mit der Arbeitsweise des Gehirns beschäftigen. Daraus entsteht das so genannte Neuromarketing. Festgestellt wurde z. B., dass Vanilleduft Kundinnen zum Kauf von Kleidung anregt. Die „kauflustigste" Temperatur liegt bei 19 Grad Celsius. Diese Erkenntnisse sind nicht verallgemeinerbar, denn sie gelten nur für eine Mehrheit der untersuchten Personen. Allerdings wurde der Auslöser für den ganz großen Kaufrausch noch nicht gefunden.

Was weißt du schon?

- Lest den Text und arbeitet zu zweit.
  - Schreibt vier bis sechs Wörter heraus, mit denen man das Thema schnell erfassen kann.
  - Bestimmt jeweils die Wortart und prüft, welche überwiegt.
  - Gebt den Textinhalt mit Hilfe dieser Wörter wieder.

- Erstelle eine Wortarten-Übersicht in deinem Heft und notiere Wortbeispiele aus dem Text oben.

Wortarten	
veränderbar	unveränderbar
– Nomen, z. B. der ...	– Konjunktionen, z. B. ...

- Bestimme die Art der markierten Satzverbindungen, z. B.: Satzgefüge: Hauptsatz + Nebensatz (Relativsatz).

Nomen, Pronomen und Adjektive verwenden

Relativpronomen verwenden
→ Pronomen, S. 232

1 a) Eine Alternative zum Kaufrausch? – Lies den Text.

b) Kläre die Bedeutung der markierten Wörter. Notiere eine kurze Erklärung und verwende dabei Relativpronomen. Die Nomen im Kasten helfen dir dabei.
Konsumverzicht bezeichnet ein Verhalten, das ...

das Verhalten	das (unternehmerische) Vorgehen
die Unternehmen	die Handlungen/Tätigkeiten
der Denkprozess	die Wirkung/Auswirkung

Buy Nothing Day

Durch einen Konsumverzicht, der einen Tag dauert, soll gegen ausbeuterische Produktions- und Handelsstrategien internationaler Konzerne protestiert werden. Außerdem soll zum Nachdenken über das persönliche Konsumverhalten und die weltweiten Auswir-
5 kungen angeregt werden. Ein Kaufverhalten des Einzelnen, das zur Reflexion anregt und auf Nachhaltigkeit abzielt, soll somit gefördert werden. Gleichzeitig soll gegen umweltschädliche und unmenschliche Herstellungsbedingungen protestiert werden. Der Buy Nothing Day findet jedes Jahr in den USA Ende November statt.

Nomen und Nominalisierungen verwenden

2 a) Der Buy Nothing Day hat vier Ziele. Notiere diese mit Hilfe prägnanter Nomen bzw. Nominalisierungen, z. B.:
1. Protest gegen ..
– ...

Pronomen verwenden und bestimmen
→ Pronomen, S. 232

HILFE
er: Personalpronomen
ihm: ...

b) Fasse die Ziele des Buy Nothing Days kurz schriftlich zusammen. Setze dazu den folgenden Satz fort und verwende möglichst unterschiedliche Pronomen.
Der Buy Nothing Day hat vier Ziele.
Er dient zum einen ... Zum anderen soll mit ihm ...

c) Bestimme die Art der verwendeten Pronomen.

3 a) Formuliere die folgenden Aufzählungen um, wie im Beispiel angefangen.

> **A** Der Buy Nothing Day ist ein Aktionstag, der zum Nachdenken anregt, den Einzelnen anspricht und internationale Konzerne unter Druck setzt.

> **B** Es geht um den Protest gegen Herstellungsbedingungen, die die Umwelt schädigen und den Menschen ausbeuten.

A Der Buy Nothing Day ist ein zum Nachdenken anregender, den …

b) Vergleiche mit dem Original. Welche Version gefällt dir besser? Begründe.

Nominalstil verwenden und beurteilen

4 a) Schreibe aus dem Text „Buy Nothing Day" auf S. 140 alle Nomen mit begleitenden Adjektiven heraus, z. B.:
ausbeuterische Produktions- und Handelsstrategien, …

b) Prüft in Partnerarbeit, welche der Adjektive sich steigern lassen. Notiert sie, geordnet nach „steigerbar" – „nicht steigerbar".

c) Im dritten Satz des Textes „Buy Nothing Day" auf S. 140 kann man vor den markierten Nomen Adjektive ergänzen.
Wähle passende Adjektive aus und schreibe die Sätze neu auf.

Adjektive als Nomenbegleiter erkennen
→ Adjektiv, S. 230

Adjektive steigern

5 a) Der Informationstext zum Buy Nothing Day auf S. 140 könnte noch einfacher formuliert werden. Prüft zu zweit:
– Auf welche Adjektive kann man verzichten, ohne den Informationsgehalt des Textes zu verändern?
– Wie kann man die Wiederholung von „soll" vermeiden?
– Wo bietet sich ein Wechsel der Wortart an?

b) Überarbeitet den Text und schreibt ihn neu auf.
Durch einen eintägigen Konsumverzicht …

einen Text überarbeiten

6 a) Übernimm die Sätze in dein Heft. Ergänze „ein konsumkritischer Aktionstag" im richtigen Kasus.

> **A** Auch in Deutschland gibt es einen konsumkritischen …
>
> **B** Der Buy Nothing Day ist ….
>
> **C** Manche haben ihr Kaufverhalten dank … geändert.
>
> **D** Viele Menschen verdanken …, dass sie bewusster einkaufen.

b) Bestimme in jedem Satz den Kasus. Formuliere dazu die passenden Fragen, z. B.:
Wen/Was gibt es auch in Deutschland? einen konsumkritischen Aktionstag (Akkusativ)

Nomen im richtigen Kasus verwenden
→ Kasus, S. 230 f.

TIPP
Der Kasus (Fall) richtet sich nach den markierten Ausdrücken. Jeder der vier Fälle wird einmal verwendet.

Nachdenken über Sprache

Mit Verben umgehen

Aktiv- und Passiv-formen bestimmen
→ Aktiv und Passiv, S. 233

1
a) Erkläre einer Lernpartnerin / einem Lernpartner, wie man das Passiv bildet und wo man es sinnvoll verwendet.

b) Bestimme für jeden Satz im Text auf S. 140, ob er im Passiv oder im Aktiv steht.

c) Welche Form überwiegt im Text? Erkläre, ob bzw. warum die Verwendung von Aktiv bzw. Passiv hier sinnvoll ist.

Modalverben erkennen
→ Modalverb, S. 232

d) Nenne das Modalverb, das in den Passivsätzen im Text verwendet wird. Erkläre seine Verwendung.

e) Notiere weitere Modalverben, die du kennst.

Passivsätze umformen

2
a) Formuliere einen Passivsatz aus dem Text um, indem du
– auf das vorhandene Modalverb verzichtest,
– ein anderes Modalverb verwendest,
– den Satz ins Aktiv setzt.

b) Beschreibe, wie sich die Wirkung jeweils verändert.

3 Bilde aus den folgenden Schlagzeilen vollständige Sätze im Passiv und ergänze bei Bedarf fehlende Satzteile. Schreibe die Sätze in dein Heft.
A Beim Buy Nothing Day werden alle zu einem …

A Alle zu eintägigem Konsumverzicht aufgerufen

B Auf umweltschädliche Produkte aufmerksam gemacht

C Öffentlichkeit wachgerüttelt

Zeitformen bilden und verwenden
→ Zeitformen, S. 232

TIPPS
› Achte auf die Zeitangaben.
› In Satz A und B gibt es jeweils zwei Möglichkeiten.

4
a) Ergänze in den folgenden Sätzen das Verb „stattfinden" in der richtigen Zeitform. Schreibe die Sätze auf.

A Bereits 1992 ___ der erste Buy Nothing Day in den USA ___.
B Viele fragen sich, ob auch in den kommenden Jahren ein Buy Nothing Day ___.
C Nachdem der Buy Nothing Day ___, änderten viele Menschen ihr Kaufverhalten.
D Jedes Jahr ___ in den USA ein Buy Nothing Day ___.

b) Arbeitet zu zweit.
– Bestimmt die Zeitform in jedem Satz und erklärt euch gegenseitig ihre Bildung und Verwendung.
– Erklärt, warum in Satz A und B jeweils zwei verschiedene Zeitformen möglich sind.

5 a) Lies die Stellungnahmen zum Buy Nothing Day.

Äußerungen mit Hilfe des Konjunktivs indirekt wiedergeben

Leyla (16, Schülerin): Wer viel konsumiert, schmeißt auch viel weg.

Jonas (30, Bankkaufmann): Wenn Menschen weniger konsumieren, dann leben sie bewusster!

Tim (24, Soziologiestudent): Mich spricht der Buy Nothing Day gar nicht an. Einkaufende Verbraucher kurbeln die Wirtschaft an.

Marie (18, Arzthelferin): Ich habe keine Lust, immer ein schlechtes Gewissen zu haben bei Dingen, die einfach nur Spaß machen, z. B. Shoppen!

b) Schreibe einen kurzen Text, in dem du die Stellungnahmen im Konjunktiv wiedergibst. Schreibe z. B.:

Ob der „Buy Nothing Day", der einmal im Jahr in den USA stattfindet, tatsächlich sinnvoll ist, wird unterschiedlich beurteilt. Leyla (16, Schülerin) gibt zu bedenken, wer viel konsumiere, ...

c) Vergleicht eure Ergebnisse in Partnerarbeit. Erklärt die jeweilige Verwendung des Konjunktivs I und II.

TIPP
Bei einigen Sätzen musst du den Konjunktiv II als Ersatzform für den Konjunktiv I verwenden.
→ Konjunktiv, S. 232 f.

6 a) Tauscht euch in Gruppen über das Thema „Konsumverzicht" aus. Äußert reihum eure Meinung.

b) Gebt eure Äußerungen in der indirekten Rede mit Hilfe des Konjunktivs wieder. Unterstreicht die Konjunktivformen.

HILFE
Leon sagt, auch in Deutschland gebe es ...

7 Stell dir vor, deine Familie beschließt, nur noch das Nötigste einzukaufen und auf nicht lebensnotwendige Konsumgüter zu verzichten.
Was würde geschehen?
Notiere Sätze im Konjunktiv II, z. B.:

Wenn wir nur noch das Lebensnotwendige einkaufen würden, hätten wir ...

den Konjunktiv II verwenden

Nachdenken über Sprache

Mit Satzgliedern und Sätzen umgehen

1 Lies den folgenden Text. Gib den Inhalt kurz wieder.

Anders einkaufen

Viele Menschen entscheiden sich <mark>für eine ganz andere Art des Einkaufens:</mark> Sie schlendern am Wochenende gerne über einen Flohmarkt. Frei von Alltagsstress können <mark>nicht mehr gebrauchte Dinge</mark> neu erworben werden. <mark>Einigen</mark> genügt es aber schon, einfach
5 nur gemütlich durch die Menge zu laufen. <mark>Einer der größten Flohmärkte</mark> befindet sich übrigens <mark>in Paris</mark>. Der Markt im Norden der französischen Hauptstadt ist 15 Kilometer lang. Jährlich interessieren sich <mark>11 Millionen Besucher</mark> <mark>für diesen besonderen Markt</mark>. Sie besuchen <mark>Galerien und Kunsthändler</mark>, von denen ganze 1500 auf
10 dem Flohmarkt vertreten sind. Damit <mark>gehört</mark> der Markt <mark>zu den vier meistbesuchten Touristenzielen</mark> in ganz Frankreich.

Satzglieder erfragen, bestimmen und umstellen
→ Satzglieder, S. 235 f.

2 a) Bestimmt in Partnerarbeit alle markierten Satzglieder im Text.
Wofür entscheiden sich viele Menschen?
→ Präpositionalobjekt
Wer/Was kann ...

b) Erfragt möglichst viele weitere Satzglieder.
Schreibt sie zusammen mit den Fragen auf.

c) Stellt im zweiten Satz (*Sie ...*) die Satzglieder um.
Schreibt den neuen Satz auf.

d) Stellt die Satzglieder im sechsten Satz (*Der Markt ...*) so um, dass eine Frage entsteht. Schreibt sie auf.

3 a) Nenne die Sätze im Text, die folgende Fragen beantworten:
– Wo befindet sich einer der größten Flohmärkte?
– Was gehört zu den meistbesuchten Touristenzielen in Frankreich?

b) Stelle die Satzglieder der Sätze so um, dass die Antwort auf die Frage gleich an erster Stelle steht. Schreibe in dein Heft.

Kommas setzen
→ S. 169 ff., 241

4 Der folgende Text erklärt kurz die Geschichte des Internet-Auktionshauses „eBay".

a) Schreibe den Text ab und setze alle fehlenden Kommas.

Wie eBay entstand – Flohmarkt im 21. Jahrhundert

Die Grundidee des amerikanischen Unternehmens eBay besteht darin dass man Dinge im Internet kostengünstig ersteigern kann. Das Konzept ist auch deswegen erfolgreich weil man bequem von zu Hause kaufen oder verkaufen kann. Gegründet wurde „eBay" 1995 von Pierre Omidyar der bis heute mit seiner Idee Milliarden verdient.

b) Arbeitet zu zweit.
- Unterstreicht Haupt- und Nebensätze verschiedenfarbig.
- Erklärt euch gegenseitig den Unterschied zwischen den beiden Satztypen.
- Bestimmt jeweils die Art der Satzverknüpfung, z.B.:
  Satzgefüge: Hauptsatz, Nebensatz (dass-Satz), …

Haupt- und Nebensätze bestimmen
→ Satzarten, S. 236 f.

5 a) Schreibe den ersten Satz aus dem Text in Aufgabe 4 (S. 144) so um, dass ein Infinitivsatz entsteht. Ein Hinweis: Dabei wird der *dass*-Satz ersetzt.

b) Welche Formulierung gefällt dir besser? Begründe.

→ Infinitivsätze, S. 171, 241

6 a) Lies die Fortsetzung des Textes, bei der ebenfalls Überarbeitungsbedarf besteht.

Der Programmierer aus San Francisco/USA hatte die Idee einen möglichst effizienten Marktplatz für Privatleute zu entwickeln. Diese erprobte er neben seinem Beruf also sozusagen als Hobby. Er entwarf ein Programm mit dem Versteigerungen über das Internet möglich wurden. Der Name „eBay" entstand erst später. Zu Beginn hieß das Unternehmen noch „Auction Web". Der Gründer ist bei eBay weiterhin sehr einflussreich. In der Öffentlichkeit ist er kaum bekannt.

b) Überarbeite den Text und schreibe ihn neu auf.
- Setze die fehlenden Kommas.
- Verknüpfe an zwei Stellen Sätze sinnvoll mit Hilfe von Konjunktionen.

einen Text überarbeiten

c) Prüft in Partnerarbeit alle Satzverknüpfungen, die ihr verwendet habt. Bestimmt sie jeweils.

7 Formuliere deine Meinung zu dem im Text beschriebenen Sachverhalt. Verwende passende *dass*-Sätze, z.B.:
Es ist erstaunlich, dass Pierre Omidyar mit seiner einfachen Idee so viel Geld verdient hat.
…

***dass*-Sätze bilden**

Attribute erkennen
→ Attribut, S. 236

8 a) Schreibe die folgenden Sätze ab. Rahme jeweils das Attribut zu den unterstrichenen Satzgliedern ein.

A Das vor Jahren gegründete Unternehmen kann auf eine Erfolgsgeschichte zurückblicken.

B Beim Stöbern entdeckte Dinge können bequem von zu Hause aus ersteigert werden.

C Das vom Gründer entwickelte Programm ermöglicht Versteigerungen über das Internet.

Relativsätze bilden
→ Relativsatz, S. 237, 241

b) Ersetze die Attribute durch einen Relativsatz. Schreibe in dein Heft und rahme den Relativsatz ein.
Das Unternehmen, das vor ...

Relativsätze ersetzen

c) Gehe nun umgekehrt vor: Ersetze die folgenden Relativsätze durch ein kürzeres Attribut.
Die ganz neue und ungewöhnliche Idee kam ...

A Die Idee, die ganz neu und ungewöhnlich war, kam bei vielen Menschen gut an.

B Der Gründer, der in der Öffentlichkeit kaum bekannt ist, ist nach wie vor einflussreich.

C Flohmärkte, die ganz gewöhnlich sind, werden aber nach wie vor gut besucht.

D Mit Gegenständen, die nicht mehr gebraucht werden, wird wohl auch in Zukunft gehandelt werden.

Das habe ich gelernt

Konsumverzicht nützt der Umwelt. Viele Menschen kaufen nach einem Buy Nothing Day bewusster ein.

- Bestimme die Wortarten aller Wörter in den Sätzen oben.
- Bestimme in den beiden Sätzen alle Satzglieder.
- Setze die Sätze in eine andere Zeitform. Erfinde einen Kontext, in dem das sinnvoll wäre.
- Verbinde die beiden Sätze sinnvoll. Bestimme die Art der Satzverknüpfung.
- Setze den zweiten Satz ins Passiv.
- Erstelle eine Übersicht: „Wortarten, Satzglieder und Satzverknüpfungen: Das kann ich schon – das muss ich noch üben".

Schreibe in dein Heft oder Portfolio.

Nachdenken über Sprache

Anwenden und vertiefen

Tauschen statt wegwerfen?

Sollte man die alte Kaffeemaschine, die nutzlos auf dem Dachboden herumsteht, einfach in den Müll werfen? Und wer braucht schon zwei Bohrmaschinen? Spätestens beim nächsten großen Aufräumen stellt man sich solche Fragen. Schließlich besitzt jeder Gegenstände, die er eigentlich nicht mehr braucht. Es wäre zu schade, sie wegzuwerfen, weil sie noch voll funktionsfähig sind. Das Internet hält die perfekte Lösung parat. Bei Tauschnetzwerken finden die alte Kaffeemaschine und die zweite Bohrmaschine schnell einen Abnehmer.

1 a) Schreibe die markierten Nomen im Text mit den Begleitern bzw. Nomensignalen untereinander.

b) Bestimme die Wortart dieser Wörter (Adjektiv, Artikel, Pronomen, …), z. B.:
– *die alte Kaffeemaschine (Artikel, Adjektiv, Nomen)*
– …

Nomensignale erkennen

Wortarten bestimmen

2 a) Notiere die Aussage, die auf das unterstrichene Satzgefüge oben zutrifft: Das Satzgefüge enthält …
A ein Possessivpronomen.
B ein Demonstrativpronomen.
C ein Relativpronomen.
D keine Pronomen.

b) Schreibe aus dem Text weitere Beispiele für Pronomen heraus und bestimme sie.

Pronomen bestimmen

3 Übertrage den folgenden Text in dein Heft und ergänze die Nomen und ihre Begleitwörter im richtigen Kasus. Vermerke jeweils in Klammern den Kasus: N (Nominativ), G (Genitiv), D (Dativ) oder A (Akkusativ), z. B.:
Das Konsumverhalten vieler Menschen (G) geht …

Das Konsumverhalten (viele Menschen) geht häufig zulasten (die Umwelt). Viele Verbraucher übersehen den Wert (nicht mehr gebrauchte Dinge) und überlassen sie (der Müll). Tauschbörsen kommen daher nicht nur (die Umwelt) zugute, sondern auch (der Geldbeutel). Sie ermöglichen (viele Nutzer), (gebrauchte Dinge) auszutauschen und gleichzeitig (die Umwelt) zu schonen.

Nomen im richtigen Kasus verwenden

die Zeitform eines Textes bestimmen

4 a) In welcher Zeitform steht der Text?
Notiere den entsprechenden Buchstaben.
A Präteritum **B** Präsens **C** Perfekt **D** Futur

b) Erkläre, warum diese Zeitform zum Text passt.

Zeitformen passend verwenden

5 a) Informiere dich über das Thema „Tauschen und Tauschbörsen" und schreibe einen kurzen Text darüber.
Verwende darin unterschiedliche Zeitformen, z. B.:
Bevor es eine Geldwährung gab, tauschten Menschen Waren untereinander aus. …
Heute gibt es …

b) Bestimme in jedem Satz deines Textes die Zeitform.

Satzglieder bestimmen

6 a) Lies die Fortsetzung des Textes aus Aufgabe 3 von der vorigen Seite.
Bestimme alle markierten Satzglieder.
dort: Adverbialbestimmung des Ortes

(1) In erster Linie ums Tauschen geht es dem Internetanbieter „Netcycler". (2) Teilweise werden <mark>dort</mark> aber auch Dinge verschenkt. (3) Im persönlichen Profil gibt man <mark>Tauschwünsche und Tauschgesuche</mark> an. (4) Nach Abschluss des Tausches einigt man sich dann <mark>auf einen gemeinsamen Treffpunkt</mark>. (5) Bei „Netcycler" gibt es <mark>jetzt</mark> eine neue Funktion. (6) <mark>Mit dieser Funktion</mark> können Nutzer im Tausch einen kleinen Spendenbeitrag für den NABU* festlegen.
(7) <mark>Viele</mark> haben damit bereits <mark>auf nachhaltige Weise</mark> konsumiert.
(8) Gleichzeitig haben sie <mark>die praktische Arbeit des NABU für mehr Umwelt- und Naturschutz</mark> unterstützt. (9) <mark>Im Internet</mark> gibt es auch Angebote regional organisierter Verschenk- und Tauschbörsen.

NABU (Naturschutzbund): nichtstaatliche Umweltschutzorganisation

Satzglieder funktional anordnen

b) Stelle die Satzglieder des ersten Satzes so um, dass sofort klar ist, um welchen Internetanbieter es im Text geht.

c) Stelle die Satzglieder im letzten Satz so um, dass eine Frage entsteht.
Schreibe den Satz neu auf.

Sätze verknüpfen

7 a) Verdeutliche den Textzusammenhang bei Aufgabe 6, indem du die Sätze 1/2, 5/6 und 7/8 miteinander verknüpfst.
Schreibe den Text neu auf.

b) Bestimme beim überarbeiteten Text die Art der Satzverknüpfungen.
Übertrage in dein Heft und ergänze: Satzreihe (SR) oder Satzgefüge (SG)?
Satz 1 und 2 ▭   Satz 5 und 6 ▭   Satz 7 und 8 ▭

c) Tauscht euch über eure überarbeiteten Sätze in Partnerarbeit aus:
– Wie seid ihr vorgegangen?
– Wie unterscheiden sich Satzreihe und Satzgefüge?

Treffend formulieren
Texte überarbeiten

Franz Kafka
Der Steuermann (1920)

„Bin ich nicht Steuermann?", rief ich. „Du?", fragte ein dunkler, hochgewachsener Mann und strich sich mit der Hand über die Augen, als verscheuche er einen Traum. Ich war am Steuer gestanden in der dunklen Nacht, die schwach brennende Laterne über meinem Kopf, und nun war dieser Mann gekommen und wollte mich beiseiteschieben. Und da ich nicht wich, setzte er mir den Fuß auf die Brust und trat mich langsam nieder, während ich noch immer an den Stäben des Steuerrades hing und beim Niederfallen es ganz herumriss. Da aber fasste es der Mann, brachte es in Ordnung, mich aber stieß er weg. Doch ich besann mich bald, lief zu der Luke*, die in den Mannschaftsraum führte, und rief: „Mannschaft! Kameraden! Kommt schnell! Ei...

„Bin ich nicht Steuermann?" (Z.1), ruft der Ich-Erzähler zu Beginn der Parabel und zeigt damit, dass er sich seiner Aufgabe nicht sicher ist. Trotzdem steuert der Ich-Erzähler ein Schiff „in der dunklen Nacht, die schwach brennende Laterne" (Z.4) über seinem Kopf. Der Ich-Erzähler scheint ein Mensch zu sein, der seiner Situation ausgeliefert ist und seine Orientierung verloren hat. Als ihn der aus der Dunkelheit kommende Mann beiseiteschieben will, möchte der Ich-Erzähler dennoch nicht weichen. Daraufhin setzt sich der Mann brutal zur Wehr: „Und da ich nicht wich, setzte er mir den Fuß auf die Brust und trat mich langsam nieder" (Z. 6f.). Der Ich-Erzähler wehrt sich nicht, sinkt kraftlos zur Seite und bringt das Schiff, da er das Steuer nicht loslassen will, vom Kurs ab (vgl. Z. 6–9). Gerettet wird die Situation durch den Mann, der ihm die Führung abnimmt und schließlich ganz hinausdrängt: „Da aber fasste es der Mann, brachte es in Ordnung, mich aber stieß er weg" (Z. 9f.). Der Konflikt zwischen diesen beiden ungleichen Figuren könnte dafür stehen, dass

Was weißt du schon?

- Der Auszug aus einer Interpretation der Parabel „Der Steuermann" thematisiert die Beziehung zwischen den Figuren.
 – Lies nochmals die Parabel auf Seite 102 f.
 – Prüfe, wie in der Interpretation Textstellen wiedergegeben werden. Was müsste hierbei verbessert werden?

- In diesem Schülerband werden mehrere zentrale Schreibaufgaben geübt.
 – Erstelle eine Übersicht dazu in Partnerarbeit:
  einen informativen Text verfassen, ...
 – Welche sprachlichen Aspekte müsst ihr jeweils besonders beachten? Notiert Stichworte, z.B.: *sachlich und adressatengerecht formulieren,...*

Nachdenken über Sprache

Textstellen treffend wiedergeben

direktes Zitat und indirekte Wiedergabe vergleichen
➔ Zitieren, S. 245

1 Textstellen können in einer schriftlichen Interpretation direkt zitiert oder indirekt wiedergegeben werden.

a) Lies folgende Beispiele und vergleiche mit der Textvorlage auf S. 102.

> **A1** Der Ich-Erzähler „war am Steuer gestanden in der dunklen Nacht" (Z. 3 f.) und steuert ein schwach beleuchtetes Schiff.

> **A2** Der Ich-Erzähler steuert in der dunklen Nacht ein schwach beleuchtetes Schiff.

> **B1** Ein „dunkler, hochgewachsener Mann" (Z. 1 f.) taucht auf und will den Ich-Erzähler von seinem Platz vertreiben.

> **B2** Ein dunkel aussehender, großer Mann taucht auf und will den Ich-Erzähler von seinem Platz vertreiben.

b) Ordne zu, wie jeweils auf die Textstelle eingegangen wird:
– direktes Zitat
– indirekte Wiedergabe

c) Welche Form eignet sich deiner Meinung nach jeweils besser zur Wiedergabe dieser Textstelle? Begründe deine Meinung.

A1: korrekt übernommenes Zitat, aber Plusquamperfekt im Zitat passt schlecht zum Tempus der Textinterpretation

Textstellen treffend wiedergeben
➔ Zitieren, S. 245

2 a) Wähle eine weitere Textstelle aus der Parabel und gib sie treffend wieder.

b) Vergleicht in Partnerarbeit. Überarbeitet bei Bedarf eure Formulierungen.

> **❗ Textstellen treffend wiedergeben**
> - Für die angemessene Wiedergabe von Textstellen ist die Wahl **treffender Verben und Adjektive** wichtig, z. B.:
>   „[...] als er befehlend sagte: ‚Stört mich nicht!' [...]" (Z. 27 f.)
>   → Er _befiehlt_ der Mannschaft, _ihn nicht zu stören_. /
>   Er _verbietet_ der Mannschaft, _ihn zu stören_.
> - Besonders prägnante Textstellen sollten in einer Interpretation **direkt zitiert** werden.
> - Die **Unterscheidung zwischen Textwiedergabe und Textdeutung** sollte klar sein.

Nachdenken über Sprache

3 a) Lies nochmals folgende Textstelle: „Sie nickten, aber Blicke hatten sie nur für den Fremden […]." (Z. 20 ff.)

b) Diese Textstelle wird unten unterschiedlich wiedergegeben. Ordne jedem Satz eine Einschätzung zu und begründe. Gehe auch auf die Rolle der Verben und Adjektive ein.

A *Die Mannschaft erkennt ihn an, betrachtet aber den Fremden.*

B *Die Mannschaft bejaht seine Frage, schaut aber nur noch den Fremden an.*

C *Die Mannschaft stimmt nur vordergründig zu, denn in dem Fremden erkennt sie schon den neuen Steuermann.*

1 Der Satz ist sprachlich nicht genau genug und gibt deshalb den Inhalt der Textstelle nicht treffend wieder.

2 Dieser Satz ist mehr als eine Umschreibung, er interpretiert bereits die Textstelle.

3 Dieser Satz ist sprachlich genau und gibt den Inhalt der Textstelle treffend wieder.

die indirekte Wiedergabe von Textstellen prüfen

4 a) Lies die beiden Auszüge aus einer Interpretation der Parabel „Der Steuermann" von Franz Kafka (S. 102).

> **A** *Der Ich-Erzähler ist ziemlich aufgebracht und ruft seine Mannschaft zu sich. Diese ist genauso schwach und hilflos wie er. Dies verdeutlicht folgende Textstelle: „Langsam kamen sie, stiegen auf aus der Schiffstreppe, schwankende, müde, mächtige Gestalten" (Z. 17–21).*

> **B** *Der Ich-Erzähler, der von seinem Steuer verdrängt wird, erinnert sich an seine Mannschaft und ruft sie zu sich. Diese scheint verschlafen, aber nicht kraftlos zu sein, wie folgende Textstelle zeigt: „Langsam kamen sie, stiegen auf aus der Schiffstreppe, schwankend müde mächtige Gestalten" (Z. 17–21).*

b) Welcher Auszug wird der betreffenden Stelle in der Parabel sprachlich am besten gerecht? Erkläre, welche Rolle hierbei die Wortwahl spielt.

Auszüge aus einer Interpretation untersuchen

TIPP
Achte darauf, mit welchen Adjektiven der Ich-Erzähler die „Gestalten" beschreibt und wie in der Interpretation darauf Bezug genommen wird.

Den Stil einer Textvorlage beachten

1 a) Lies den Anfang der Kurzgeschichte „Der Filialleiter" auf Seite 54, Aufg. 1.
Lies anschließend die folgenden Auszüge aus zwei Fortsetzungen zur Geschichte.

> **A** „Maria-Lisa!", entfuhr es dem Filialleiter erneut. Noch immer hatte er mit zittriger Hand den Unterarm seiner Frau umfasst. Und noch immer stand er mit beiden Füßen in dem roten Plastikeimerchen, im lauwarmen Kamillenbad. Seine Frau saß weiterhin neben ihm und
> 5 zeigte keinerlei Regung. Nur eine lächelte: die Bildschirm-Maria-Lisa. Der Filialleiter ließ den Arm seiner Frau los und lehnte sich zurück. Langsam ließ das Zittern in seiner Hand nach. Er sah seine Frau von der Seite an. Sie hatte wieder ihr Was-darfs-denn-sein-Gesicht aufgesetzt und blickte weiter auf den Bildschirm. Maria-Lisa war immer noch zu
> 10 sehen. Immer noch in Großaufnahme. Seine Frau hatte tatsächlich von „Ekel" gesprochen. Langsam schloss er die Augen. [...]

> **B** Willy merkte, wie er wütend wurde. Mit einem Ruck riss er die Hand von ihr los und sprang auf. Mit knallrotem Gesicht schrie er seine Frau an: „Was soll das denn? Bist du jetzt komplett übergeschnappt?!" Maria-Lisa sah ihn an und sprang ebenfalls auf. Zu allem Überfluss fiel
> 5 auch noch der Eimer um und ruinierte den Teppich. Willy war das egal. Seiner Frau anscheinend auch. „Damit hättest du wohl nicht gerechnet, was?", giftete sie zurück. Willy starrte sie wutentbrannt an. Ihm war klar, dass eine Entscheidung anstand. Hier. Jetzt. Sofort. Willy lief zum Fernseher und schaltete ihn aus. „Das ist wirklich das
> 10 Allerletzte", schrie er aufgebracht und zischte: „Das wirst du noch bereuen!" „Willst du mir etwa drohen ...?", begann Maria-Lisa, aber Willy war schon auf dem Sprung zur Tür. Er griff sich den Haustürschlüssel und [...]

b) Tauscht euch in Partnerarbeit darüber aus, welche Fortsetzung sprachlich gelungener ist. Begründet eure Wahl.

2 a) Erarbeitet zu zweit, wie in Fortsetzung A (S. 152, Aufg. 1) Inhalt und Stil der Kurzgeschichte von Hürlimann berücksichtigt werden. Geht auf Wortwahl, Satzbau und den Umgang mit wörtlicher Rede ein und gebt jeweils die Zeilen an.
– <u>Wortwahl</u>:
Nomen und Verben aus der Vorlage übernommen, z. B. „Filialleiter" (z. B. Z. 1), „entfuhr" (Z. 1); ...
– <u>Satzbau</u>:
ähnlich wie in Vorlage (Satzlänge, -bau), z. B. Z. ...
– <u>Umgang mit wörtlicher Rede</u>: ...
– <u>Inhalt</u>: ...

b) An welchen Stellen hättet ihr anders formuliert? Begründet.

---

die Sprachgestaltung von Texten vergleichen und beurteilen

→ Satzglieder und Sätze, S. 144 ff., 235 ff.

3 a) Klärt in Partnerarbeit den Überarbeitungsbedarf in Fortsetzung B. Notiert stichpunktartig Verbesserungsvorschläge und gebt jeweils die Zeilen an.

eine Fortsetzung überarbeiten

TIPP
Nutzt eure Ergebnisse aus Aufgabe 2.

Wortwahl:
- *„Filialleiter" statt „Willy" (Z. 1, ...)*
- *...*

b) Tauscht euch über die Wirkung der Änderungen aus, z. B. die Änderung der Wortwahl oder das Reduzieren von wörtlicher Figurenrede.
- *„Filialleiter" statt „Willy" stellt Distanz zur Figur her, weil ...*
- *Der Verzicht auf wörtliche Rede in Beispiel A hat zur Folge, dass ...*

c) Überarbeite Fortsetzung B und schreibe sie neu auf.

d) Prüft eure Überarbeitungen in Partnerarbeit.

Den Stil einer Vorlage erfassen und beachten

- Die **sprachliche Gestaltung** eines Textes hat immer auch eine **inhaltliche Bedeutung.**
  So kann z. B. der Verzicht auf wörtliche Rede die Sprachlosigkeit zwischen literarischen Figuren verdeutlichen.
- Beim Schreiben der **Fortsetzung eines Textes** ist es wichtig, den **Stil der Vorlage nachzuahmen,** z. B. durch
- Verwendung ähnlicher Verben, Nomen, Adjektive,
- ähnlichen Satzbau (Satzlänge, -verknüpfung, ...),
- Einsatz von wörtlicher Rede wie in der Vorlage.

---

4 a) Lies den folgenden Auszug aus einer Fortsetzung zur Kurzgeschichte „Der Filialleiter" (S. 54 f.).

> *Der Filialleiter konnte nicht glauben, was seine Frau getan hatte. Er war immer noch zu Tode erschrocken, und nur mit Mühe gelang es ihm, seine Augen zu öffnen. Sein Blick fiel auf die Bildschirm-Maria-Lisa, die fröhlich über ihre Ehe plauderte. „Ja, nichts, wirklich nichts*
> 5 *empfinde ich!", wiederholte sie auf Nachfrage der Moderatorin. Diese glotzte schadenfroh in die Kamera.*
> *Plötzlich kam Leben in die echte Maria-Lisa. Sie zog langsam die Füße aus dem Plastikeimerchen und wickelte sie in ein Handtuch. Wie in Zeitlupe drehte sie sich zu ihrem Mann um: „Ich glaube, wir müssen*
> 10 *uns mal unterhalten ...!" [...]*

b) Prüfe, inwieweit Inhalt und Stil der Kurzgeschichte berücksichtigt werden. Begründe deine Meinung und führe Textbelege an.

Sachlich, knapp und im richtigen Tempus formulieren

den Textinhalt wiedergeben

1 Lest die Kurzgeschichte „Die ungezählte Geliebte" auf Seite 105 ff. Gebt euch in Partnerarbeit gegenseitig den Inhalt wieder.

eine Textzusammenfassung prüfen

2 a) Lies den folgenden Auszug aus einer Inhaltszusammenfassung der Kurzgeschichte.

> Die Kurzgeschichte „Die ungezählte Geliebte" von Heinrich Böll handelt von dem Umgang des Einzelnen mit der Obrigkeit und der Macht der Liebe.
> Der Ich-Erzähler hat von seinen Vorgesetzten die überflüssige Aufgabe
> 5 erhalten, alle Personen, die über eine Brücke gehen, zu zählen. Präsentiert er seinen ahnungslosen Vorgesetzten nach getaner Arbeit die Zahlen, reagieren sie total begeistert. Je höher die Zahlen sind, desto mehr strahlen ihre Gesichter.
> Der Ich-Erzähler war aber ziemlich gerissen und verschwieg, dass die
> 10 Statistik nicht stimmt, da er immer wieder einige Menschen, die über die Brücke gingen, absichtlich unterschlug oder welche dazuerfand. Hinzu kommt, dass der Ich-Erzähler in dem Moment aufhört zu zählen, in dem seine Geliebte die Brücke überquert. Bei ihrem Anblick wird er völlig unkonzentriert und fängt erst wieder an zu zählen, wenn sie
> 15 vorübergegangen ist. Ihm ist bewusst, dass er in sie verliebt ist, sie aber nichts davon weiß und es auch nicht erfahren soll.
> Als der Ich-Erzähler eines Tages von seinen Vorgesetzten kontrolliert wurde ...

b) Prüft in Partnerarbeit, ob dieser Auszug den Inhalt der Kurzgeschichte sprachlich angemessen wiedergibt.
– Arbeitet mit einer Kopie des Textes.
– Notiert am linken Rand, was ihr gelungen findet.
– Formuliert am rechten Rand stichpunktartig, was verbessert werden sollte.

eine Checkliste anlegen
→ Texte schriftlich zusammenfassen, S. 224

3 Wiederholt gemeinsam, was ihr beim Schreiben einer Textzusammenfassung beachten müsst. Erstellt eine Checkliste, z. B.:

> Einleitung
> ○ Infos wie Textsorte, Titel, ...?
> ○ knapp und ...?
>
> Hauptteil
> ○ alles Wichtige in der richtigen ...?
> ○ Einzelheiten ...?
> ○ ...

Nachdenken über Sprache

4 Mit Hilfe eurer Checkliste aus Aufgabe 3 (S.154) könnt ihr die Textzusammenfassung ein zweites Mal gezielt prüfen.

Verbesserungsvorschläge erarbeiten

  a) Verteilt in der Gruppe Schwerpunkte der Überprüfung und erarbeitet Verbesserungsvorschläge.

  b) Stellt euch eure Ergebnisse gegenseitig vor und begründet sie, z.B.:

> *umgangssprachlich*
>
> *Präsentiert er seinen ahnungslosen Vorgesetzten nach getaner Arbeit die Zahlen, reagieren sie ~~total~~ begeistert. ~~Je höher die Zahlen sind, desto mehr strahlen ihre Gesichter.~~*
>
> *zu viele Einzelheiten*

  c) Überarbeite die Textzusammenfassung anhand der Verbesserungsvorschläge und schreibe den Text neu auf.
  Präsentiert er seinen ahnungslosen Vorgesetzten nach getaner Arbeit die Zahlen, reagieren sie ganz begeistert. …

eine Textzusammenfassung überarbeiten

> ❗ **Sachlich, knapp und im richtigen Tempus formulieren**
>
> Die **Zusammenfassung** eines literarischen Textes soll die Handlung sowie Informationen zu den literarischen Figuren **sachlich und knapp** darstellen. Wichtig ist dabei,
> - im Hauptteil das Geschehen knapp und in chronologischer **Reihenfolge** wiederzugeben,
> - auf überflüssige **Einzelheiten zu verzichten,**
> - sich **sachlich** auszudrücken,
> - das **Tempus** (Präsens) einzuhalten und die Zeitenfolge zu beachten (Ereignisse vor der eigentlichen Handlung des Textes im Perfekt wiedergeben).

5 a) Der folgende Schluss einer Textzusammenfassung zu „Die ungezählte Geliebte" geht auf einzelne Figuren ein. Der Text ist noch nicht genau genug geschrieben. Stelle Überarbeitungsbedarf fest und notiere Verbesserungsvorschläge.

> *Heinrich Böll erzählt die Geschichte eines Menschen, der sich gegen Vorgesetzte zur Wehr setzt. Der Ich-Erzähler ist dabei überhaupt nicht angepasst, sondern sehr kreativ und einfallsreich. Das finde ich überzeugend. Es ist außerdem interessant, wie Böll die Vorgesetzten des Ich-Erzählers darstellt. Auf diese Weise stehen sich zwei Charaktertypen gegenüber. …*

  b) Vergleicht eure Anmerkungen und Vorschläge in Partnerarbeit.

  c) Schreibe den Schluss so um, dass er inhaltlich sowie sprachlich genau und gut verständlich ist.

Nachdenken über Sprache

Den Textzusammenhang deutlich machen

→ Informative Texte verfassen, S. 27 ff., 35 ff., 221 f.

1 Lies den Auszug aus einem informativen Text zum Thema „Mülltaucher" und notiere deinen ersten Leseeindruck. Ist der Text gelungen?

> **Leben aus dem Müll**
> Bis zu 20 Millionen Tonnen Lebensmittel werden jedes Jahr in Deutschland weggeworfen. Dagegen wehren sich die „Mülltaucher". Sie leben von dem, was die Supermärkte in ihre Müllcontainer werfen. Es geht nicht nur um leicht verderbliche Waren wie Obst und Gemüse
> 5 oder Milchprodukte. Diese Produkte werden häufig von den Supermärkten entsorgt. Häufig werden auch Konserven, Öl, Gewürze, sogar Kleidung weggeworfen. Auch die sind in den Containern zu finden. Für die Gesundheit riskant wird es nur dann, wenn die gefundenen Nahrungsmittel nicht gründlich abgewaschen werden. Außerdem
> 10 können die meisten Sachen selbst mit abgelaufenem Haltbarkeitsdatum noch bedenkenlos gegessen werden. Das Mindesthaltbarkeitsdatum ist nur ein Richtdatum. Das Richtdatum garantiert, dass die Ware bis zu einem Datum gewisse Eigenschaften besitzt. [...]

Verbesserungsvorschläge formulieren

2 Ein informativer Text sollte leserfreundlich verfasst sein, indem z. B. die Sätze sinnvoll miteinander verbunden sind, unnötige Wiederholungen vermieden werden usw.

a) Notiert in Partnerarbeit, welche „Schwachstellen" der vorliegende Textauszug hat, z. B.:
– *Einige Sätze ...*
– ...

b) Formuliert Verbesserungsvorschläge, z. B.:
– *Durch Pronomen ...*
– *Mit Konjunktionen ...*

3 Vergleicht die folgenden Überarbeitungen mit dem Originaltext in Aufgabe 1 (S.156). Beschreibt jeweils:
- Wie wurde überarbeitet?
- Welche Vorzüge hat die Überarbeitung (z. B. deutlicher Textzusammenhang, Lesefreundlichkeit ...)?

Textüberarbeitungen beurteilen

A1 *Diese Produkte und auch Konserven, Öl, Gewürze, sogar Kleidung werden häufig von den Supermärkten entsorgt.*

B1 *Das Mindesthaltbarkeitsdatum ist nur ein Richtdatum, das garantiert, dass die Ware bis zu einem Datum gewisse Eigenschaften besitzt.*

A2 *Diese Produkte werden häufig von den Supermärkten entsorgt, genauso Konserven, Öl, Gewürze, sogar Kleidung.*

B2 *Das Mindesthaltbarkeitsdatum ist nur ein Richtdatum. Es garantiert, dass die Ware bis zu einem Datum gewisse Eigenschaften besitzt.*

4 Überarbeite den Text aus Aufgabe 1 (S.156). Schreibe ihn neu auf.

einen Text überarbeiten

Den Textzusammenhang deutlich machen

Der sinngemäße **Zusammenhang** zwischen Sätzen und damit eines gesamten Textes sollte sprachlich deutlich gemacht werden.
- **Satzverknüpfungen,** z. B.:
  Waren landen auf dem Müll. Sie sind noch haltbar.
  → *Waren, die noch haltbar sind, landen auf dem Müll.*
  (Hauptsatz + eingeschobener Relativsatz)
  → *Waren landen auf dem Müll, obwohl sie noch haltbar sind.*
  (Hauptsatz + konzessiver Nebensatz)
- **Pronomen,** z. B.:
  Viele werfen Waren fort. Diese/Sie ...
- Gerade komplexe Sachverhalte sollte man in kurzen, verständlichen Sätzen darstellen und „Schachtelsätze" mit vielen Nebensätzen vermeiden.

Das habe ich gelernt

- Formuliere zu jeder in diesem Kapitel thematisierten Textsorte „Tipps zur Überarbeitung".

- Schreibe die folgenden Sätze ab und ergänze:
- Für das Schreiben eigener Texte war in diesem Kapitel für mich besonders hilfreich: ...
- Daran muss ich noch arbeiten: ...

Schreibe in dein Heft oder Portfolio.

Nachdenken über Sprache

Anwenden und vertiefen

Der folgende Textauszug soll die Leser/innen einer Schülerzeitung über Lebensmittelverschwendung in Deutschland informieren.

> *Viele werden es nicht glauben, aber allein in Deutschland werden zwischen 10 und 20 Millionen Tonnen Lebensmittel pro Jahr weggeworfen! Auch in vielen Privathaushalten werden Lebensmittel weggeworden. Diese Lebensmittel sind aber eigentlich noch ziemlich in*
> 5 *Ordnung und müssten nicht weggeworfen werden. Aber auch im Supermarkt selbst werden Lebensmittel weggeworfen. Die Märkte können diese einfach nicht verkaufen. Sie entsprechen nicht den Wünschen der Kunden. Die Kunden sind total anspruchsvoll. Keiner kauft ein Produkt, das in zwei Tagen abläuft. Möglichst frisch und*
> 10 *makellos soll es sein. Alles andere landet auf dem Müll. […]*

Nachdenken über Sprache

einen Text prüfen und überarbeiten

1 a) Erarbeitet zu zweit, in welchen Bereichen beim Text oben Überarbeitungsbedarf besteht. Folgende Fragen helfen euch dabei:
– Ist der Text sachlich formuliert?
– Wurde Umgangssprache vermieden?
– Sind die Sätze sinnvoll verknüpft?
– Wurden Wortwiederholungen vermieden?

b) Notiert Verbesserungsvorschläge, z. B.:
– Wörter wie „total" und „ziemlich" ersetzen
– …

c) Überarbeite den Text und schreibe ihn neu auf.

d) Vergleicht eure Ergebnisse in Partnerarbeit und berücksichtigt sinnvolle Hinweise.

einen Text prüfen und überarbeiten

2 a) Überarbeite den Text und schreibe ihn neu auf. Beachte hierbei die sprachlichen Besonderheiten, die für einen informativen Text gelten.

b) Vergleicht eure Ergebnisse in Partnerarbeit und berücksichtigt sinnvolle Hinweise.

Richtig schreiben – gewusst wie!
Rechtschreiben üben und Rechtschreibstrategien nutzen

A die Adresse, aggressiv, asozial, die Attrappe
B bisschen, bombardieren, bestmöglich
D detailliert
E endgültig
G gesät, grölen, gesponsert
H hältst
K die Kenntnis, der Kreißsaal
N niesen
O original
P projizieren
R die Religiosität, das Rückgrat
S seit (gestern), stopp, separat, der Standard
T todschick
U unentgeltlich
V das Verlies, die Verwandtschaft, voraus
W widerspiegeln

todschick

tod-/tot-, Tod-/Tot-

Zusammensetzungen mit »Tod«:
- Mit *d* schreibt man Zusammensetzungen, die das Substantiv *Tod* als Bestimmungswort haben: *todbereit* (zum Tode bereit), *todgeweiht; Todfeind, Todsünde, Todkranker.*
- In vielen Fällen dient das Wort nur als Verstärkung des Ausdrucks mit der Bedeutung »sehr, äußerst«: *todblass, todernst, todkrank, todmüde, todunglücklich.*

Zusammensetzungen mit »tot«:
- Mit *t* schreibt man Zusammensetzungen, die das Adjektiv *tot* als Bestimmungswort haben: *sich totarbeiten, totfahren, totsagen, totschießen, tottreten; Totgeburt, Totgeglaubter, Totschlag.*

Was weißt du schon?

- Diktiert euch in Partnerarbeit alle Wörter gegenseitig und korrigiert euch anschließend. Markiert in jedem Wort, wo eine Rechtschreibhürde sein könnte.

- Beschreibe an einigen Beispielen, wie du vorgehen kannst, um die richtige Schreibung zu klären, z. B.:
  du häl(?)st: halten → du hältst

- Tragt Strategien zusammen, mit denen ihr eure Texte auf Fehler hin überprüfen könnt:
  – *Groß- und Kleinschreibung prüfen: Artikelprobe ...*

- Für wie gut hältst du deine eigene Rechtschreibleistung? Begründe.

- Diskutiert: Wie wichtig ist es, in der Rechtschreibung sicher zu sein? Stützt eure Argumente mit Beispielen.

Fehlerquellen erkennen und Rechtschreibstrategien nutzen

Rechtschreibung im Partnerdiktat üben
→ S. 238

1 a) Diktiert euch den Text im Partnerdiktat. Alternativ oder zusätzlich könnt ihr z. B. die Texte auf folgenden Seiten für Partnerdiktate nutzen: S. 134 u., 138, 139, 140, 144.

Weltwunder der Antike

Die „Sieben Weltwunder der Antike" wurden zum ersten Mal von einem Schriftsteller im zweiten Jahrhundert vor Christus erwähnt. Bei allen handelt es sich um beeindruckende Bauwerke, die bis heute nichts von ihrer Berühmtheit eingebüßt haben. Nur die
5 Pyramiden von Gizeh* existieren noch. Sie gehören zu den berühmtesten und ältesten erhaltenen Bauwerken der Menschheit.

Gizeh: Stadt in Ägypten am Ufer des Nils

Aber was ist eigentlich ein „Weltwunder"? Allgemein gilt die Definition, dass ein
10 Weltwunder ein außergewöhnliches Bau- oder Kunstwerk ist. Ein Weltwunder baut man nicht mal eben so. Und es bringt
15 die Menschen aller Kulturen über Jahrhunderte immer wieder aufs Neue zum

die UNESCO: Organisation der Vereinten Nationen für Erziehung, Wissenschaft und Kultur

Staunen. Auch die UNESCO* setzt sich für das Weltkulturerbe und Weltnaturerbe ein. Sie bemüht sich um den Erhalt einzigartiger
20 historischer Denkmäler und Landschaften. Zu diesen Bauwerken zählen auch die Pyramiden. Sie wurden vor 4500 Jahren gebaut und gehören seit 1979 zum Weltkulturerbe.

b) Kontrolliert euch gegenseitig mit Hilfe des Originaltextes. Unterstreicht Fehlerwörter.

eine Fehleranalyse durchführen
→ S. 238

2 a) Untersuche deine Fehlerwörter und lege eine Tabelle zur Fehleranalyse an. Ordne dabei die Fehlerwörter den Bereichen aus der Randspalte zu.

INFO
typische Fehlerschwerpunkte:
› Flüchtigkeitsfehler
› Groß- und Kleinschreibung
› Getrennt- und Zusammenschreibung
› Kommasetzung
› s-Laute
› ähnlich klingende Laute wie *p/b, k/g*
› *dass/das*
› Fremdwörter

korrigiertes Fehlerwort	Fehlerart / Erklärung	Wie vermeide ich den Fehler?
…	…	…

b) Nimm weitere, von dir verfasste und korrigierte Texte zur Hand und ergänze die Tabelle.

c) Stelle fest: Wo bist du schon sicher? Was musst du noch üben?

Das kann ich:
– Nomen großschreiben
– …

Das übe ich noch:
– …

3 Überprüfe anhand der Tabelle, mit welcher Strategie du deine Fehler jeweils vermeiden kannst.

Strategien zur Rechtschreibung nutzen
→ S. 238 f.

Fehlerschwerpunkt	Beispiele	Strategie zur Fehlervermeidung
Groß- und Kleinschreibung		
• Nomen	die ▪lanung	• Achte auf Nomensuffixe: -ung, -keit ...
• Nominalisierung (z. B. Verb, Adjektiv)	beim ▪aufen etwas ▪leines	• Achte auf Nomenbegleiter/ -signale: beim, am, etwas, viel ...
• Tageszeiten und Wochentage	▪orgens am ▪onntag	• Wende die Artikel- oder Pluralprobe an.
Fremdwörter	inte▪igent Disku▪ion	Schlage im Wörterbuch nach.
Getrenntschreibung		
• Nomen + Verb	Mofa fahren	Meist schreibt man die genannten Verbindungen getrennt. Schlage im Zweifelsfall im Wörterbuch nach.
• Verb + Verb	schwimmen lernen	
• Adjektiv + Verb	tief fallen	
• Verbindungen mit sein	bereit sein	
Gleich und ähnlich klingende Laute		
ä und e	ver▪chtlich	• Suche verwandte Wörter: Achtung, verachten → verächtlich
äu und eu	ber▪en	
d und t	han▪lich	• Verlängere das Wort: runder → rund
g und k	der Ber▪	• Beginnt das Wort mit ver-, vor-, viel-, voll?
b und p	das Kal▪	
v und f	die Har▪e die ▪orsicht ▪erzehren	• Schlage im Zweifelsfall nach.
dass (Konjunktion)	Ich denke, dass ... Da▪ er das behauptet, bedeutet noch nicht, da▪ es stimmt.	• Achte auf typische Satzanfänge: Sie meint, dass ... / Es ist klar, dass ... • Mache die Ersatzprobe mit welches.
Kommasetzung		
• in Satzreihen	Er schläft, aber sie liest.	• Achte auf Konjunktionen: aber, denn, doch, dass, weil, wenn ...
• im Satzgefüge	Sie liest, während er schläft, ein Buch.	• Achte auf einleitende Wörter in Infinitivsätzen: um, ohne, statt, als ...
• beim Infinitivsatz	Es gibt für sie nichts Schöneres, als zu lesen.	• Achte auf Relativpronomen: die, der, das, welcher ...
• beim Relativsatz	Sie liebt Bücher, die richtig packend sind.	

4 a) Ermittelt in Partnerarbeit die richtige Schreibung der Beispielwörter, die in der Tabelle aufgeführt sind. Wendet die Rechtschreibstrategien in der rechten Spalte an.

b) Notiert mindestens zwei weitere Beispiele für jeden Schwerpunkt.

Richtig schreiben

Groß- und Kleinschreibung

Wortarten bestimmen und Nominalisierungen erkennen
→ Wortarten, S. 230 ff.

TIPPS
- **Achte auf Nomensuffixe:**
  -ung, -keit, -tum, -nis, -schaft, -heit.
- **Achte auf Begleitwörter von Nomen:**
  – Artikel (*ein, beim = bei dem …*).
  – Pronomen (*dieses, unser …*),
  – Mengenangaben (*viele, einige …*),
  – Adjektive (*das große Haus*)
  – Manchmal müssen Begleitwörter dazugedacht werden: *Ich erlebte dort (viel) Schönes.*
- **Mache die Artikel- oder Pluralprobe:**
  Drittel – das Drittel, die Drittel → Es handelt sich um ein Nomen.

1 a) Lies die Überschrift und den ersten Teil des folgenden Textes. Fasse knapp zusammen, was an Masdar City besonders ist.

Autos ohne Benzin

Wäre das nicht etwas ganz besonders **FORTSCHRITTLICHES**? Elektroautos, die automatisch und wie auf Schienen von einem Ort der Stadt zum anderen fahren … Man braucht niemanden zum **GASGEBEN**, niemanden zum **LENKEN**, man muss sich nur hinein-
5 setzen und fahren lassen …
Am **ENTSTEHEN** ist so etwas **WUNDERSAM KLINGENDES** bereits: in Masdar City, der ersten Stadt der Welt, die ohne Abgase Auskommen soll. Die zukunftsweisende Stadt im Golfemirat Abu Dhabi soll nach ihrer **FERTIGSTELLUNG** mit einem Viertel der
10 Energie auskommen, die normalerweise in der Gegend verbraucht wird. Beim **VERBRAUCHEN** von Energie wäre Masdar City dann **VORBILDLICH** in der Region.

b) Ordne jedem markierten Begriff zu, worum es sich handelt:
A Nomen, B nominalisiertes Adjektiv, C nominalisiertes Verb, D Adjektiv.

c) Übertrage den Text in der richtigen Schreibung in dein Heft. Vergleicht eure Lösungen in Partnerarbeit.

2 a) Lies, was in Masdar City unter der Erde geplant ist. Gib es kurz mit eigenen Worten wieder.

DAS EIGENTLICH SENSATIONELLE SOLL ES UNTERIRDISCH GEBEN: KLEINE ELEKTROMOBILE ZUM UMHERFAHREN IN DER GANZEN STADT. GEPLANT IST DAS EINRICHTEN VON VIELEN HUNDERT HALTEBOXEN IM GESAMTEN STADTGEBIET, DIE MIT EINER ART
5 SCHIENENSYSTEM VERBUNDEN SIND. ZUM STARTEN GIBT MAN AUF DEM TOUCHSCREEN DAS ZIEL EIN UND TIPPT AUF „OK". BEIM FAHREN AUF DEN VORGEZEICHNETEN BAHNEN
10 WERDEN 40 KM/H NICHT ÜBERSCHRITTEN.

Richtig schreiben

AM ZIEL SUCHT DAS ELEKTROAUTO SICH SELBSTSTÄNDIG EINE
LEERE HALTESTELLE ZUM NACHLADEN DER BATTERIE. „RAPID
PERSONAL TRANSIT" NENNT SICH DIESE ART DES FORTBEWEGENS
15 – INDIVIDUELL UND DOCH NICHT SELBST GESTEUERT. IM MOMENT
IST DIE IDEE DAS NEUESTE. NOCH IST SIE ZUKUNFTSMUSIK, DA DIE
STADT ERST 2026 IN BETRIEB GENOMMEN WERDEN SOLL.

b) Der Text enthält zahlreiche Nominalisierungen. Schreibe sie mit ihren Begleitwörtern aus dem Text heraus und unterstreiche die Begleitwörter.
– *das eigentlich* Sensationelle

c) Schreibe den Text in der richtigen Groß- und Kleinschreibung in dein Heft.

3 Verwende die Nominalisierungen aus dem Wörterkasten, um passende Sätze zum Thema oben zu formulieren.
Unterstreiche die Nominalisierungen mit ihren Begleitwörtern.
Man kann allerlei Wissenswertes zum Thema Auto lesen.

Nominalisierungen verwenden

| allerlei Wissenswertes | etwas unglaublich Neues | alles Gute |
| nichts Aktuelles | wenig Genaues | |

4 a) Lest den Schülerkommentar zum Thema „Elektroauto für alle".
Sprecht darüber, ob und wie sich euer Alltag mit diesem Transportmittel verändern würde.

die Schreibung von Zeitangaben üben

CHAUFFEUR AM MORGEN

ICH LAS GESTERN MORGEN IN DER ZEITUNG ÜBER ELEKTROAUTOS
OHNE FAHRER. WÄRE DAS TOLL! ICH WÜRDE MORGENS IN ALLER
RUHE FRÜHSTÜCKEN, OHNE DARAN ZU DENKEN, DASS ICH
UM HALB ACHT ZUM BUS HETZEN MUSS. VIELMEHR WÜRDE ICH
5 KURZ VOR ACHT ZU MEINEM ELEKTOMOBIL SCHLENDERN UND
MICH ZUR SCHULE BRINGEN LASSEN. ICH WÜRDE DIENSTAGS
NACH DEM SPORT ENTSPANNT ZUR HALTESTELLE SCHLENDERN.
AM DONNERSTAGNACHMITTAG WÜRDE ICH NICHT WIE IMMER
UM DREI UHR IM STAU STEHEN, SONDERN GEMÄCHLICH ZUM
10 ORCHESTER FAHREN. UND AM WOCHENENDE HÄTTE ICH AUCH
NACHTS KEINE ANGST VOR DEM HEIMWEG.

INFO
> **Groß** schreibt man Zeitangaben, die als Nomen auftreten: *der Montag, am Mittwoch, am Montagmorgen, heute Morgen, gestern Abend*
> **Klein** schreibt man:
– Zeitadverbien (oft mit -s): *heute, morgen, vormittags, donnerstags …*
– Uhrzeitangaben: *Es ist halb fünf.*
→ Zeitangaben, S. 241

b) Klärt in Partnerarbeit, wie die markierten Zeitangaben geschrieben werden: groß oder klein?

c) Nennt alle Nomen im Text mit ihren Nomenbegleitern.

d) Diktiert euch den Text im Partnerdiktat und kontrolliert euch anschließend gegenseitig.

5 Schreibe einen eigenen Text über deinen tatsächlichen oder vorgestellten Wochenablauf. Verwende Zeitangaben und prüfe die Schreibung mit Hilfe des Orientierungswissens.

Richtig schreiben

Feste Wendungen

Es gibt eine ganze Reihe von sprachlichen Wendungen, die man oft braucht und deren Schreibung man sich merken sollte.

Wendungen mit Nomen kennen und verwenden

1 a) Lies die festen Gefüge mit einem Nomen als Bestandteil, die im linken Kasten aufgeführt werden.

feste Wendung	
außer Acht (lassen)	das Wichtigste
Bescheid geben	Ich soll baldmöglichst ...
des Weiteren	wurde gesagt, dass ...
im Allgemeinen	... gilt, dass ...
im Besonderen	... ist uns wichtig ...
im Einzelnen	... habe ich geprüft, ob ...
im Folgenden	... sende ich Ihnen ...
im Übrigen	... finde ich, dass ...
im Grunde	... bin ich der Ansicht, dass ...
in Betracht ziehen	alle Möglichkeiten
in Kauf nehmen	Umwege und Probleme
Wert legen auf etwas	Freundlichkeit und Pünktlichkeit
zu Ende	bringen
zu Hilfe	eilen
zur Not	tut es auch ...
zur Seite	stehen

b) Bilde sinnvolle Sätze mit den festen Wendungen im linken Kasten sowie dem Wortmaterial im rechten Kasten.
– Formuliere bei Bedarf um oder ergänze.
– Schreibe die Sätze in dein Heft.
– Unterstreiche die feste Wendung.
Wir dürfen natürlich nicht das Wichtigste außer Acht lassen.

Wendungen mit Kleinschreibung kennen

2 Bei einigen festen Wendungen schreibt man alle Bestandteile klein. Schreibe je ein Satzbeispiel zu den im Kasten aufgeführten Wendungen in dein Heft. Unterstreiche die feste Wendung.
Es ist wohl am besten, wenn ich mir eine Pause gönne.

am besten   am meisten   über kurz oder lang   von vorn(e)herein

3 a) Schreibe zu fünf festen Wendungen aus den Aufgaben 1 und 2 weitere Satzbeispiele auf.

b) Diktiert euch eure Sätze im Partnerdiktat und kontrolliert sie.

Fremdwörter

1 a) Lest den folgenden Text, der mit Fremdwörtern gespickt ist. Klärt unbekannte Wörter in Partnerarbeit aus dem Kontext und schlagt bei Bedarf im Wörterbuch nach.

Fremdwörter im Wörterbuch nachschlagen

Mobilmacher

Darüber lohnt es sich zu reflektieren: Welche Technik müssen wir entwickeln, damit wir künftig noch so mobil sind wie heute – ohne dass explodierende Treibstoffpreise uns paralysieren oder der Planet an Emissionen zugrunde geht?
5 Die Organisation von Verkehr ist heute ebenso zu einer expandierenden Technologie geworden wie die Konstruktion neuer, energiesparender Maschinen. Alle beeilen sich, auf diesem Gebiet Kompetenzen zu erwerben.
So gibt es immer wieder Novitäten auf der
10 Straße: Fahrräder mit elektrischem Hilfsmotor oder effiziente Minifahrzeuge, die ideal für kurze Citystrecken und limitierte Parkplätze sind. Sie könnten die Ikonen einer neuen Ära der Mobilität werden.
15 Der intermodale Verkehr wird zunehmen. Intermodal bedeutet, dass man auf einer Reise mehrere Verkehrsmittel kombiniert. So verschmelzen öffentlicher Transport und individueller Verkehr. Der eigene Wagen vor der Haustür? Der ist dann passé. Schon jetzt kann ja jeder Großstadtbewohner, der ein
20 Auto von A–Z braucht, die zahlreichen Möglichkeiten des Car-Sharing nutzen.
Wie aber weiß man, welche Transportlösung gerade die schnellste, bequemste und preisgünstigste ist? Auch hier hilft die Technologie: mit praktischen Taschengeräten, die Fahrplan, Staumelder, Ticket-
25 automat und Stadtplan in einem sind.

b) Übernimm die Tabelle in dein Heft. Trage möglichst viele Fremdwörter aus dem Text ein.

Fremdwörter nach Wortarten ordnen

TIPP
Einige Fremdwörter kommen als Wortbestandteile vor, z. B. *mobil*.

Nomen	Verb	Adjektiv
die Technik	reflektieren	mobil
…	…	…

c) Notiere zu zehn Fremdwörtern je ein verwandtes Wort, z. B. *technisch, die Technologie*.

Fremdwortfamilien bilden

TIPP
Einige Wörter verändern ihren Stamm: *reflektieren – die Reflexion*.

2 Viele Fremdwörter erkennt man an typischen Suffixen, d. h. Endsilben. Notiert zu zweit jeweils 10–15 Fremdwörter zu den folgenden Suffixen:
-ik: die Fabrik, die Logik, …
-ion: die Addition, die Lektion, die Nation, …
-ieren: organisieren, reparieren, …

Richtig schreiben

Getrennt oder zusammen?

Wortverbindungen mit Verben bestimmen

INFO
Wortverbindungen mit einem Verb schreibt man meist getrennt. Schlage im Zweifelsfall im Wörterbuch nach.

1 a) Lies den folgenden Text. Gib seinen Inhalt kurz mit eigenen Worten wieder.

Sollte man vor der Zukunft Angst haben? Werden die Menschen nur noch in ihrer Freizeit Rad fahren und nur längere Strecken zu Fuß zurücklegen, wenn sie spazieren gehen? Denn zumindest in den Städten, so stellen einige Forscher es sich vor, könnte man Elektromobile frei nutzen. Da würden viele ihr Rad gleich stehen lassen ... Obwohl viele Entwickler hart arbeiten, fehlt bislang das Wichtigste: die Möglichkeit, den hohen Strombedarf auch unterwegs zu decken. Noch müssen wir also zufrieden sein mit dem, was wir haben. Oder sollten wir froh sein, wenn es ganz anders kommt?

b) Übertrage die Tabelle in dein Heft. Suche aus dem Text die Beispiele für die Wortverbindungen heraus und trage sie ein.

Nomen + Verb	Verb + Verb	Adjektiv + Verb	Verbindungen mit *sein*
Angst haben ...	...	...	...

INFO
Verbindungen mit *sein* werden immer getrennt geschrieben: *dabei sein, da sein ...*

2 Sortiere auch die folgenden Wortverbindungen in die Tabelle aus Aufgabe 1 ein.

> offen reden   fertig sein   schätzen lernen   dabei sein
> schreiben lernen   Schlittschuh laufen   warten lassen
> schnell laufen   Ball spielen   da sein   Not leiden

Wortverbindungen mit Verben verwenden

3 Schreibe die folgenden Sätze ab und vervollständige sie mit den passenden Wortverbindungen aus dem Kasten.

> ruhig bleiben   still sein   laut sprechen   schmutzig machen
> aus sein

Das Licht sollte ▪, wenn du gehst.
Wenn es hektisch wird, sollte man selbst ▪.
Ich sollte mich heute nicht ▪, ich gehe später aus.
Du musst ▪, ich muss mich konzentrieren.
Wenn du den Vortrag hältst, solltest du ▪.

❗ Wortverbindungen mit Verben

Wortverbindungen mit einem Verb schreibt man meist getrennt, z. B.:
- *Du musst keine **Angst haben**.*   Nomen + Verb
- *Sie sollte mehr **lesen üben**.*   Verb + Verb
- *Hier kann man sehr **tief tauchen**.*   Adjektiv + Verb
- *Sie wollten **zusammen sein**.*   Verbindung mit *sein*

Richtig schreiben

4 Nur einige besondere Verbindungen aus Nomen und Verb schreibt man zusammen.

besondere Fälle der Nomen-Verb-Verbindung richtig schreiben

a) Schreibe die folgenden Wörter in dein Heft.

> handhaben   heimgehen   irreführen   kopfrechnen   leidtun
> lobpreisen   preisgeben   schlussfolgern   sonnenbaden
> standhalten   teilhaben   teilnehmen   wettmachen

b) Erklärt in Partnerarbeit die Bedeutung der Wörter, indem ihr sie mündlich in einem Beispielsatz verwendet.

c) Schreibe mit fünf der Verben Beispielsätze in dein Heft.
Wie handhaben wir das am besten?

TIPP
Verwende Modalverben: *Du kannst/sollst/wirst heimgehen.*

5 a) Informiere dich im Merkkasten über besondere Verbindungen mit Verben, die zusammengeschrieben werden.

> **Besondere Verbindungen mit Verben**
> Nur besondere Verbindungen mit Verben schreibt man zusammen:
> - **Nomen + Verb:** Wenn ein Nomen verblasst ist oder in Verbindung mit dem Verb seine Eigenständigkeit verloren hat, schreibt man zusammen, z. B.: *Er wird Heiligabend heimfahren*.
> - **Adjektiv + Verb:** Entsteht durch die Verbindung ein Wort mit übertragener (nicht wörtlicher) Bedeutung, schreibt man zusammen, z. B.: *Dieses Missverständnis musst du richtigstellen*. Beim Sprechen liegt die Hauptbetonung auf dem Adjektiv.
> - **Adverb + Verb:** Entsteht durch die Verbindung ein Wort mit übertragener Bedeutung, schreibt man zusammen, z. B.:
> *Wir müssen uns mit der Frage auseinandersetzen*.
> (Bedeutung: über Inhalte streiten, diskutieren)
> *Wir sollten in dieser Diskussion endlich vorwärtskommen*.
> (Bedeutung: sich über etwas einigen, etwas lösen)

INFO
Adjektiv-Verb-Verbindungen mit übertragener Bedeutung:
> *festnehmen*
> *kürzertreten*
> *hellsehen*
> *schwarzarbeiten*
> *sich schwertun*
> *sichergehen*
> …

Adverb-Verb-Verbindungen mit übertragener Bedeutung:
> *zusammenbleiben*
> *wiederkommen*
> *dabeisitzen*
> *zusammenfassen*
> *zusammenschreiben*
> …

b) Erklärt euch gegenseitig die Regeln im Merkkasten anhand von Beispielen aus der Randspalte.

6 a) Schreibe die Sätze in der richtigen Schreibweise in dein Heft.
– *Wir werden immer zusammen⏐halten.*
– *Ich lasse mich besser krank⏐schreiben.*
– *Wir könnten den schweren Schrank vielleicht zusammen⏐halten.*
– *Kannst du den Platz neben dir frei⏐halten?*
– *Leider müssen wir den unrentablen Laden dicht⏐machen.*
– *Man kann eine Klausur doch unmöglich krank⏐schreiben.*
– *Jemanden frei⏐halten bedeutet, die Rechnung für ihn zu bezahlen.*
– *Wir müssen das beschädigte Fass wieder dicht⏐machen.*

Wortverbindungen mit Verben richtig schreiben

b) Formuliert in Partnerarbeit weitere Sätze nach diesem Muster mit den folgenden Verben: *sichergehen, zusammenbleiben, wiederkommen, zusammenschreiben.*

Richtig schreiben

Gleich und ähnlich klingende Laute

gleich und ähnlich klingende Laute richtig schreiben
→ Rechtschreibproben, S. 239

TIPPS
- **Verlängerungsprobe:** Verlängere das Wort und sprich es deutlich aus: *Hu(b/p)konzert* verlängern: *hupen* (deutliches p) → *Hupkonzert*
- **Ableitungsprobe:** Suche ein verwandtes Wort, bei dessen Schreibung du dir sicher bist: *kaltschn(äu/eu)zig*; verwandtes Wort: *Schnauze* → *kaltschnäuzig*
- **Zerlegeprobe:** Trenne Wortbestandteile ab: *ver/laufen*, *vor/geben*, *viel/fach*

1 a) Lies den Text laut und ergänze beim Lesen möglichst die fehlenden Laute.

Gesundheitsüberwachung

Das Geheimnis eines __ielleicht __iel l__ngeren Lebens heißt PHS6000. Es sieht so __hnlich aus wie ein iPad, ist aber wulsti__ statt flach und edel. Dieses Gerät sagt z. B.: „Guten Morgen, machen Sie sich ferti__, es ist Zeit zu essen." Oder: „Seien Sie nicht fahrlässi__,
5 befolgen Sie meinen Ra__ und machen Sie h__te Sport!" PHS6000 l__sst seinen Besitzer nicht aus den Augen. Es ist drah__los mit der Waage im Badezimmer __erbunden und weiß, wie __iel gegessen wir__. Das Gerät
10 empf__ngt auch Informationen von anderen Geräten, die z. B. den Blutdruck messen. Es sende__ diese Daten an eine Ärztin oder einen Arzt zur
15 Auswertung.
Das neuartige Produkt ist Teil einer neuen Art von Techni__, nämlich der „Fernüberwachung von Gesundheitsdaten". In den USA hofft man auf großen Erfol__:
20 Wenn gef__hrliche Krankheiten __iel früher erkannt werden, könnte das zu einem insgesam__ besseren Gesundheitszustan__ in der Bevölkerung beitragen.

b) Manche Laute klingen gleich, werden aber nicht gleich geschrieben: *Wände/Wende, häufig/heute, Hemd/Welt*. Schreibe die Lückenwörter aus dem Text heraus und kläre die Schreibung. Nutze die Übersicht auf Seite 161, die Hinweise in der Randspalte und schlage bei Bedarf im Wörterbuch nach.
...*ielleicht —> f oder v?*
Wortzusammensetzung mit viel —> vielleicht

Wörter mit *end/ent* und *wider/wieder* richtig schreiben

TIPP
- Die Vorsilbe *-end* ist vom Wort *Ende* abgeleitet, z. B.: *beenden, Endstation*.
- Das Wort *wieder* bedeutet „noch einmal, neu", z. B.: *Wiederaufbau, wiedersehen*.
- Mit *wider* ist oft „gegen" gemeint, z. B.: *Widerstand, widerstreben*.

2 Manche Laute klingen gleich oder ähnlich, werden aber unterschiedlich geschrieben.

a) Schreibe die Sätze in der richtigen Schreibweise in dein Heft. Begründe deine Schreibung.

> Die Trennung ist dieses Mal en__gültig. Ich habe mich __schieden!

> Bitte w__dersprich nicht immer. Und bitte w__derhole nicht alles.

b) Formuliert zu zweit weitere Sätze mit den Wörtern aus der Randspalte und übt im Partnerdiktat.

Kommas richtig setzen

Kommas in Satzreihen und Satzgefügen

1 a) Lies den Text, der nur aus einfachen Sätzen besteht.
Erkläre, woran du einfache Sätze wie auch Hauptsätze erkennst.

b) Forme je zwei Sätze in eine Satzreihe oder in ein Satzgefüge um.
Schreibe in dein Heft und setze die nötigen Kommas.
Bertrand Piccard hat ein Flugzeug bauen lassen, bei dem es sich aber nicht um …

Sonnensegler

Bertrand Piccard hat ein Flugzeug bauen lassen. Es handelt sich aber nicht um eine gewöhnliche Propellermaschine. Piccards Flugzeug wird von 12 000 Solarzellen angetrieben. Sie befinden sich auf dem Rumpf und auf den Flügeln.
5 Im Mai 2011 unternahm dieses Solarflugzeug den ersten internationalen Solarflug. Er ging von Bern nach Brüssel. Piccard möchte das Flugreisen vor seinem sicheren Ende retten. Der Treibstoff Kerosin wird in Zukunft unbezahlbar werden. Schon heute zerstören die Abgase moderner Linienmaschinen
10 den Planeten. Sie werden es in Zukunft noch stärker tun.

> **Satzreihen und -gefüge bilden und Kommas setzen**
>
> **INFO**
> **Satzreihe** (HS+HS):
> Zwei oder mehr Hauptsätze werden miteinander verknüpft:
> *Viele fliegen, denn das spart Zeit.*
> **Satzgefüge** (HS+NS):
> Haupt- und Nebensatz werden miteinander verknüpft:
> *Viele fliegen, weil das Zeit spart.*

❗ Kommas in Satzreihen und Satzgefügen

In einer **Satzreihe** werden die Hauptsätze durch ein Komma getrennt, z. B.:   Hauptsatz   +   Hauptsatz
Die Erfindung ist wichtig, denn sie rettet den Luftverkehr.
Vor *und/oder* muss in der Satzreihe **kein Komma** gesetzt werden:
Die Erfindung ist sensationell (,) *und sie stößt bei vielen auf Interesse.*

In einem **Satzgefüge** werden Haupt- und Nebensätze durch ein Komma abgetrennt, z. B.:
         Hauptsatz   +   Nebensatz
Die Erfindung ist wichtig, weil sie den Luftverkehr rettet.

Der Nebensatz kann auch eingeschoben sein, z. B.:
Dieses Flugzeug, das ohne Kerosin fliegt, ist sensationell.
(eingeschobener Nebensatz)

> **TIPPS**
> ▸ Achte auf **unterordnende Konjunktionen:** *als, dass, falls, obwohl, weil, wenn …*
> ▸ Achte auf **Relativpronomen,** die einen Nebensatz einleiten: *der, die, das; dessen; für die, mit denen …*

Kommas in Satzreihen und -gefügen setzen

2 a) Schreibe den Text ab und setze die fehlenden Kommas.

b) Notiere zu jedem Satz die Erklärung für die Kommasetzung.

Bisher allerdings kann der Sonnenflieger nicht als Linienverkehrsflugzeug eingesetzt werden da nur ein einziger Mensch an Bord passt. Das Gerät wäre zwar groß genug weil es die Spannweite eines Airbus 340 hat der normalerweise bis zu 380 Sitzplätze hat. Aber Solarzellen sammeln nicht die Menge an Energie die ein so großes Flugzeug brauchen würde. Kein Mensch kann schätzen ob es wirklich eines Tages Solar-Linienflugzeuge geben wird. Vielleicht sind die Flugzeuge der Zukunft wieder Zeppeline oder vielleicht werden sie von etwas ganz anderem als Solarkraft angetrieben?

Einschübe und Nachträge abtrennen

Kommas bei Einschüben und Nachträgen setzen

3 a) Übernimm die folgenden Sätze in dein Heft.

b) Unterstreiche zusätzliche Informationen im Satz, die eingeschoben oder nachgetragen sind, und ergänze die nötigen Kommas.
1) Es gibt sie schon, die Erfolg versprechende Wunderpflanze.
…

Wunderpflanzen

1 Es gibt sie schon die Erfolg versprechende Wunderpflanze.
2 Die Pflanze hoffen ihre Erfinder kann Menschen vor Blindheit und Mangelernährung bewahren.
3 Dabei ist ihr Name Golden Rice das heißt „goldener Reis" treffend gewählt.
4 Die Pflanze produziert wie man unschwer erkennen kann gelbe Reiskörner und ist viel Geld wert.
5 Der Reis enthält Vitamine insbesondere das lebensnotwendige Vitamin A.
6 Allerdings gilt die Pflanze als umstritten und zwar bei Gegnern der Gentechnik.

 Kommas bei Einschüben und Nachträgen

Zusätzliche Informationen zu einem Satz werden durch ein **Komma** abgetrennt; sind sie eingeschoben, setzt man zwei Kommas, z. B.:
Die Produktion von Nahrungsmitteln muss gesteigert werden, und zwar erheblich.
Durch eine sparsamere Lebensweise, insbesondere im Hinblick auf den Fleischkonsum und die dafür benötigten Landflächen, könnten wir schon einiges verbessern.

TIPP
Nachgestellte Erläuterungen erkennt man oft an **einleitenden Wörtern**:
also, insbesondere, nämlich, und zwar, vor allem, zum Beispiel (z. B.) …

Kommas bei Infinitivgruppen

4 a) Lies den Merkkasten.

b) Begründe, warum in Satz A ein Komma stehen muss, während man das Komma in Satz B auch weglassen kann.
A Unser Körper benötigt Vitamin A, um Blindheit oder gar den Tod durch Mangelernährung zu verhindern.
B Die Forschung hofft (,) mit dem Wunderreis helfen zu können.

> **Kommas bei Infinitivgruppen**
>
> Eine Infinitivgruppe muss durch ein **Komma** abgetrennt werden, wenn sie …
> - durch *um, ohne, statt, anstatt, außer, als* eingeleitet wird, z. B.:
>   *Sie forscht, um zu helfen. Er arbeitet, ohne sich eine Pause zu gönnen.*
> - von einem hinweisenden Wort abhängt, z. B.:
>   *Wir träumen davon, bald am Ziel zu sein.*
> - von einem Nomen abhängt, z. B.:
>   *Sie hatten den Traum, der Menschheit zu helfen.*
>
> In allen anderen Fällen gilt: Ein **Komma kann,** muss aber nicht gesetzt werden, z. B.:
> *Ich empfehle dir (,) mehr zu üben.*
> *Spaß daran (,) Abenteuerbücher zu lesen (,) hatte ich schon seit der zweiten Klasse.*

die Kommasetzung bei Infinitivgruppen erklären

INFO
Infinitivgruppen übernehmen die **Funktion von Nebensätzen**. Sie bestehen aus einem Infinitiv mit *zu* und mindestens einem weiteren Wort, z. B.:
Es war ihr wichtig, ihnen zu helfen.
Er nahm an der Aktion teil, um seinen Protest zu zeigen.

5 Schreibe den folgenden Text in dein Heft und ergänze die fehlenden Kommas.

Kommas bei Infinitivgruppen richtig setzen

Aber: Der rettende Reis wird nicht angenommen

1 Zum einen müsste er weiß sein um akzeptiert zu werden.
2 Zum anderen ist er gentechnisch verändert worden, was weltweit zunehmend auf Kritik stößt: Auch in Ländern wie China und Indien wollen Menschen satt werden ohne gentechnisch verändertes Essen zu sich nehmen zu müssen.
3 Gegner der Gentechnik gehen dort auf die Straße in der Hoffnung von möglichst vielen Menschen gehört zu werden.
4 Die Erfinder des „Golden Rice" sind jedoch davon überzeugt irgendwann durchschlagenden Erfolg zu haben.

6 a) Formuliere fünf weitere Beispielsätze zu den im Merkkasten genannten Fällen.

b) Diktiert euch eure Sätze gegenseitig in Partnerarbeit. Überprüft die Schreibung mit Hilfe des Merkkastens.

Sätze mit Infinitivgruppen bilden

Richtig schreiben

Den Bindestrich richtig setzen

Funktionen des Bindestrichs kennen

1 a) In der Werbung werden häufig Wortzusammensetzungen ähnlich den farbig markierten verwendet. Erklärt, welche Funktion der Bindestrich in den Beispielen aus der Werbung hat. Nutzt dazu auch den Merkkasten.

> … ein super Preis-Leistungs-Verhältnis!
>
> … mit weichem Leinen-Baumwoll-Mischgewebe
>
> Die neuen City-Taschen sind da!
>
> Schluss mit Vitamin-C-Mangel!
>
> der neue Spar-Tarif
>
> Outdoor-Boots 129,99 €

Schreibungen mit Bindestrich prüfen

b) Sammelt weitere Beispiele für die Verwendung des Bindestrichs, z. B. aus der Werbung. Prüft bzw. erklärt die Schreibung mit Hilfe des Merkkastens.

> **Den Bindestrich verwenden**
>
> Der Bindestrich **kann** verwendet werden zur **Hervorhebung und Verdeutlichung von Bestandteilen** in Zusammensetzungen, die normalerweise in einem Wort geschrieben werden, z. B.:
> *City-Tarif* (neben: *Citytarif*), *Ich-Stärke*;
> *Kaffee-Ersatz* (neben: *Kaffeeersatz*), *Schwimm-Meisterschaft*;
> *Mehrzweck-Küchenmaschine* (neben: *Mehrzweckküchenmaschine*).
>
> Der Bindestrich **muss** gesetzt werden in **Aneinanderreihungen und Zusammensetzungen mit Wortgruppen** (auch wenn Buchstaben, Ziffern oder Abkürzungen dabei sind), z. B.:
> *das Sowohl-als-auch, Make-up, Latte-macchiato-Glas, 50-Cent-Münze, Mund-zu-Mund-Beatmung, 16-jährig, 1.-Klasse-Waggon*.
>
> Der Bindestrich **muss** gesetzt werden in **Zusammensetzungen mit Abkürzungen,** z. B.: *WM-Aufzeichnung, MP3-Player, H-Milch, Kfz-Papiere, US-amerikanisch, ca.-Preis*.

den Bindestrich richtig verwenden

2 Wende die Regeln zur Verwendung des Bindestriches an und schreibe die folgenden Begriffe richtig in dein Heft.
– Setze den Bindestrich dort, wo die Regel es verlangt.
– Verwende den Bindestrich auch, um Wörter übersichtlich zu gliedern.

> LEHRERSCHÜLERVERHÄLTNIS   DINA4BLATT   ERSTEHILFEKURS
> GOETHESCHILLERDENKMAL   5ZIMMERWOHNUNG   TOPMODEL
> 2.KLASSEABTEIL   TOURDEFRANCEGEWINNER   NAHOSTKONFLIKT
> UVSCHUTZ   KOPFANKOPFRENNEN   1000MLAUF   WACHSTUBE
> DASSICHNICHTANPASSENWOLLEN   MUSIKERLEBEN   SEEELEFANT

Richtig schreiben

Richtig zitieren

1 Erklärt zu zweit die Begriffe in der Zeitungsüberschrift, auch mit Hilfe des Merkkastens. Stellt Vermutungen über den Inhalt des Artikels an.

> **Plagiat in der Schule**
>
> Im Zeitalter des Internets müssen Schülerinnen und Schüler begreifen, was geistiges Eigentum bedeutet.

die Bedeutung von Quellenangaben reflektieren

> **❗ Mit Fremdtexten umgehen**
>
> Wenn man Fremdtexte in einen eigenen einbaut, greift man auf die geistigen Leistungen anderer zurück. Wichtig ist, dies **buchstabengetreu** und mit genauer **Angabe von Verfasser/in und Quelle** zu tun. Eine widerrechtliche Aneignung („Diebstahl geistigen Eigentums") bezeichnet man als **Plagiat**.

2 Textbelege und Zitatangaben brauchst du beispielsweise bei einer schriftlichen Textinterpretation.

Zitate in eine Textinterpretation einbauen

   a) Lies die Kurzgeschichte „Anders" auf Seite 180 ff.

   b) Beantworte schriftlich die folgenden Fragen. Belege mit Zitaten aus dem Text und verwende alle Zitiermuster aus dem Merkkasten.

A Gib wieder, wie die Ich-Erzählerin sich an den Angriff erinnert, dem sie als junges Mädchen ausgesetzt war: Was sieht sie vor sich, an welche Worte und Gefühle erinnert sie sich?

B Jahre später wird die Ich-Erzählerin Zeugin eines ähnlichen Vorfalls. Opfer ist ebenfalls ein junges Mädchen. Welchen Provokationen ist das Mädchen ausgesetzt?

C Warum entscheidet die Ich-Erzählerin sich dazu, einzugreifen?

> **❗ Richtig zitieren**
>
> Zitate werden stets in **Anführungszeichen** gesetzt. Nach dem Zitat folgt in Klammern die **Zeilenangabe**.
> **Auslassungen** macht man durch eckige Klammern kenntlich:
> *Vor sich sieht sie „halbwüchsige Jungen, [...] Bierdosen in der Hand"* (Z. 41 f.).
> - Zitieren von **einzelnen Wörtern:**
>   *Sie werfen dem Mädchen Beleidigungen wie „Russenmärchenleserin" und „Harrypotterin" an den Kopf* (Z. 49).
> - Zitieren von **Satzteilen:**
>   *Sie beobachtet die Jugendlichen, wie sie um ihr Opfer herumstehen, „halbwüchsige Jungen, Zigaretten im Mundwinkel, Bierdosen in der Hand"* (Z. 41 f.).
> - Zitieren von **ganzen Sätzen:**
>   *Ihre bittere Bilanz: „Tatsache ist, dass mir niemand geholfen hat"* (Z. 28).

Offizielle E-Mails schreiben

die Kopfzeile einer E-Mail untersuchen

1 Für die Kopfzeile einer E-Mail stellt das E-Mail-Programm Eingabefelder zur Verfügung. Oft ist der Name des eigenen Accounts bereits eingetragen. Untersucht die Kopfzeile der E-Mail in Partnerarbeit.

a) Vermutet anhand der Betreff-Zeile, worum es in der E-Mail geht.

b) Beschreibt, was die Kopfzeile sonst noch verrät.

Von:	Mausebär <bender.micha@t-online.de>
Gesendet:	Mittwoch, 22. März 20.. 12:15
An:	schneider.alfons@gmx.de
CC:	schulz.sara@web.de
BCC:	hasi@freenet.de
Betreff:	Ihre Anzeige im schnapp vom 12.3.20..; Vortrag
Anlagen:	vorläufiges-Programm.pdf

Sehr geehrter Herr Schneider,

Hiermit nehme ich Bezug auf Ihre Anzeige, in Schulen über die Weltwunder der Antike zu sprechen. Gerne würden wir Sie einladen, im Rahmen unserer Projektwoche „Wunder der alten und neuen Welt" einen Vortrag zu halten.
Wir würden Sie bitten, uns einen Termin anzubieten.
Ich schicke Ihnen anbei unser vorläufiges Programm.

MfG

Micha Bender

Micha Bender, Schulsprecher
Gesamtschule Gersheim
Beispielstraße 12
87777 Stadtname
Tel.: 01234/…
Fax: 01234/…
bender.micha@t-online.de
gesamtschule@gernheim.de

TIPPS
- Das **Datum** wird automatisch vom Mailprogramm eingesetzt.
- Kennst du den Namen des **Empfängers,** sprich ihn direkt an. Andernfalls schreibe *Sehr geehrte Damen und Herren.*
- Schreibe die **Grußformel** vollständig, z. B.: *Mit freundlichem Gruß.*

c) Findet heraus, was CC und BCC bedeuten. Informiert euch z. B. im Internet. Erklärt, wann man welche Felder nutzen sollte.

die Bestandteile einer offiziellen E-Mail bestimmen

2 In einer offiziellen E-Mail findet man fast alle Bestandteile, die auch ein offizieller Brief haben sollte. Ordne sie der Mail oben zu:

> Empfängeranschrift   Adresse   Grußformel   Anrede   Brieftext
> Anlagen   Ort/Datum   Betreffzeile

3 Die folgenden Hinweise hat das Online-Jugendmagazin der Verbraucherzentrale Nordrhein-Westfalen im Internet veröffentlicht.

Offizielle E-Mails schreiben

In E-Mails geht's meistens locker zu: keine komplizierte Anrede, alle werden geduzt und man kann seine Elektrobriefe auch immer mit lustigen Emoticons aufpeppen. Aber wie sieht das mit offiziellen E-Mails an Behörden oder vielleicht sogar zukünftige Arbeitgeber aus?

[…] Mails an diese Empfänger sollte man nicht so achtlos verfassen, als würde man Freunden schreiben. Stil und Form einer E-Mail sollten sich in diesem Fall nicht von einem konventionellen Papierbrief unterscheiden. Worauf sollte man also achten?

- Eine fehlende Betreffzeile ist ein großes Ärgernis. Also immer kurz und prägnant vermerken, worum es geht.
- Keine „Massen-Mails" schreiben. Besonders bei Anfragen zu Praktika etc. kommt es nicht gut an, wenn man einen Text an zig E-Mail-Adressen verschickt und der Adressat das auch noch prima sehen kann.
- Beim ersten Kontakt sollte eine E-Mail immer mit „Sehr geehrte Damen und Herren" beginnen. Anreden wie „Hallo" oder „Guten Tag zusammen!" sind tabu. […]
- Korrekte Rechtschreibung ist natürlich Pflicht, und auch die in Mails so beliebte Kleinschreibung sollte man sich für schnelle SMS an die Freundin aufsparen.
- Man sollte kein dichtes Buchstabenfeld verschicken, sondern Absätze machen und auf Umbrüche achten.
- Smilies und so genannte Emoticons haben in offiziellen Mails nichts zu suchen.

Bei offiziellen E-Mails ist es sinnvoll, am Schluss eine vollständige Adress-Signatur unter den eigenen Namen zu setzen. Will der Adressat einem dann etwas zuschicken oder mal kurz anrufen, muss er nicht umständlich nach Postadresse und Telefonnummer fragen. […]

a) Wendet die Hinweise auf die E-Mail von Seite 174 an.
– Prüft die Formulierungen im Hauptteil und die Grußformel.
– Überarbeitet die E-Mail in Partnerarbeit.

b) Tauscht euch über die Hinweise der Verbraucherzentrale aus. Welche Erfahrungen habt ihr selbst schon mit offiziellen E-Mails gemacht?

eine offizielle E-Mail überarbeiten

TIPP
Die unterringelten Stellen (S. 174) sind überarbeitungsbedürftig.

> **! Offizielle E-Mails schreiben**
>
> Für eine offizielle E-Mail gelten fast die gleichen Regeln wie für einen offiziellen gedruckten Postbrief. Ein lockerer Umgangston, wie er in Chatrooms oder bei privaten E-Mails üblich ist, ist nicht angebracht: Die offizielle E-Mail soll seriös wirken, damit Absender und Text ernst genommen werden.

4 Spielen der Benutzer- und Servername bei wichtigen offiziellen Mails eine Rolle? Diskutiert anhand der Beispielmail auf S. 174.

eine Übersicht erstellen

5 Stellt eine Übersicht mit den wichtigsten Hinweisen zum Verfassen einer offiziellen Mail zusammen.
– Überlegt euch eine geeignete Form, z. B. Infoblatt …
– Ordnet die Hinweise nach „zu beachten" und „zu vermeiden".

<u>Eine offizielle Mail schreiben: So machst du es richtig!</u>
<u>Beachte:</u>
– Mailadresse sollte seriös klingen
– Betreffzeile …
– …

<u>Vermeide:</u>
– Duzen der Empfängerin / des Empfängers
– …

eine offizielle E-Mail verfassen

6 Erkundigt euch, welche interessanten Ausstellungen es in eurer Umgebung gibt. Wählt eine aus und verfasst eine offizielle Mail an den Veranstalter, mit der ihr um Informationsmaterial bittet oder eine Frage zur Ausstellung formuliert.
Ihr könnt auch eine offizielle Mail in einem anderen Zusammenhang verfassen.

a) Formuliert die vollständige E-Mail, wenn möglich am Computer. Klärt dafür:
– Was muss in die Kopfzeile? Wie lautet der Betreff?
– Wie wird der Hauptteil aufgebaut und gegliedert?
– Wie sollen Anrede und Grußformel lauten?
– Welche Absenderangaben fügt ihr unten an?

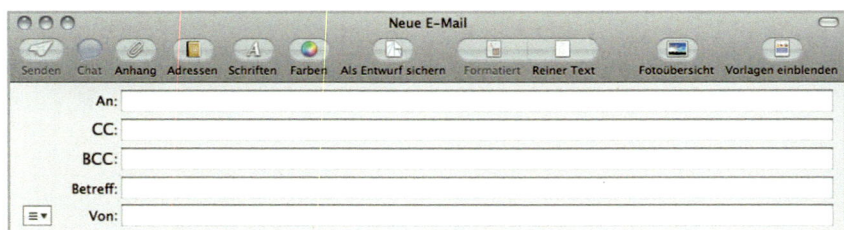

b) Kontrolliert euch gegenseitig und wendet eure Liste an.

Anwenden und vertiefen

1 a) Lest den folgenden Text. Würdet ihr ein auf diese Weise produziertes Fleisch essen? Tauscht euch darüber aus.

Das In-vitro-Steak

Das Fleisch der Zukunft sieht so ähnlich aus wie ein matter Streifen Tesafilm und verheißt Essen ohne Reue. Ein mal zwei
5 Zentimeter messen die hauchdünnen weißen Läppchen, die an der Technischen Universität Eindhoven in Petrischalen*
10 gezüchtet werden. Noch lassen sie niemandem das Wasser im Munde zusammenlaufen, aber eines Tages sollen die winzigen Muskelfasern zu saftigen Steaks heranwachsen – Steaks, für die
15 kein Tier sterben muss. Denn das Fleisch der Zukunft wird aus Stammzellen* gezüchtet.

die Schreibung von Wörtern erklären

die Petrischale: flache, runde, durchsichtige Schale mit Deckel

die Stammzelle: Körperzelle, die sich in verschiedene Zelltypen oder Gewebe ausdifferenzieren kann

b) Beantwortet in Partnerarbeit die folgenden Fragen.
Nennt jeweils die passende Rechtschreibregel bzw. die Strategie (z. B. Probe), die ihr angewendet habt.
– Warum sind die blau markierten Wörter großzuschreiben?
– Warum werden die gelb markierten Wörter mit *ä* (nicht *e*) geschrieben?
– Warum werden die grün markierten Wortverbindungen zusammengeschrieben?

2 a) Kläre die richtige Schreibung der markierten Wörter.
Nutze folgende Möglichkeiten:
– Wende geeignete Rechtschreibproben an (vgl. S. 239).
– Schlage im Wörterbuch nach.

Rechtschreibstrategien anwenden

Könnten Lebensmittelhersteller eines Tages künstliche Muskeln aus Inkubatoren* ernten, müssten nicht mehr (M/m)assenhaft Tiere zum (F/f)leischproduz(i/ie)ren gehalten werden. Damit w(e/ä)re
20 eines der größten Probleme der industriellen Landwirtschaft gelöst. Da(s/ss) die (M/m)assenhaltung Tiere leiden lässt, der Umwelt schadet und Klimagase produz(i/ie)rt, ist seit Langem bekannt; aber auch das (A/a)nbauen von Futterpflanzen verbraucht (f/v)iel Wasser und beansprucht darüber hinaus einen erheblichen Teil der
25 Ackerfl(e/ä)che. […].

der Inkubator: Behälter mit Bakterienkulturen

b) Diktiert euch den Text im Partnerdiktat. Korrigiert euch anschließend gegenseitig.

Wortfamilien zu Fremdwörtern bilden

3 a) Notiere zu den folgenden Fremdwörtern jeweils zwei weitere Mitglieder der Wortfamilie.

| Sozialisation | industriell | prognostizieren | Interesse |

b) Wähle drei der notierten Fremdwörter aus und verwende sie in Sätzen. Schreibe in dein Heft.

Sätze mit festen Wendungen formulieren

4 Bilde Sätze mit den folgenden festen Wendungen, die häufig gebraucht werden. Schreibe in dein Heft.

im Großen und Ganzen	das Ein und Alles
im Nachhinein	das Wenn und Aber
im Übrigen	etwas zu Ende bringen
im Wesentlichen	etwas zum Besten geben

die Kommasetzung begründen

5 Begründe die Kommasetzung im folgenden Satz. Schreibe in dein Heft.

> Steigt der globale Fleischkonsum weiter bis zum Jahr 2050, und zwar wie prognostiziert um zwei Drittel, wird sich die Lage dramatisch verschärfen.

die Kommasetzung begründen

6 a) Begründe, warum im folgenden Satz kein Komma stehen *muss*, man aber eines setzen *kann*. Nenne die entsprechende Stelle.

> Aber werden die Menschen so etwas essen oder wird man die breite Masse sowieso nie erreichen?

Beispielsätze bilden

b) Schreibe zwei entsprechende Satzreihen auf, bei denen die Kommasetzung freigestellt ist.

Kommas richtig setzen

7 a) Schreibe die folgenden Sätze in dein Heft und ergänze die ingesamt sechs fehlenden Kommas.

b) Begründe jeweils kurz die Kommasetzung.

Forscher wollen zusammen mit Philosophen untersuchen wie die Verbraucher wohl reagieren werden. Denn davon hängt ab ob es das Steak aus dem Reagenzglas wirklich geben wird. „Die Lebensmittelindustrie wird sich nur dafür interessieren wenn es die Kunden
5 auch tun. Außerdem darf das Kunstfleisch nicht mehr kosten als herkömmliches", sagt der Biologe Mark Post. „Da die Massentierhaltung für den Verbraucher heute noch billig in Zukunft enorme Kosten verursachen wird können wir das schaffen."

Zivilcourage

In diesem Kapitel wiederholst du:
- ein Plakat erschließen
- einen Flyer gestalten
- eine Kurzgeschichte erschließen
- Inhalte zusammenfassen
- produktiv zu literarischen Texten schreiben
- ein Gedicht erschließen und deuten
- ein Parallelgedicht verfassen
- Sachtexte und Diagramme erschließen und beurteilen
- einen informativen Text verfassen

1 Das Plakat oben war Teil einer bundesweiten Initiative der Polizei zum Thema Zivilcourage.

    a) Beschreibt die sprachlichen und gestalterischen Mittel des Plakats.

    b) Passen Bild und Text eurer Meinung nach gut zum Thema? Begründet eure Meinung.

ein Plakat beschreiben und beurteilen

2 **a)** Notiert in Partnerarbeit, was ihr unter „Zivilcourage" versteht.

    b) Erstellt in Gruppen ein „Zivilcourage-ABC". Hierfür wird jeder Buchstabe mit einer zivilcouragierten Handlung bzw. einem entsprechenden Verhalten verknüpft, z. B.:
A – *aufmerksam sein*
B – *bestimmt widersprechen*
C – ...

    c) Wart ihr selbst schon einmal in einer Situation, in der Zivilcourage gefordert war? Tauscht euch darüber aus.

einen Begriff definieren

Die Seite wechseln

eine zentrale Textstelle benennen

INFO
Julia Helbig (geb. 1986, 2004 Abitur in Dippoldiswalde, Sachsen) begann bereits in der Grundschule zu schreiben, z. B. Kurzgeschichten und Fantasy.

1 Lies die Kurzgeschichte.
– Notiere eine für dich zentrale Textstelle mit Zeilenangaben.
– Stelle sie einer Lernpartnerin / einem Lernpartner vor und begründe deine Wahl.

Julia Helbig
Anders

Die Beine sind alles, was ich noch vor mir sehe.
Nicht die Gesichter, nicht die Haltung, nicht einmal an die Stimmen kann ich mich erinnern.
Vier Paar Beine im Halbkreis vor mir.
5 Zweimal blaue Jeans, einmal schwarzer Cord, einmal helles Leinen.
Details, die ich lange, zu lange angestarrt habe und die darum tief in mein Gedächtnis eingebrannt sind.
Ich wagte nicht aufzusehen. Augenkontakt provoziert den Gegner noch mehr, das hatte ich damals schon gelernt.
10 Ich sehe also auch heute nur die Beine. Aber ich erinnere mich an die Worte.
„Auf die Knie!"
Eine Natursteinmauer, etwa hüfthoch, befand sich hinter mir; grauer, harter, gepflasterter Boden, den sah ich auch; Stimmen-
15 gewirr vom Schulhof, aus der Ferne.
„Los, los, los! Auf die Knie!"
Ich weiß, dass mir kalt war und dass ich trotzdem schwitzte. Mein Körper war wie betäubt.
Ich blieb stehen.
20 Rührte mich nicht, sagte nichts, sah nicht auf.
Auch nicht, als sie begannen, gegen meine Schienbeine zu treten, hart, schmerzhaft, immer wieder.
Ich blieb stehen, aber nicht aus Stolz.
Es war weder Entschlossenheit noch Mut, was meine Knie nicht
25 nachgeben ließ. Nicht das Gefühl, meine Würde wahren zu müssen.
Es war Angst. […]
Fest steht, dass sie mich irgendwann stehen ließen.
Tatsache ist, dass mir niemand geholfen hat.

Wissen sichern und vernetzen

Jetzt, neun Jahre später, sehe ich es wieder. Nichts hat sich geändert.

Nur der Blickwinkel. Beobachter- statt Ich-Perspektive. Dritte, nicht erste Person.

Sonst ist es genau das Gleiche.

Ich kenne das Mädchen flüchtig. Sie sitzt auf ihrer Tasche und wartet auf den Bus. Eine Außenseiterin: Ihre Kleidung und Brille genügen, um sie zu kennzeichnen.

Sie ist älter als ich damals, vielleicht elf oder zwölf Jahre. Vielleicht empfindet sie deshalb ein klein wenig anders? Schwer vorstellbar. Der Anblick genügt jedenfalls, um bei mir die Zeit *meiner* Not wachzurufen, so lange liegt es nicht zurück. Eine Gruppe steht um sie herum, halbwüchsige Jungen, Zigaretten im Mundwinkel, Bierdosen in der Hand. Zweimal Springerstiefel, einmal Turnschuhe, einmal gewöhnliche Halbschuhe. Nicht die Jungen, die Situation ist unverkennbar.

Sie lachen gehässig. Ihr Lachen verebbt, einer fängt wieder an, es verebbt rasch wieder, einer lässt seine Asche auf ihren Kopf rieseln, sie lachen wieder kurz; als sie nicht reagiert, tritt der Größte ihr leicht gegen den Fuß, sie lachen auf, es verebbt.

„Hey, Russenmärchenleserin, Harrypotterin!"

Lesen? Ein Grund mehr, sie zu verachten. War es schon damals, ich las auch gerne. Noch eine Ähnlichkeit zwischen uns, die Erinnerungen weckt, auch schöne. Ich kann gut nachempfinden, wie sie ist, wie sich das hier für sie anfühlt.

Ich merke plötzlich, dass ich sie anstarre. Soll ich etwas tun? Ihr helfen?

Noch haben sie keine direkte Gewalt angewendet. Ich meine, ihr nicht wehgetan. Nicht körperlich.

Der Bus kommt, sie steht auf, wird nach vorne gestoßen und schubst zurück, wütend faucht sie den Großen an. Er grinst nur spöttisch über sie hinweg. Fehlt dir was, Kleine? Sieh mich mal an, mit dieser ganzen Wahnsinnsangst in deinen Augen und deinem dummen Zorn, weil du findest, ich dürfte mit dir nicht einfach machen, was ich will! Das schmeckt dir wohl nicht, hab ich recht oder hab ich recht?

Wir sind alle in den Bus gestiegen. Ich setze mich absichtlich schräg hinter sie, um die Sache im Auge zu behalten. Drei von den Jugendlichen sind uns nachgekommen, sie verteilen sich auf die Sitze vor und neben dem Mädchen, sodass alle Fluchtwege abgeschnitten sind.

Laute, höhnische Bemerkungen, schamlose, abfällige Blicke. Einer ist klein, ziemlich kräftig. Er reißt ihr den Turnbeutel aus den Händen und schleudert ihn durch den Bus nach vorne. Der Beutel liegt jetzt auf dem Gang zwischen den vordersten Sitzen. Sie springt auf, hat Angst, dass er aus der noch offenen Bustüre rutscht, will hinterher … Sie lassen sie. Der andere, Lange, greift sich ihre Schultasche.

Nichts hat sich geändert. Nein, es ist noch viel einfacher: Nichts hat sich geändert, wenn ich ihr jetzt nicht helfe. Ich stehe auf. Wer sonst? Wann sonst?

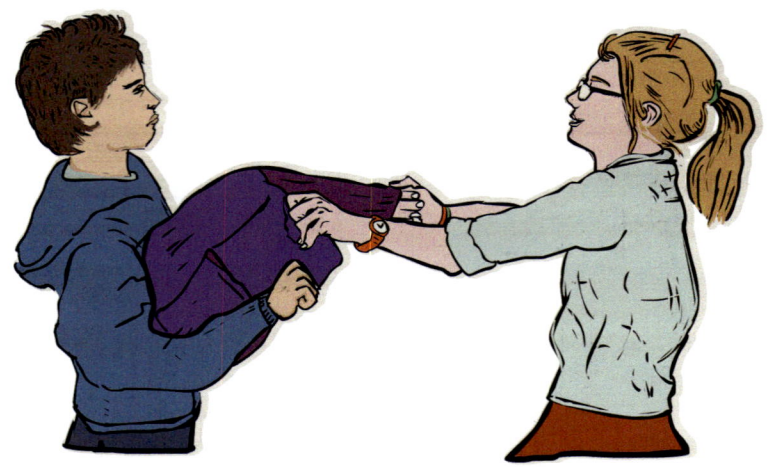

80 Ehe ich wirklich weiß, was ich tue, reiße ich ihre Schultasche mit einem Ruck aus der Hand des Langen. Er starrt mich von oben an, ohne zu begreifen. Was sonst? Ich klemme die Tasche fest unter meinen Arm, drücke mich mit einem höflich distanzierten Blick, als hätte ich ihm nur gerade den Weg gezeigt, an ihm vorbei und gehe
85 dem Mädchen entgegen.

2 Bearbeite entweder Aufgabe A oder B.

eine Kurzgeschichte gliedern

A Gliedere den Text in sechs Abschnitte. Gib jedem eine passende Überschrift. Gib dann einer Lernpartnerin / einem Lernpartner den Inhalt abschnittsweise wieder.
Abschnitt 1 (Z. 1–28 „… geholfen hat."): Vor neun Jahren

den Inhalt zusammenfassen

B Fasse den Inhalt der Kurzgeschichte in 3–4 Sätzen zusammen.

3 a) Erstelle zu der Kurzgeschichte eine Figurenskizze.

eine Figurenskizze anlegen
 S. 242

b) Erläutere anhand der Skizze einer Lernpartnerin / einem Lernpartner die Beziehung zwischen den Figuren.

4 Bearbeite Aufgabe A, B oder C.

produktiv zum Text schreiben

A Schreibt in Partnerarbeit einen Dialog, den die Ich-Erzählerin nach dem Vorfall im Bus mit dem Mädchen führen könnte.

TIPP
Figuren:
> Ich-Erzählerin
> Mädchen
> „Mitläufer" aus der Jungengruppe

B Schreibe einen Tagebucheintrag, den eine der Figuren am Abend nach dem Vorfall verfasst.

C Schreibe aus der Sicht einer der Figuren einen inneren Monolog. Wähle dazu eine Schlüsselstelle im Text, deren Verständnis durch den inneren Monolog vertieft wird.

Ergebnisse vorstellen

5 Stellt eure Ergebnisse aus Aufgabe 4 in Gruppen vor.

zu einer Deutung Stellung nehmen

6 „Die Hilfe der Ich-Erzählerin kommt viel zu spät!"
Nehmt zu dieser Aussage begründet Stellung.

„Und warum immer ich?"

1 Lies das Gedicht und formuliere deinen Leseeindruck.

Erich Fried
Gründe (1966)

„Weil das alles nicht hilft
Sie tun ja doch was sie wollen

Weil ich mir nicht nochmals
die Finger verbrennen will

5 Weil man nur lachen wird:
Auf dich haben sie gewartet

Und warum immer ich?
Keiner wird es mir danken

Weil da niemand mehr
durchsieht
10 sondern höchstens noch mehr
kaputtgeht

Weil jedes Schlechte
vielleicht auch sein Gutes hat

Weil es Sache des Standpunktes
ist
und überhaupt wem soll man
glauben?

15 Weil auch bei den anderen nur
mit Wasser gekocht wird

Weil ich das lieber
Berufeneren überlasse

Weil man nie weiß
20 wie einem das schaden kann

Weil sich die Mühe nicht lohnt
weil sie alle das gar nicht wert
sind."

Das sind Todesursachen
zu schreiben auf unsere Gräber
25 die nicht mehr gegraben werden
wenn das die Ursachen sind

> **INFO**
> **Erich Fried** (1921–1988) war ein österreichischer Lyriker, Essayist und Übersetzer.

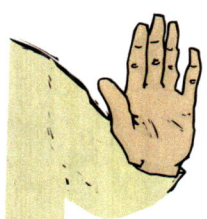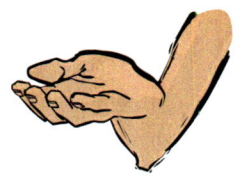

2 **a)** Lege ein Gedankengitter zum Gedicht an (vgl. S. 46 f.). Gehe auf Inhalt, Form und Sprache ein.

b) Erklärt euch gegenseitig in Partnerarbeit, worum es eurer Ansicht nach in dem Gedicht geht.

ein Gedankengitter zum Gedicht anlegen

3 **a)** Das Gedicht „Gründe" stammt aus dem Band „und Vietnam und" (1966), mit dem Fried gegen den Vietnamkrieg protestierte. Recherchiert zu diesem historischen Kontext.

den historischen Kontext recherchieren

b) Beantwortet folgende Fragen und begründet:
– Lässt sich das Gedicht als „Spiegel der Zeit" verstehen?
– Inwieweit ist die Thematik heute noch aktuell?
– Inwieweit passt das Gedicht zum Kapitelthema?

das Gedicht deuten

4 Schreibe ein Parallelgedicht mit der gleichen Überschrift. Führe z. B. heute übliche „Gründe" im Sinne von Ausreden an, z. B.:
Weil es nichts bringt ...

ein Parallelgedicht verfassen

Wissen sichern und vernetzen

Nicht bloß für Helden

Textinhalte erfassen
→ überfliegendes Lesen, genaues Lesen, S. 243

1 Mit Hilfe der folgenden Materialien M1–M3 kannst du einen informativen Text zum Thema „Zivilcourage", z. B. für eine Schülerzeitung, schreiben.

a) Verschaffe dir zunächst einen Überblick, indem du die Texte und Diagramme überfliegst.

b) Notiere stichpunktartig die Teilthemen, die in den Materialien angesprochen werden.

c) Lies nun die Materialien genau. Zum Sichten der Diagramme (M3) kannst du die letzte Seite hinten im Buch nutzen.

M1 Die Wurzeln der Zivilcourage

[…]
Am 12. September 2009 stellte sich Dominik Brunner vor vier Kinder, die von zwei Halbstarken bedroht wurden. Der 50-jährige Manager hat sein mutiges Handeln nicht überlebt. Brunner bewies Zivilcourage. Was unterscheidet ihn eigentlich von den Leuten, die
5 auf dem Bahnsteig lieber wegschauten, die in der S-Bahn sitzen blieben, die nur gegafft und nicht eingegriffen haben?

Erst in den vergangenen Jahren haben Psychologen und Soziologen vermehrt das Phänomen Zivilcourage erforscht. In Zürich gibt es den einzigen deutschsprachigen Lehrstuhl, geleitet wird er von der
10 Motivationspsychologin Veronika Brandstätter-Morawietz. Sie und ihre Kollegen untersuchten in verschiedenen Studien, was Helfer besonders macht: „Helfer sind selbstbewusst, sie fühlen sich in andere Menschen ein und tragen soziale Verantwortung", sagt Brandstätter-Morawietz. Menschen wie Brunner würden einfach
15 darauf achten, dass sich Leute im Umgang miteinander an die Grundregeln des menschlichen Umgangs halten.

Zivilcourage beweist in Dror Zahavis gleichnamigem Fernsehfilm Peter Jordan (Götz George), der in Berlin-Kreuzberg ein Antiquariat betreibt. Jordan beobachtet, wie ein Jugendlicher aus einem
20 nichtigen Anlass heraus einen Obdachlosen brutal zusammenschlägt. Er meldet den Vorfall der Polizei und zeigt den Jungen an. „Wir alle tragen bestimmte Werte in uns, die sich durch unsere Erziehung und unsere Freundschaften formen", sagt Regisseur Zahavi. „Diese Werte zwingen uns, auf eine bestimmte Art zu
25 handeln." Zivilcourage bedeute, auszusprechen, wenn man mit einem Verhalten oder einer Situation nicht einverstanden ist. Und das auch in alltäglichen Situationen: Der Zivilcouragierte reagiert auf rassistische Bemerkungen in der Geburtstagsrunde, er klingelt an der Tür, wenn es in der Nachbarwohnung zu Handgreiflichkeiten
30 kommt, und lässt nicht zu, wenn der Chef über die abwesende Kollegin lästert.
[…]

Zivilcouragiert zu handeln bedeutet eben auch, sich zu überwinden, sich gegen den Strom zu stellen und nicht immer auf Wohlwollen bei den anderen zu stoßen. Wenn Menschen helfen, geschieht das
35 normalerweise spontan; in Bruchteilen von Sekunden entscheiden sie sich, etwas zu tun – oder eben nicht. Persönliche Einflüsse und die Umgebung beeinflussen die Entscheidung. Paradoxerweise wird umso seltener eingegriffen, je mehr Menschen an einem Tatort sind. „Wir orientieren uns daran, was die anderen tun oder
40 meinen", sagt Brandstätter-Morawietz. „Wenn keiner etwas macht, glauben auch wir, mit unserem Nichtstun angemessen zu reagieren." Passives Verhalten wird zum Vorbild, Schweigen als Zustimmung gewertet.

Doch wer seine Kompetenzen realistisch einschätzt und im Alltag
45 entsprechend reagiert, kann helfen, ohne sich selbst in Gefahr zu bringen. In unzähligen Zivilcourage-Kursen kann man das mittlerweile bundesweit lernen. Für andere einzustehen kann auch bedeuten, nur den Notruf zu wählen und sich als Zeuge bereitzuhalten. […]

M2 Vom guten Willen zur guten Tat: Hürden der Zivilcourage

Menschen müssen mehrere Hürden überwinden, um Zivilcourage zu zeigen. Nach einem Modell der Sozialpsychologen Bibb Latané von der University of North Carolina at Chapel Hill und John Darley von der Princeton University sind es fünf an der Zahl […]:
5 Erstens gilt es, ein kritisches Ereignis überhaupt zu bemerken. So bekommt etwa ein Fahrgast im Stadtbus vor lauter Verkehrslärm nicht unbedingt mit, wenn auf einer hinteren Sitzbank eine Frau belästigt wird.
Das registrierte Verhalten muss zweitens als Notfall interpretiert
10 werden. Handelt es sich um eine Auseinandersetzung zwischen Fremden oder um den Streit eines Pärchens? Auch Letzteres kann Anlass zur Zivilcourage geben, doch solange es bei einem verbalen Schlagabtausch bleibt, sind wir geneigt, uns nicht einzumischen. Drittens muss sich der Beobachter verantwortlich fühlen, statt ein
15 Aktivwerden von anderen zu fordern: „Der da sitzt viel näher dran als ich, soll er doch etwas machen!" Nun kommt viertens ein wichtiger Punkt zum Tragen: Verfügt der Beobachter über das nötige Knowhow, um einzuschreiten? Soll er das Opfer ansprechen und seine Hilfe anbieten – oder besser nur die Polizei rufen? Soll er den
20 Täter vom Opfer trennen, sich womöglich zwischen die beiden drängen? Zivilcourage-Trainings setzen vor allem bei solchem Handlungswissen an, um den fünften Schritt zu erleichtern: das Eingreifen.

M3 Umfrage zu Erfahrungen mit Gewalt in der Öffentlichkeit

Im Auftrag der Fachzeitschrift „Gehirn & Geist" befragte das Meinungsforschungsinstitut „YouGov Psychonomics" im Juli 2010 1034 Bundesbürger/innen zu ihren Erfahrungen mit Gewalt in der Öffentlichkeit. Hier die Ergebnisse:

1. Haben Sie schon einmal einen körperlichen Angriff gegen Dritte in der Öffentlichkeit erlebt? (alle Angaben in Prozent)

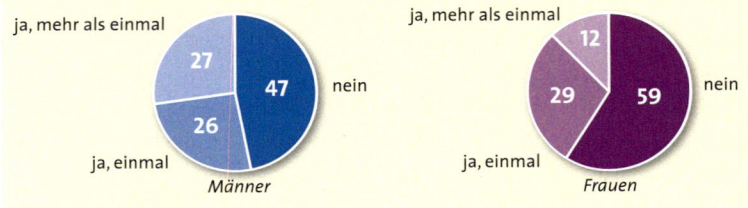

2. Falls ja, sind Sie dabei persönlich schon einmal eingeschritten?
(Mehrfachnennungen möglich)

3. Wurden Sie selbst schon einmal in der Öffentlichkeit körperlich angegriffen?

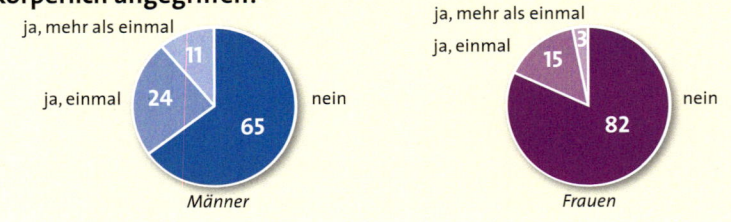

---

erste Leseeindrücke formulieren

2 Erkläre einer Lernpartnerin / einem Lernpartner, welche Information aus den Materialien M1–M3 dir als besonders bemerkenswert, interessant oder wichtig im Gedächtnis geblieben ist.

Sachtexte erschließen

3 Erschließt die Inhalte der Texte M1 und M2 in Partnerarbeit.

a) Gliedert M1 in Abschnitte. Fasst den Inhalt jedes Abschnitts in ein bis zwei Sätzen zusammen.

b) Wie äußert sich Zivilcourage? Notiert stichpunktartig verschiedene Beispiele aus M1.

c) Übertragt die Informationen von M2 in ein Schaubild.

4 Wertet die Diagramme (M 3) in Partnerarbeit aus.

Diagramme auswerten
→ letzte Buchseite

a) Notiert für alle Diagramme:
– Um was für eine Art von Diagramm handelt es sich?
– In welchem Zusammenhang wurde es erstellt?
– Welche Angaben werden gemacht? Was wird verglichen?

b) Notiert die wichtigste Information zu jedem Diagramm bzw. zu jeder Fragestellung in ein bis zwei Sätzen, z. B.:
Fast die Hälfte aller befragten Frauen und über die Hälfte der befragten Männer haben bereits …
Dabei fällt bei den Männern auf, dass …
Fast ein Drittel der Männer wurde schon einmal …

c) Stellt Überlegungen zu den Ergebnissen an:
– Welche Gründe könnte es für die Ergebnisse geben?
– Welche Bedeutung haben die Ergebnisse?

5 Verfasse einen informativen Text zum Thema „Zivilcourage". Bearbeite dazu eine der folgenden Aufgaben:

einen informativen Text verfassen
→ informative Texte verfassen, S. 221 f.

A Wähle einen Aspekt des Themas, z. B.: Was ist Zivilcourage?
Schreibe einen kurzen informativen Text zu diesem Aspekt.
Nutze dazu Informationen aus den Materialien M 1–M 3.

B Wähle mehrere Aspekte des Themas, z. B.:
– *Was ist Zivilcourage?*
– *Beispiele für Zivilcourage*
Ordne die Aspekte sinnvoll und schreibe einen informativen Text.
Nutze die Informationen aus den Materialien M 1–M 3.

C Schreibe einen informativen Text zum Thema, der alle in M 1–M 3 genannten Aspekte aufgreift.

6 Überarbeitet eure Texte in einer Schreibkonferenz.

Texte überarbeiten

7 Gestaltet ein Faltblatt oder ein Plakat zum Thema.

ein informatives Faltblatt / ein Plakat gestalten

8 a) Lies den folgenden Text. Kläre unbekannte Wörter.

einen Sachtext lesen und Wortbedeutungen klären

M 4 Mythos Zivilcourage

[…]
„Zivilcourage zeigen!", rufen Politik, Polizei und Publizistik den Bürgern zu. Das hört sich gut an und wird auch gut von guten Bürgen angenommen, denn „Zivilcourage" ist etwas Gutes, und wer wollte nicht zu den Guten gehören?
5 Doch Vorsicht, jener vielstimmige Aufruf ist nicht stimmig, denn Politik, Polizei und Publizistik gefährden damit gerade die zivilcouragierten, mitmenschlich gesinnten, guten Bürger. Besonders Politik und Polizei, also „der Staat", schiebt auf diese Weise seine elementare Verantwortung ab. Der Staat ist für die
10 Bürger da, nicht die Bürger für den Staat, wenngleich natürlich ohne Bürgereinsatz und Bürgersinn „kein Staat zu machen ist".

Wissen sichern und vernetzen

An der Schutzfunktion des Staates gibt es nichts zu rütteln. Seine Grundaufgabe war, ist und bleibt: der Schutz seiner Bürger nach innen und außen. Nur deshalb kam es, historisch betrachtet,
15 überhaupt zur Gründung von Staaten oder staatsähnlichen Gebilden. Wenn der Staat den Bürgerschutz den zu schützenden Bürgern zuschiebt, stellt er seine Grundaufgabe von den Füßen auf den Kopf – und damit die „Wurzel" seiner selbst, seiner Staatlichkeit, infrage. Diese „radikale" Sichtweise ist hierzulande verloren
20 gegangen und sie hat, jenseits des Radikalen, im Alltagsleben fatale (also wörtlich „schicksalhafte") Folgen.
Die vom selbst abdankenden Staat zur „Zivilcourage" aufgeforderten Bürger werden fast tödlichen Gefahren ausgesetzt.
[…]
Wegschauen? Um Himmels willen. Hinschauen? Ja! Aber nicht
25 selbst total falsch zu verstehende und falsch verstandene „Zivilcourage" zeigen. Jeder Bürger soll „den Staat" verpflichten, seine Pflicht zu erfüllen: die Bürger zu schützen. Daher: Sofort die Polizei rufen. […]

die Kernaussage wiedergeben

b) Gebt in Partnerarbeit die Kernaussage des Textes wieder.

die Textsorte bestimmen
 journalistische Textsorten, S. 229

c) Zeitungsbericht, -meldung oder -kommentar?
Benenne die Textsorte und begründe deine Entscheidung.
Gehe hierbei auf die sprachlichen Besonderheiten des Textes ein.

Pro-Kontra-Fragestellungen formulieren

9 a) Der Text endet mit dem Appell: „Sofort die Polizei rufen."
Formuliert zu zweit Pro-Kontra-Fragestellungen dazu.

ein Statement formulieren

b) Wähle eine der formulierten Pro-Kontra-Fragestellungen und formuliere ein Statement dazu.
Informiere dich dazu über die Fünfsatzmethode (S. 242).
Stütze deinen Standpunkt mit Argumenten und Beispielen/Belegen.

eine Debatte führen und auswerten

c) Führt in der Klasse eine Pro-Kontra-Debatte zu einer eurer Fragestellungen durch. Wertet sie anschließend aus.

10 Wie könnte man die Sicherheit im öffentlichen Raum, z. B. auf Bahnhöfen, verbessern?

a) Wähle eine der folgenden Aufgaben:

A Schreibe einen Leserbrief, in dem du deinen Standpunkt argumentativ begründest.

einen argumentativen Leserbrief schreiben

B Bereite ein Plädoyer zu deinem Standpunkt vor.

ein Plädoyer vorbereiten

b) Stellt eure Ergebnisse in Gruppen vor. Beurteilt den jeweiligen Argumentationsgang.

eine Argumentation beurteilen

Heimat

„Das ist ein Badewannenstöpsel. Die ganze Wanne konnte ich nicht mitbringen, die ist ja fest verbaut. Macht aber nichts, weil auch die Badewanne nur ein Bild für was anderes ist ... Ein Freund von mir sagt manchmal: ‚In meiner Badewanne bin ich mein eigener Kapitän', und ich denke eben, ja, das steht für den einen Ort, den jeder braucht, an dem einem niemand groß reinredet und alles irgendwie entspannt ist und warm und angenehm."

„Das ist 'ne Kartoffel und das Nazaat, das ist deutsch und türkisch, weil meine Mutter Deutsche ist und mein Vater Türke, und das verbindet beides, weil ich mich überall zu Hause fühle, in beiden Ländern."

In diesem Kapitel wiederholst du:
> Sachtexten Informationen entnehmen und Sachtexte bewerten
> Diagramme erschließen und auswerten
> einen literarischen Text erschließen und deuten
> motivähnliche Gedichte erschließen
> diskutieren
> Informationen recherchieren

INFO
Im Rahmen des zehnjährigen Jubiläums des Jüdischen Museums Berlin stellten Schüler/innen der 10. Klasse Objekte vor, die für sie mit Heimat zu tun haben. Hier sind zwei Objekte und die Geschichten dazu.

1 Führt eine Gedankenreise zum Thema „Heimat" durch. Schließt dazu die Augen. Lasst euch die folgenden Fragen langsam und mit längeren Pausen vorlesen. Nehmt euch dann ein paar Minuten Zeit und notiert, was euch durch den Kopf gegangen ist.
  – Denke an den Begriff „Heimat". ...
    Welche Bilder tauchen dabei auf? ...
    Welche Gerüche „steigen dir in die Nase"? ...
    Welche Geräusche hörst du? ...
    An welche Situationen denkst du?
  – Stell dir vor, du müsstest deine Heimat verlassen. ...
    Welche Gegenstände würdest du unbedingt mitnehmen wollen?

eine Gedankenreise durchführen

2 Was bedeutet Heimat für dich?

a) Betrachte die Gegenstände und lies die Schülertexte oben. Wähle selbst einen Gegenstand, der für dich mit Heimat zu tun hat, und schreibe einen kurzen Text dazu.

Gedanken und Gefühle formulieren

b) Sammle Bilder, die deine Gefühle zum Thema „Heimat" zum Ausdruck bringen, und gestalte eine Collage.

eine Collage gestalten

c) Tauscht euch über eure Gedanken aus. Wo seht ihr Gemeinsamkeiten, wo Unterschiede bei euren Vorstellungen von Heimat?

Sichtweisen vergleichen

Heimat – was ist das?

die wesentlichen Inhalte eines Textes wiedergeben

1 Lies den Text zur Geschichte des Wortes „Heimat". Skizziere deiner Lernpartnerin / deinem Lernpartner mündlich die schrittweise Bedeutungsveränderung, die das Wort erfahren hat.

Heimat

„Heimat" – nur ein zuckersüßer Kitschausdruck für Oma und Opa, besetzt mit Bildern von Kuckucksuhren und Krachledernen*? Etwas für ewig Gestrige? Von wegen! Überall begegnet einem dieser Begriff. Junge Rock- und Popmusiker setzen sich in ihren Texten mit
5 dem Thema auseinander und stürmen die Charts. Sehr beliebt sind Heimatmuseen. Außerdem spielt Heimat in der Literatur eine große Rolle. Heimat erlebt eine Renaissance* als Gegenentwicklung zur Globalisierung* und Internationalität. Doch was die Menschen unter Heimat verstehen, hat sich im Lauf der Geschichte stark verändert.

die Krachlederne: traditionelle Lederhose in alpenländischen Regionen

die Renaissance: Wiedergeburt
die Globalisierung: zunehmende weltweite Verflechtung der Lebensbereiche Wirtschaft, Politik, Kultur, Umwelt, Kommunikation usw.

10 **Typisch deutsch? Ein Begriff mit langer Geschichte**
Für die Deutschen ist das Wort „Heimat" ein beliebter und gängig gebrauchter Ausdruck. Will man ihn aber übersetzen, gibt es Probleme. Beim Aufschlagen von Wörterbüchern bemerkt man schnell, dass es eine Eins-zu-eins-Übersetzung in andere Sprachen
15 nicht gibt. Weder das englische „homeland" oder „home country" trifft die deutsche Bedeutung noch das lateinische Wort „patria", das sich heute im Italienischen und Spanischen wiederfindet, beinhaltet die Sinnvielfalt des deutschen Heimatbegriffs. All diese „Ersatzwörter" beziehen sich auf die Heimat als das Vaterland, in
20 dem man geboren wurde. […]

Begibt man sich auf die Suche nach der sprachlichen Herkunft von „Heimat", muss man bis ins Germanische zurückgehen, den Ursprung mehrerer europäischer Sprachen. Hier taucht das Wort „heim" auf, was so viel bedeutet wie „Wohnplatz", „Dorf" oder
25 „Haus". Eine Ableitung ist davon nicht nur im deutschen „Heim", sondern auch im englischen „home" erhalten. Bezeichnet wird allgemein der Ort, an dem man lebt. Doch das „Zuhause", wie wir es in unserer Zeit kennen, beinhaltet weit mehr als ein tatsächlich bewohnbares Gebäude. […]

30 **Vom Rechtsbegriff zur ideologischen Waffe**
Die sprachliche Entwicklung lässt sich kaum von der jeweiligen Lebenswirklichkeit trennen. Im Mittelalter war „Heimat" ein klar definierter Rechtsbegriff. Eine Heimat zu haben bedeutete, Haus und Hof in einer Gemeinde zu besitzen. Wer „Heimatrecht" hatte,
35 durfte sich in einer Siedlung niederlassen, dort leben und seinem Handwerk nachgehen. Erworben wurde dieses Recht auf dreierlei Wege: entweder durch Geburt, durch die Verheiratung mit einem Gemeindebewohner oder durch eine offizielle Gestattung der Niederlassung, beispielsweise im Falle eines Hauskaufs. Mit dem
40 Erhalt des Heimatrechts ging man einerseits gesetzliche Verpflich-

tungen gegenüber der Gemeinde ein. Andererseits hatten die, die in Armut lebten, aber auch finanzielle Unterstützungsansprüche. Das, was früher „Heimatrecht" hieß, ist heute am ehesten auf das Wort der „Staatsangehörigkeit" zu übertragen.

Gegen Ende des 18. Jahrhunderts erfährt der Heimatbegriff dann eine weitere Bedeutungswandlung. Die fortschreitende Technisierung und Industrialisierung hatten die Lebensräume der Menschen so verändert, dass sie sich entfremdet fühlten. In dieser Zeit, der Epoche der Romantik (1795–1840), entsteht die ganz eigene Gattung „Heimatdichtung". Heimat entwickelt sich zum Gegenentwurf zu einer Realität, in der die Menschen sich nicht mehr zurechtfinden. […] Beschrieben wird die vertraute Landschaft und Natur, nach der man sich in der Fremde stets zurücksehnt.

Typ einer mittelalterlichen Stadt

Das 19. Jahrhundert ist dann auch eine Zeit des sozialpolitischen Wandels. Der Ruf nach einer Deutschen Nation wird immer lauter. Und so erlebt der Begriff Heimat im Rahmen der Nationalbewegung eine Politisierung. Die national-liberalen* Kräfte im Land verlangen nach Einigkeit in dem staatlich zersplitterten* Deutschland. Zwar scheitert die Märzrevolution von 1848, doch kommt es im Jahr 1871 schließlich zur Gründung des Deutschen Reiches. Heimat wird im sprachlichen Gebrauch zum Synonym für Vaterland und Nation. […]

Ideologie und Idylle – Heimat im 20. Jahrhundert
Die ersten Nationalgedanken aus der Gründungszeit des Deutschen Reiches (1871) heben stets den Einheitsgedanken Deutschlands hervor. Es gibt endlich eine Nation in einem zusammengehörigen Vaterland. Schlagartig ändert sich dieser positive Vaterlandsbegriff im Dritten Reich. Die Nationalsozialisten stellen Heimat in den Dienst der so genannten Blut- und Boden-Ideologie. [Sie] steht vor allem für die extreme Ansicht Hitlers, dass nur die „hochwertige arische Rasse" das Recht habe, auf „deutschem Boden" zu leben. Das Nürnberger Blutschutzgesetz aus dem Jahre 1935 hat das Ziel, das „deutsche Blut" und die „deutsche Ehre" zu bewahren. Andere Volksgruppen, allen voran die jüdische, werden im nationalsozialistischen Deutschland nicht geduldet. Heimat wird zu etwas, das „Ausschluss" für alle Nicht-Deutschen bedeutet. Lange Zeit haftete daher dem Begriff „Heimat" etwas sehr Negatives an.

Nach dem Zweiten Weltkrieg wird Heimat auf ganz andere Art und Weise in Deutschland wieder populär: In den 1950er-Jahren

national-liberal: politische Haltung, die nach nationaler Eigenständigkeit und individueller Freiheit (Liberalismus) strebte
zersplittert: Deutschland war im 19. Jahrhundert kein einheitlicher Staat, sondern ein Gebilde aus vielen Kleinstaaten.

entsteht ein neues und sehr erfolgreiches Filmgenre: der
90 Heimatfilm. Doch woher rührt der große Erfolg dieser „typisch deutschen" Filmart? Der Heimatfilm bot dem Zuschauer eine heile Welt nach den
95 Schrecken des grausamen Krieges. Man sehnte sich nach Frieden und Geborgenheit. […]

Die sprachliche Heimat
„Lurens, sachens, hörens un
100 opjepaas!"* Kein Wort verstanden ohne die Übersetzung? Dann haben Sie einen neuen Trend verpasst: Dialekte sind nicht länger verpönt als Ausdruck von Ungebildetheit. […] [R]egionale deutsche Mundarten sind wieder hoch im Kurs. […]
Auch singt man wieder deutsch, die eigene Sprache taugt für aktuelle
105 Musik. Eine regelrechte „neue deutsche Welle" hat zu Beginn des 21. Jahrhunderts mit Gruppen aus der Rock-, Pop- und HipHop-Szene eingesetzt. Deutsche Texte sind wieder (mit-)singbar und haben schon lange nichts mehr mit altbackener Schlagermusik zu tun. […]
Ebenso ist Heimat mit Blick auf die zeitgenössische Literatur sehr
110 wichtig. Regionale Anbindung gibt es beispielsweise bei Köln-Krimis oder der Thriller-Reihe aus der Eifel von Autoren wie Edgar Noske. […] Die Kunst ist ein verlässlicher Seismograph für gesellschaftliche Änderungen. Und sie zeigt ganz deutlich: Es ist nicht mehr uncool, kein Kosmopolit* zu sein und seine Stadt, sein Land zu mögen.

Übersetzung:
„Schauen Sie mal, sagen Sie mal, hören Sie mal und aufgepasst!"

der Kosmopolit: Weltbürger, der den ganzen Erdkreis als Heimat betrachtet

2 Der Text nennt Zeiten, in denen die „Heimat" als Gegenentwurf zur Realität eine neue Bedeutung erfuhr. Nenne diese Textstellen und erläutere den Zusammenhang von Weltflucht und Heimatboom.

eine Textzusammenfassung anfertigen

3 Fertige eine Textzusammenfassung an.

a) Gib den einzelnen Abschnitten eigene Überschriften.

b) Notiere zu jedem Abschnitt Stichworte.

c) Formuliere eine Einleitung und fasse den Text zusammen.

eine Diskussion führen

4 Diskutiert: Was könnten Gründe für den im Text beschriebenen Heimatboom sein (Z. 101–115)?

zum Thema recherchieren und Ergebnisse präsentieren

5 Führt Recherchen zum Thema „Heimat" durch. Wählt aus den folgenden Aspekten aus und stellt eure Ergebnisse in der Klasse vor.
– Missbrauch von Heimatgefühlen (politisch, kommerziell)
– Selbstverständnis von Regionen (z. B. Ruhrgebiet, Baden, Ostfriesland)
– Boom der Heimatfilme in den 1950er-Jahren
– Filmtrilogie „Heimat" von Edgar Reitz (1984, 1994, 2004): Inhalt, Hintergrund, Reaktionen

Das ist meine Heimat

„[…] Da, wo alles begann, kann auch alles aufhören. Ich kann diese Bilder jederzeit abrufen, egal, wo ich mich auf der Welt befinde. Ich höre das Wehr am Schwimmbad rauschen, ich spüre diese Holzlatten unter meinen nackten Füßen. Damals war das Leben noch in Ordnung: keine Fehler, keine Verantwortung in jenen Tagen, Freiheit, Zukunft. Diese Erinnerungen geben mir ein Gefühl der Vertrautheit, sie beruhigen mich. Niemand kann es mir nehmen – das ist meine Heimat."
Thomas Gottschalk, deutscher Showstar, lebt im kalifornischen Malibu

„[…] Heimat ist ein altmodischer Begriff, einfach nicht mehr zeitgemäß. Jetzt, wo doch alle vom Global Village reden. Wenn mich jemand fragt, sage ich, ich bin Europäer. In meinem Leben wird es eben immer temporäre Aufenthaltsorte geben, egal, ob für ein Jahr, für zehn oder für zwanzig Jahre. Die Welt ist so groß."
Jossi Fuss, deutscher Jura-Student, lebt in London

„Vor 81 Jahren bin ich hier auf meinem Hof […] auf die Welt gekommen. […] Ich habe nichts gegen die große weite Welt. […] Aber ich weiß, dass hier meine Wurzeln sind. Auf diesem Hof bin ich geboren, und hier bleibe ich bis zum Schluss."
Christel Pedersen, deutsche Landwirtin, lebt bei Flensburg

„Mit dem Wort ‚Heimat' kann ich nichts anfangen. Für mein Leben trifft der Begriff ‚kulturelle Identität' viel eher zu. […] Ich empfinde eine solche Heimatlosigkeit als großen Vorteil, weil ich früh gelernt habe, die Welt um mich herum offen wahrzunehmen. […]"
Birgit Hoppe, deutsche Psychologin, lebt in Berlin

1 Lies die Texte. In welchem findest du am ehesten eigene Gedanken und Gefühle wieder? Erkläre, warum das so ist.

den persönlichen Bezug formulieren

2 Die Verfasser/innen geben unterschiedliche Antworten auf die Frage, was Heimat für sie bedeutet. Ordne die Antworten den folgenden Kategorien zu und begründe deine Wahl.
  A Heimat als zeitweiliger, vorübergehender Ort
  B Heimat als Ort der Erinnerung an früher
  C Heimat als fester Ort
  D Heimat als Kulturzugehörigkeit

Aussagen erschließen

3 Schreibe einen eigenen Text als Antwort auf die Frage:
Was ist Heimat für dich?
Heimat …

einen persönlichen Text zum Thema verfassen

Wissen sichern und vernetzen

Neue Heimaten finden

Diagramme auswerten
→ letzte Buchseite

1 Werte die beiden Diagramme aus.

a) Lies die Überschriften und notiere in einem Satz, worüber die Diagramme Auskunft geben.

b) Betrachte die Diagramme genau:
– Welche einzelnen Angaben kannst du ablesen?
– Welche Einheiten werden verwendet?
– Aus welcher Quelle stammen die Diagramme?
– Vergleiche die Angaben im Diagramm (höchster/niedrigster Wert, ähnliche oder gleiche Werte).

c) Welche Aussagen kannst du mit Hilfe der Diagramme treffen? Verfasse zu jedem Diagramm einen Text, der zusammenfasst, was es zeigt.

d) Stelle Überlegungen zu den Ergebnissen an und schreibe einen kurzen Text dazu.
– Welche Ergebnisse kannst du nachvollziehen, welche nicht?
– Welche Gründe könnte es für diese Ergebnisse geben?
– Welche Bedeutung haben die Ergebnisse?

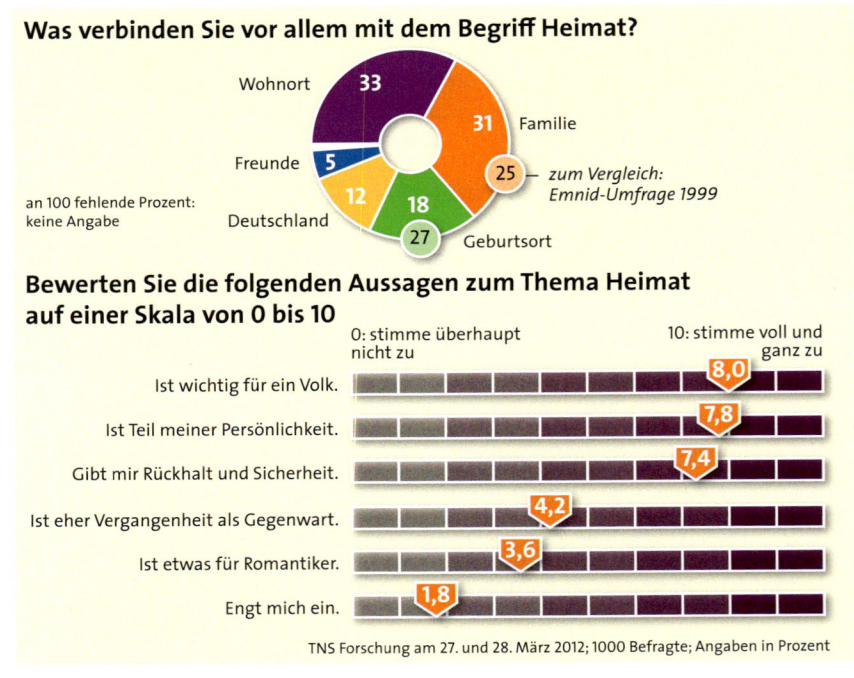

Wissen sichern und vernetzen

eine Umfrage durchführen

Ergebnisse darstellen

Ergebnisse vergleichen

2 a) Führt in eurer Klasse eine kleine Umfrage zum Thema „Heimat" mit Hilfe der Fragen oben durch. Ihr könnt sie auch anonym vornehmen.

b) Stellt eure Ergebnisse in Diagrammen dar. Arten von Diagrammen findet ihr ganz hinten im Buch – wählt die passenden aus.

c) Vergleicht eure „Klassenergebnisse" mit denen aus Aufgabe 1.

194

3 Lest die folgenden Texte von Menschen mit einem so genannten Migrationshintergrund. Tauscht euch anschließend über eure ersten Leseeindrücke aus.

Leseeindrücke formulieren

Ein Mann, der als kleines Kind von der Türkei nach Deutschland kam:

„Ich kam als kleines Kind nach Berlin. […] An ein Gefühl, nicht dazuzugehören, fremd zu sein, kann ich mich nicht erinnern. Als Jugendlicher war ich in einer internationalen Freundesgruppe. Da spielte es keine Rolle, woher man kam. Wir sprachen alle Deutsch
5 miteinander. Und noch wichtiger: Ich fühlte mich als Deutscher. […] Bis zur Sarrazin-Debatte*. Die hat mich sehr nachdenklich gemacht. Und das Ganze ging dem Deutschland-Türkei-Spiel* direkt voraus. Ich war gerade eine Woche in Istanbul gewesen und hatte mit Deutsch-Türken gesprochen, die in die Türkei zurückgekehrt sind,
10 weil sie diesen Teil ihrer Herkunft endlich kennenlernen wollten. Nicht aus beruflichen Gründen, sondern als eine Art Selbsterfahrung. Viele wollen wieder zurück nach Deutschland, kommen nicht gut zurecht. Ich war also schon drin, im Nachdenken über Zugehörigkeiten, und da ging ich mit meiner ganzen Familie ins
15 Olympiastadion. Meine mittlere Tochter hatte ihr Gesicht rot geschminkt. Beschwingt kamen wir im Stadion an, als wir merkten, dass wir Plätze in der deutschen Kurve hatten. Den 50.000 Türkei-Fans nur gegenüber und nicht mittendrin. Eigentlich sollte ich in der roten Menge da drüben sitzen, dachte ich. Na gut, wir
20 feuerten die türkische Mannschaft trotzdem an und ernteten in der deutschen Fankurve manchen komischen Blick. Aber das gehört beim Fußball dazu. Dann begannen die türkischen Fans, Mesut Özil* bei jedem Ballkontakt auszupfeifen. Das gefiel mir gar nicht. Und je mehr ich darüber nachdachte, desto klarer wurde mir: Das ist so, als
25 ob die mich auspfeifen würden. Und dann wechselte ich die Fronten, feuerte Mesut an, so gut es ging, und war plötzlich für Deutschland. Die deutsche Nationalmannschaft ist mir, was die demokratischen Strukturen angeht, ohnehin sympathischer. Die türkische ist sehr traditionell organisiert. Da geht es viel darum, wer
30 schon wie lange dabei ist oder wer welchen Status hat. Auf dem Rückweg vom Stadion wollte ich wissen, wer die 50.000 eigentlich sind. Sprechen sie Türkisch? Wen meinen sie überhaupt, wenn sie die türkische
35 Mannschaft anfeuern? Und was bringen sie zum Ausdruck, wenn sie Mesut auspfeifen? Ich hörte zu, merkte, dass fast alle sich auf Deutsch unterhielten, und mir wurde klar, dass
40 sie eigentlich nicht als Deutsch-Türken für die Türkei sind. Sondern dass sie als Deutsch-Türken gegen Deutschland sind, weil sie das Gefühl haben, nicht dazuzugehören."

Thilo Sarrazin: verfasste das 2010 erschienene Buch „Deutschland schafft sich ab", das eine heftige Debatte auslöste. Der Autor beschwört darin Folgen, die sich seiner Ansicht nach für Deutschland aus einer Kombination von Geburtenrückgang, Anwachsen von sozial schwachen Schichten und Zuwanderung ergeben könnten.
Deutschland-Türkei-Spiel: Gemeint ist das EM-Qualifikationsspiel 2010.
Mesut Özil: deutscher Fußballspieler mit türkischer Abstammung

Ayten B., 19, Kurdin

„Im Kindergarten hatte ich kaum Freunde. Wie auch. Ich sprach kein Deutsch. Meine Eltern sind vor 25 Jahren als ‚Gastarbeiter' aus dem kurdischen Teil der Türkei hierhergekommen, meine Mutter hatte nicht mal die Schule besucht. Ich habe fast nur mit meinen
5 sechs Geschwistern gespielt. In der Grundschule verstand ich am Anfang kaum etwas, zum Glück gab es Lehrkräfte, die mich untersützten. […] In der Realschule haben wir ‚Kanak Sprak' gesprochen, Türkendeutsch. Ich war vorlaut, habe mit Schimpfwörtern um mich geworfen. Erst in der Oberstufe in Gießen hat sich das geändert. Das
10 war der Wendepunkt in meinem Leben. Die anderen haben mich akzeptiert, wie ich war. Und mich ernsthaft beiseitegenommen: Ayten, so geht das nicht mit der Sprache. Erst war ich sauer, dann habe ich mich geschämt und gemerkt – ich muss etwas tun. Ich habe knallhart gelernt und eine Freundin gebeten, mich zu
15 korrigieren. […]
[M]eine Herkunft [ist] mir sehr wichtig. Ich liebe das tolle kurdische Essen, die ausgelassenen, lauten Feste, die Musik, die bunten Gewänder. Natürlich gibt es immer schwarzen Tee und Wassermelonenkerne, wenn Gäste kommen.
20 Seit ich mehr mit deutschen Freunden zusammen bin, habe ich mich von meinen Landsleuten etwas abgewendet. Ich bin jetzt beides, kurdisch und deutsch. Bin immer noch laut und lache viel. Aber ich sage auch ‚Moin' zur Begrüßung und gehe mit meinen deutschen Freundinnen ins Café, über Jungs plaudern. Das hätte ich
25 mich früher nicht getraut. Abends weggehen, einen Freund haben – das geht nicht bei uns. Aber das ist mir egal. Und wenn mich andere Kurden ansprechen, warum ich kein Kopftuch trage, zitier' ich den Koran. Der sagt, Frauen sollten ein Kopftuch tragen, sie müssten es aber nicht. Nach dem Abi will ich Polizistin werden oder Luftfahrt-
30 technik studieren. Mit Kopftuch wäre das unrealistisch. Trotzdem liegt mir die Religion sehr am Herzen. Aber das geht keinen etwas an. Moslems, Christen, Juden, dahinter steht für mich ohnehin derselbe Gott. Manch einer fragt mich, wie ist das denn bei euch Kurden? Dann lade ich sie zu uns nach Hause ein: ‚Mach dir dein
35 eignes Bild. Das tue ich umgekehrt doch auch.'"

Fragen zum Text beantworten

4 Wähle einen der beiden Texte aus und bearbeite die folgenden Aufgaben schriftlich.

  a) Erläutere, welcher Nationalität sich der Autor bzw. die Autorin zugehörig fühlt.

  b) Untersuche, welches Verhältnis zum Herkunftsland der Eltern und welches Verhältnis zu Deutschland besteht.

  c) Benenne Probleme, die der Autor bzw. die Autorin anspricht.

eine Stellungnahme zum Thema verfassen

5 Beide Texte haben mit dem Begriff „Integration" zu tun. Formuliere einen Text zu folgenden Fragen: Was bedeutet Integration? Was können die Gesellschaft und die/der Einzelne tun, damit sie gelingt?"

Ohne Wurzeln in Niemandsland

1 a) Bereite einen Vortrag des Gedichts „Insel" vor.

b) Tragt das Gedicht vor und gebt euch gegenseitig eine Rückmeldung.

ein Gedicht vortragen

2 a) Wie erfährt das lyrische Ich seine Identität? Beschreibe.

b) Interpretiere das Gedicht. Gehe dabei insbesondere auf die äußere Form und die sprachlichen Bilder ein. Schreibe in dein Heft.

ein Gedicht interpretieren
→ S. 45 ff.

Clara Tauchert-da Cruz
Insel

Draußen und dazwischen
ohne Wurzeln
in Niemandsland.
Das Herkunftsland
5 hat dich längst vergessen,
das fremde Land
ist dir fremd geblieben.

Lähmender Raum,
wo Gebärden
10 sich verlieren
und zu Eis werden.
Ein Vakuum,
wo du zweisprachig
stumm bist.

15 Eine Brücke
wolltest du sein.
Eine Insel bist du.

3 Gib wieder, was das folgende zweiteilige Gedicht über Identität und Heimatgefühl aussagt.

Nevfel Cumart
über die heimat I

sie fragen mich
ob ich nicht wieder
zurückkehren will
in die heimat

ich frage mich
ob es ein zurück gibt
in ein land
in dem es keinen
beginn gab

über die heimat II

mein vater
kehrt in die türkei zurück
er möchte nicht
in der fremde sterben

auch ich möchte nicht
in der fremde sterben
und entschließe mich
in bamberg zu bleiben

INFO
Nevfel Cumart (geb. 1964), in Deutschland geborener Sohn türkischer Eltern, thematisiert als Schriftsteller immer wieder die Begegnung des Westens mit der östlichen Welt.

4 Vergleiche die zentralen Aussagen über „Heimat" in den Gedichten „Insel" und „Über die Heimat". Schreibe in dein Heft.

Gedichte vergleichen

den persönlichen Bezug formulieren

5 Wähle das Gedicht aus, das dich am meisten persönlich anspricht: „Insel" oder „Über die Heimat". Schreibe einen kurzen Text, in dem du deine Gedanken zu den Gedichten und deinen persönlichen Bezug zum Inhalt formulierst.

die Stimmung eines Gedichts beschreiben

6 Lest das folgende Gedicht laut vor. Welche Stimmung vermittelt es? Nennt passende Adjektive.

INFO
Friedrich Nietzsche (1844–1900) war ein deutscher Philosoph und Dichter.

schwirren: Das Verb wird hier als Adjektiv verwendet (Wortneuschöpfung).

Friedrich Nietzsche
Vereinsamt (1884)

Die Krähen schrein
Und ziehen schwirren* Flugs zur Stadt:
Bald wird es schnein –
Wohl dem, der jetzt noch – Heimat hat!

5 Nun stehst du starr,
Schaust rückwärts, ach! wie lange schon!
Was bist du Narr
Vor Winters in die Welt – entflohn?

Die Welt ein Tor
10 Zu tausend Wüsten stumm und kalt!
Wer das verlor,
Was du verlorst, macht nirgends halt.

Nun stehst du bleich,
Zur Winter-Wanderschaft verflucht,
15 Dem Rauche gleich,
Der stets nach kältern Himmeln sucht.

Flieg, Vogel, schnarr
Dein Lied im Wüstenvogel-Ton! –
Versteck, du Narr,
20 Dein blutend Herz in Eis und Hohn!

Die Krähen schrein
Und ziehen schwirren Flugs zur Stadt:
Bald wird es schnein, –
Weh dem, der keine Heimat hat!

zentrale Textstellen angeben

7 Gib Textstellen an, die besonders eindrücklich die Stimmung des Gedichts „Vereinsamt" vermitteln.

den Inhalt wiedergeben

8 Gib den Inhalt des Gedichts strophenweise wieder.

das Gedicht erschließen und interpretieren

9 a) Lege ein Gedankengitter zum Gedicht an (vgl. Seite 46).

b) Formuliere deine Ergebnisse schriftlich.

Gut vorbereitet!
Mit Aufgabenformaten sicher umgehen

In Klassenarbeiten, Lernstandstests oder Abschlussprüfungen begegnen dir Aufgabenformate, d. h. Aufgabenarten, die unterschiedliche Anforderungen an dich stellen. In diesem Kapitel lernst du die wichtigsten kennen und übst den Umgang damit.

geschlossene Aufgabenformate, z. B.:
- Multiple-Choice-Aufgaben
- Richtig-Falsch-Aufgaben
- Zuordnungsaufgaben

halboffene Aufgabenformate, z. B.
- Lückentext
- Ergänzungsaufgabe
- Aufgabe mit Kurzantwort

offene Aufgabenformate, z. B.:
- Stellung nehmen
- Text interpretieren

Achte auf die **Operatoren** in den Aufgabenstellungen: Diese Verben nennen die Tätigkeiten, die du bei der Bearbeitung der Aufgabe durchführen sollst.

Was weißt du schon?

- Welche Aufgabenformate kennt ihr bereits? Erklärt sie anhand eines Beispiels.

- Welche Aufgabenformate bereiten dir am meisten Schwierigkeiten? Berichte.

- Vergleiche die Operatoren „beschreiben" und „erklären" anhand eines Beispiels. Schreibe z. B.:
  Beschreibe, wie du vorgehst, wenn du …

- Es gibt Operatoren in unterschiedlichen Anforderungsstufen, z. B. *nennen* (erste Stufe), *herausarbeiten* (zweite Stufe), *interpretieren* (dritte Stufe). Nennt weitere Operatoren und schätzt ihre Schwierigkeitsstufe ein.

Training 1: Lesekompetenz zeigen

eine Kurzgeschichte erschließen

TIPP
Arbeite mit einer Textkopie.

INFO
Nadja Einzmann (geb. 1974) schreibt unter anderem Erzählungen und Gedichte. Der abgedruckte Text stammt aus dem Erzählband „Da kann ich nicht nein sagen: Geschichten von der Liebe".

voltigieren:
am galoppierenden Pferd turnen

1 Lies die Kurzgeschichte und mache dir Notizen zu deinem Textverständnis. Beziehe den Hinweis zum Erzählband in der Randspalte mit ein.

Nadja Einzmann
An manchen Tagen

An manchen Tagen warte ich, dass etwas passiert. Auf einen Anruf; dass das Haus einstürzt; oder der Arzt mir sagt, dass ich nur noch wenige Wochen zu leben habe. Ich sitze im Bett und warte, und meine Mutter klopft an die Türe. Zu berichten hat sie nichts. Sei so
5 gut, sagt sie, bring den Müll hinunter, oder: Wie wäre es mit einem Spaziergang, es ist ein wunderbarer Tag, sonnig, und die Spatzen pfeifen es von allen Dächern. Nein, rufe ich ihr zu, durch die geschlossene Tür, mir ist nicht danach, mir ist nicht nach Welt. Und ich sitze im Bett, der Himmel schaut blau durch mein Fenster oder
10 umwölkt sich, oder ein Gewitter zieht auf. Mein Bett ist mein Schiff, mein Bett ist mein Floß, ich treibe dahin, Haie und andere Meerestiere unter mir und Sterne und Himmel über mir.
Was soll ich unternehmen mit dir, sagt meine Mutter, und stellt mir das Abendessen vor die Tür. Keines meiner Kinder, *keines* meiner
15 Kinder, alle sind sie normal und gehen zur Arbeit, gehen morgens aus dem Haus und kehren abends zurück, nur du nicht. Was soll nur werden mit dir?
Es gab Zeiten, da ich anders war, solche Zeiten hat es gegeben. Ausgesprochen lebhaft war ich. Keine Aufgabe war sicher vor mir,
20 und dann noch zum bloßen Zeitvertreib zeichnete ich und voltigierte* und focht und tanzte die Nächte durch. Meine Geschwister sahen müde aus, wenn sie von der Arbeit kamen. Sie hatten sich das Weiß in ihren Augen blutig gesehen über den Tag, und auch ihre Hände waren wund und schmerzten. Mir sah man
25 keine Mühen an. Nie. Ich schwebte über den Boden, wo andere gingen, und dass ich mich bückte, kam nur sehr selten vor. Ja, es hat Zeiten gegeben, da ich anders war, und ich trauere ihnen nicht nach. Packt eure Herzen in Alufolie, dass sie geschützt sind, wenn ihr aus dem Haus geht, und reicht sie nicht frei herum!
30 Es hat Zeiten gegeben, da ich anders war, und meine Mutter trauert ihnen nach. Kind, sagt sie, willst du nicht aufstehen, dass dein Vater mit dir fischen
35 gehen kann und deine Geschwister dir berichten von ihrem Tag? Nein, sage ich, mir ist nicht nach Welt. In meinem Bett sitze ich, das mein Floß ist, und
40 der Seegang ist hoch. Salziger Wind fährt mir durchs Haar und die Wellen überschlagen sich.

Im Folgenden wird dein Textverständnis anhand von verschiedenen Arten von Aufgaben (Aufgabenformaten) überprüft.

Richtig-Falsch-Aufgaben

> **Richtig-Falsch-Aufgaben**
>
> **Richtig-Falsch-Aufgaben** werden oft zur Überprüfung der genauen Textkenntnis gestellt.
> - Aussagen zum Text sind zu überprüfen und als richtig bzw. falsch zu erkennen.
> - Oft hängt die zutreffende Zuordnung nur von einem einzigen Wort in den vorformulierten Aussagen ab!

2 a) Welche der Aussagen ist richtig, welche ist falsch?
Notiere die Buchstaben sowie r (richtig) / f (falsch).

Aussagen zum Text prüfen

	richtig	falsch
A Die Handlung der Geschichte spielt nicht an einem bestimmten Tag.	?	?
B Die Mutter ist ratlos wegen des Verhaltens ihres Kindes.	?	?
C Der junge Mensch war schon immer in sich gekehrt.	?	?
D Der Vater wird in der Erzählung nicht erwähnt.	?	?
E Nadja Einzmann nutzt das erzählerische Mittel der Rückblende in der Kurzgeschichte.	?	?

b) Tauscht euch in Partnerarbeit aus.
– Welche Aussagen musstet ihr sehr genau lesen, um sie richtig zuzuordnen?
– Welche Wörter spielten eine entscheidende Rolle?

die Aufgabe reflektieren

3 a) Wähle einen Text aus dem Kapitel „Hinter die Geschichte schauen" (S. 101 ff.) und formuliere Richtig-Falsch-Aufgaben dazu.

b) Tauscht die Aufgaben in Partnerarbeit aus und löst sie.

Richtig-Falsch-Aufgaben formulieren und beantworten

4 Welche Aussage zur Parabel „Heimkehr" (S. 60) ist richtig (r), welche ist falsch (f)? Notiere in deinem Heft.

> **A** Die Parabel ist aus der Sicht eines auktorialen Erzählers geschrieben.
>
> **B** Je länger der Sohn vor der Tür steht, desto größer wird seine Gewissheit, dass seine Familie ihn aufnehmen wird.
>
> **C** Die Parabel hat ein offenes Ende.

Multiple-Choice-Aufgaben

> **Multiple-Choice-Aufgaben**
> - Bei einer **Multiple-Choice-Aufgabe** (engl. *choice*: Wahl) musst du unter mehreren Aussagen die eine richtige Lösung herausfinden. Manchmal wird auch nach der (einzigen) falschen Aussage gefragt.
> - Schwierigere Multiple-Choice-Aufgaben fordern zusätzlich eine Begründung der Antwort (siehe Seite 204 f.: Kurzantwort).

die Erzählsituation bestimmen

5 Beachte genau, was im Text steht, und notiere den Buchstaben vor der zutreffenden Aussage in dein Heft.

> Die Erzählsituation in der Kurzgeschichte „An manchen Tagen" …
>
> **A** ist eine auktoriale Erzählsituation.
>
> **B** ist eine personale Erzählsituation.
>
> **C** ist eine Ich-Erzählsituation.
>
> **D** wechselt mehrfach.

Aussagen zum Text prüfen

6 Welche der folgenden Aussagen trifft als einzige zu?
Notiere den Buchstaben davor in dein Heft.

> **A** Die Mutter der Hauptfigur berichtet ihr von ihrem Tag.
>
> **B** Die Geschwister berichten von ihrem Tag.
>
> **C** Die Mutter der Hauptfigur trauert früheren Zeiten nach.
>
> **D** Der Vater der Hauptfigur trauert früheren Zeiten nach.

die Thematik benennen und die Antwort begründen

7 Bestimme die Thematik des Textes. Schreibe den zutreffenden Buchstaben ins Heft und begründe deine Entscheidung textnah in zwei Sätzen.

> Nadja Einzmann thematisiert …
>
> **A** die Launenhaftigkeit junger Menschen.
>
> **B** die Gefühlsverwirrung am Ende einer Liebesbeziehung.
>
> **C** das depressive Verhalten nach dem Verlust des Arbeitsplatzes.
>
> **D** das Verhalten eines jungen Menschen nach einem familiären Konflikt.

Aufgabenformate üben

8 Untersuche die beiden Schülerantworten zu Aufgabe 7.
– Sind sie inhaltlich überzeugend?
– Erfüllen sie die formalen Anforderungen der Aufgabe?

die genaue Umsetzung der Aufgabenstellung prüfen

Lösung A
Nadja Einzmann thematisiert die Launenhaftigkeit und Unausgeglichenheit junger Menschen am Beispiel einer jungen Frau.

Lösung B
Die Autorin erzählt von einem jungen Menschen, der zu nichts mehr Lust hat und in den Tag hinein lebt. Auslöser für dieses Verhalten ist wahrscheinlich das Ende einer Liebesbeziehung. Im Text heißt es in Z.25: „Ich schwebte über den Boden [...]".

Zuordnungs-Aufgaben

> **Zuordnungs-Aufgaben**
> Bei einer **Zuordnungs-Aufgabe** musst du aus vorgegebenen Begriffen, Satzteilen oder Sätzen Paare bilden.

9 Verbinde jeweils zwei Teilsätze mit einer Konjunktion zu einem Satzgefüge, das zur Erzählung passt. Schreibe die Sätze in dein Heft und ergänze die nötigen Kommas.

zum Text passende Satzgefüge bilden

A Die Hauptfigur erfüllt die Bitten der Mutter nicht ...	während	1 ... ihre Geschwister von der Arbeit erschöpft waren.
B Sie trauert den früheren Zeiten nicht nach ...	weil	2 ... sie damals lebhaft und glücklich war.
C Früher war die Hauptfigur voller Energie ...	obwohl	3 ... ihr nicht danach ist.

10 Ordne den Aussagen aus einer Textinterpretation die passenden Textbelege zu.
Notiere die Buchstaben-Zahlen-Kombination in deinem Heft.

Aussagen und Textbelege einander zuordnen

A Die Heldin war früher aktiv, dynamisch, voller Energie und vielseitig interessiert.		1 „Ich sitze im Bett und warte [...]." (Z.3)
B Die Flucht in Tagträume macht einen Großteil ihres Alltags aus.		2 „Keine Aufgabe war sicher vor mir [...]." (Z.19)
C Im Gegensatz zu früher verhält sie sich passiv und antriebslos.		3 „Mein Bett ist mein Schiff [...]." (Z.10)

Aufgabenformate üben

stilistische Mittel und Textstellen einander zuordnen

INFO
der Parallelismus:
Wiederholungen im Satzbau, z. B.:
Scheint die Sonne, lachen die Menschen.

11 Nadja Einzmann hat in ihrer Kurzgeschichte bestimmte stilistische Mittel eingesetzt. Ordne sie den passenden Textbeispielen zu. Notiere die Zahlen-Buchstaben-Kombination in deinem Heft.

Stilistische Mittel	Textbeispiele
1 sprachliche Bilder aus einem anderen Bereich	A „[…] der Himmel schaut blau durch mein Fenster […]." (Z. 9)
2 Parallelismus (hier: bei Nebensätzen)	B „Mein Bett ist mein Schiff, mein Bett ist mein Floß, ich treibe dahin, Haie und andere Meerestiere unter mir […]." (Z. 10 ff.)
3 Rückblende	C „Keines meiner Kinder, *keines* meiner Kinder, alle sind sie normal und gehen zur Arbeit, […]." (Z. 14 ff.)
4 Personifizierung	D „Keine Aufgabe war sicher vor mir, und dann noch aus bloßem Zeitvertreib zeichnete ich und voltigierte und focht […]." (Z. 19 ff.)
5 Wiederholung von Satzteilen	E „[…] warte ich, dass etwas passiert. Auf einen Anruf; dass das Haus einstürzt oder der Arzt sagt mir, dass ich nur noch wenige Wochen zu leben habe." (Z. 1 ff.)

Kurzantwort-Aufgaben

 Kurzantwort-Aufgaben

Eine **Kurzantwort-Aufgabe** gibt die Antworten nicht gänzlich vor, sondern verlangt eine selbstständig formulierte Antwort, z. B. eine Stellungnahme.
Achte auf weitere Hinweise (z. B. Textnähe, Antwort in Stichworten / ganzen Sätzen, Anzahl der Sätze).

Textinhalte finden und die Zeilen angeben

12 Schreibe zu den vier Textinhalten jeweils die Zeilenangaben in dein Heft. Beachte, dass du teilweise mehrere Textstellen angeben musst.

A	die Tagträume der Hauptfigur
B	die Geschwister der Hauptfigur
C	die Ratschläge der Mutter
D	die ratlosen Fragen der Mutter

13 Bearbeitet die folgende Aufgabe zu zweit. Klärt dazu, was „Stellung nehmen" beinhaltet und wie ihr die eigene Stellungnahme absichern könnt.

zu einer Aussage Stellung nehmen

TIPPS
› Mache dir Notizen zu deinem Verständnis der Textstelle.
› Notiere zunächst Stichworte für den Inhalt der geforderten Sätze.

> Nimm in vier bis fünf Sätzen Stellung zu folgender Aussage:
> Der Satz „Packt eure Herzen in Alufolie, dass sie geschützt sind, wenn ihr aus dem Haus geht, und reicht sie nicht frei herum!" ist ein Schlüsselsatz zum Textverständnis.

14 a) Übernimm die folgende Aufgabenstellung ins Heft und markiere alle Anforderungen.

passende Textstellen ergänzen und erklären

> „Mir ist nicht nach dieser Welt."
> Ergänze zwei weitere Textstellen, die die Gefühlsverwirrung des jungen Menschen beschreiben.
> Erkläre diese Textstellen jeweils in drei Sätzen.

b) Bearbeite die Aufgabe. Vergleiche mit einer Lernpartnerin / einem Lernpartner.

15 a) Wähle eine Aufgabe aus.

zu einer Aussage/Frage Stellung nehmen

> **A** Nimm in vier bis fünf Sätzen textnah Stellung zu folgender Aussage:
> „In dieser Kurzgeschichte geht es nicht so sehr um Figuren und ihre Handlungen, sondern um eine Stimmung, um ein Lebensgefühl, einen inneren Zustand."
>
> **B** Nimm in vier bis fünf Sätzen Stellung zu folgender Frage:
> Weist der Text „An manchen Tagen" die Merkmale der traditionellen Kurzgeschichte auf?

b) Übernimm die gewählte Aufgabe in dein Heft und schreibe deine Stellungnahme.

c) Vergleicht eure Texte in Lernpaaren, die jeweils die gleiche Aufgabe gewählt haben.

16 a) Notiere die Operatoren, die in den Aufgabenstellungen auf den Seiten 201–205 vorkommen.

Operatoren erkennen und erklären

b) Ordne die Operatoren nach ihrem Schwierigkeitsgrad.

c) Wähle zwei Operatoren aus und erkläre sie einer Lernpartnerin / einem Lernpartner.

Lückentext-Aufgaben

> **Lückentext-Aufgaben**
>
> Bei einer **Lückentext-Aufgabe** musst du passende Begriffe in die Textlücken einsetzen.
> - Bei den einfachsten Aufgaben kannst du die passenden Begriffe direkt aus einem Wortspeicher übernehmen.
> - Schwieriger wird es, wenn du die Begriffe aus dem Wortspeicher in die richtige Form bringen musst (z. B. *bringen → brachte*).
> - Bei Leistungsaufgaben musst du die Lückenwörter meist selbstständig formulieren.

Merkmale der Textsorte mit Hilfe eines Wortspeichers benennen

17 Übernimm den Text ins Heft und fülle die Lücken.

Merkmale einer klassischen Kurzgeschichte:	
• Anfang und in der Regel auch der Schluss sind	– *für Menschen allgemein*
• Die Handlung in ihrer Ausschnitthaftigkeit beschränkt sich auf	– *das Wesentliche*
• In der klassischen Kurzgeschichte handeln meist ....., die keinen ..... tragen, sodass sie Stellvertreterfunktion ..... allgemein übernehmen können.	– *wenige Figuren* – *offen* – *schlicht* – *Namen*
• Die Sprache der Kurzgeschichte ist oft ....., sodass sie leicht verständlich ist.	

den Textaufbau mit Hilfe eines Wortspeichers beschreiben

18 Übernimm den Text ins Heft und fülle die Lücken.
Verwende dazu die Wörter im Wortspeicher in der richtigen Form.

Nadja Einzmann gliedert ihre ..... in ..... Hauptabschnitte. Zunächst beschreibt sie ..... der Protagonistin. Der zweite Teil, in Form ..... gestaltet, geht auf das ganz ..... Verhalten zu früheren Zeiten ein. Im Schlussteil werden noch einmal die Verhaltensweisen von ..... gegenübergestellt. Der Text gibt ..... der Figuren wenig Raum und rückt dafür ..... in den Vordergrund.	– *anders* – *die Mutter und die Ich-Erzählerin* – *Kurzgeschichte* – *Verhalten und Stimmungen* (2×) – *eine Rückblende* – *das Handeln* – *drei*

Lückentext-Aufgaben zu einem literarischen Text formulieren

19 a) Wähle eine Parabel (Seite 60) oder einen satirischen Text (Seite 118) aus und formuliere eine Lückentext-Aufgabe dazu. Lege sie so an, dass die Begriffe aus deinem Wortspeicher in die richtige Form gebracht werden müssen.

b) Tauscht eure Aufgaben in Partnerarbeit aus und löst sie.

Training 2: Rechtschreibkönnen und Sprachwissen zeigen

Korrektur-Aufgaben

> **Korrektur-Aufgaben**
> Bei einer **Korrektur-Aufgabe** musst du zum Beispiel Rechtschreibfehler erkennen und berichtigen.

1 a) Prüfe den Text auf Rechtschreibfehler. Schreibe ihn dann in der korrekten Schreibweise in dein Heft.

Rechtschreibfehler finden und berichtigen

b) Vergleicht die Ergebnisse in Partnerarbeit.

Fremdwörter sind unverzichtbare Bestanteile der Deutschen Sprache. Sie erfüllen seid jeher vielfältige Funktionen im Zusammenhang mit der alltäglichen und fachspezifischen Komunikation. Es empfielt sich voralllem dann Fremdwörter zu benutzen, wenn Situationen eintreten wie die Folgenden:
– Mit einem deutschen Wort kann man etwas nur sehr umständlich umschreiben.
– Man möchte einen graduellen Unterschied im gesagten deutlichmachen.
– Unerwünschte Asoziationen, insbesondere wenn sie mit negativem verbunden sind, sollen vermieden werden.
– Ein bestimmtes Lebensgefühl soll zum ausdruck gebracht werden.
– Die Ausage soll stilistisch variert werden.

2 Beim folgenden Text fehlen Kommas und Anführungszeichen. Übernimm den Text in dein Heft und ergänze sie.

Satzzeichen ergänzen

TIPP
Orientiere dich an finiten Verben und Konjunktionen. Nutze ggf. die Umstellprobe.

Die Aufnahme neuer und das Aussterben alter Fremdwörter hält sich seit Jahrhunderten nahezu die Waage. Daran haben selbst die Massenmedien des 20. Jahrhunderts denen bei der Verbreitung von fremdem Wortgut eine besondere Rolle zugesprochen wird nichts geändert.
Es ist auch ein Irrtum dass die Verwendung von Fremdwörtern die grammatische Struktur des Deutschen beeinflussen könnte. Solange ein englisches Verb wie *to download* im deutschen Satz als trennbares Verb (analog zu *herunterladen*) behandelt und nach deutschem Flexionsmuster gebeugt wird (*ich loade down, loadete down, habe downgeloadet*) solange funktioniert die positive Adaptionskraft die Goethe der deutschen Sprache bescheinigt wenn er schreibt: Die Gewalt einer Sprache ist nicht dass sie das Fremde abweist sondern dass sie es verschlingt.

updaten: Ich date up, datete up, habe upgedatet …

Zuordnungs-Aufgaben

die passende Rechtschreibstrategie zuordnen

3 Welche Rechtschreibstrategie hilft bei der richtigen Schreibung der markierten Stellen?

a) Übernimm die linke Spalte der Tabelle in dein Heft.

b) Ordne den Sätzen die passende Rechtschreibstrategie zu.

Satz mit Rechtschreibproblem	Wie vermeide ich den Fehler?
1 Ein Problem ist, das**s** sich Fremdwörter nur in wenigen Fällen auf den deutschen Wortschatz beziehen lassen.	**A** Rechtschreibregel kennen: Verbindungen mit dem Verb *sein* werden getrennt geschrieben.
2 Die Aufnahme neuer und das **A**ussterben alter Fremdwörter halten sich die Waage.	**B** die Ersatzprobe anwenden: Das Relativpronomen *das* kann man durch *welches* ersetzen (die Konjunktion *dass* hingegen nicht).
3 In regelmä**ß**igen Abständen wird vor der „Überfremdung" der deutschen Sprache gewarnt.	**C** auf Nomenbegleiter achten
4 Im **A**llgemeinen ist mit der Verwendung von Fremdwörtern auch die Gefahr des falschen Gebrauches verbunden.	**D** Rechtschreibregel kennen: *ss* nach kurzem betontem Vokal, *ß* nur nach langem Vokal bzw. Diphtong (*eu, ei, au*)
5 Aber man muss berei**t s**ein, seinen Fremdwortgebrauch kritisch zu überdenken.	**E** zwei Möglichkeiten: • die Schreibung von festen Wendungen nachschlagen • auf Nomenbegleiter achten

Satzglieder benennen

TIPP
Erfrage die Satzglieder:
> *Wer ...?*
> *Wie ...?*

4 a) Benenne die Satzglieder, indem du die Begriffe im Kasten den Wörtern im Satz zuordnest. Manche musst du mehrfach zuordnen.

> Gebraucht jemand Fremdwörter falsch, entsteht oft unfreiwillig Komik.
>
> Subjekt   Adverbialbestimmung der Zeit   Prädikat
> Akkusativobjekt   Adverbialbestimmung der Art und Weise

b) Schreibe den Satz in dein Heft und kennzeichne die Satzglieder.

Tempusformen richtig zuordnen

5 Ordne die Prädikate den entsprechenden Tempusformen zu.
Schreibe die Prädikate mit dem entsprechenden Tempus in dein Heft.

> Ich glaubte fest daran, dass mir nichts passieren konnte, solange mein Vater mit seiner tiefen Stimme heraufbeschwören konnte, was er in seiner Kindheit alles erlebt hatte. So nahe wie damals sollte ich ihm nie wieder sein, doch die Geschichten, die er mir erzählt hat, haben mich nie verlassen. Zeitlebens werde ich diese Erinnerungen meines Vaters mit mir herumtragen.
>
> Futur I   Präsens   Präteritum   Plusquamperfekt   Perfekt

Visualisierungs-Aufgaben

> **Visualisierungs-Aufgaben**
> Eine anschauliche Darstellung, z. B. als Diagramm oder Grafik, kann dir helfen, etwas zu verstehen oder dir zu merken. Manchmal wird auch in Tests eine Visualisierung verlangt.

6 Stelle die Satzgefüge grafisch in deinem Heft dar.
- Übernimm den Text in dein Heft.
- Zeichne die passenden Satzbilder zu den Sätzen:
Hauptsatz + Nebensatz + ...

Haupt- und Nebensätze erkennen und grafisch darstellen

> Fragwürdig ist der Gebrauch von Fremdwörtern dort, wo die Gefahr besteht, dass sie Verständigung und Verstehen erschweren. Das gilt auch, wenn sie der Überredung oder der Manipulation dienen, nur als intellektueller Schmuck oder sogar aus purer Nachlässigkeit verwendet werden. Doch sind dies Funktionen der Sprache, die sie auch mit Hilfe deutscher Wörter erfüllen kann, sodass es sich hier nicht um ein spezifisches Fremdwortproblem handelt.

Richtig-Falsch-Aufgaben

7 In Goethes „Faust" heißt es: „Denn wenn es keine Hexen gäbe, wer, Teufel! möchte Teufel sein?" Notiere in deinem Heft, ob die Angaben zu den Wortarten richtig (r) oder falsch (f) sind.

Wortarten bestimmen

	richtig	falsch
denn: Konjunktion	?	?
es: Personalpronomen	?	?
Hexen: Nomen	?	?
gäbe: Verb	?	?
wer: Reflexivpronomen	?	?
möchte: Hilfsverb	?	?
sein: Possessivpronomen	?	?

Umformungs-Aufgaben

8 Forme die unterstrichenen Satzglieder jeweils in einen Nebensatz um. Schreibe in dein Heft.

Nebensätze bilden / Sätze umformen

> **A** Fremdwörter helfen, <u>unerwünschte</u> Assoziationen zu vermeiden.

> **B** <u>Fremdwortbenutzer</u> sollten Fremdwörter nicht aus Angeberei oder Gedankenlosigkeit verwenden.

> **C** <u>Durch Fehlgriffe bei der Verwendung von Fremdwörtern</u> kann man sich ordentlich blamieren.

Die Aufgabenstellung genau lesen und umsetzen

Achte auf die Operatoren in Aufgabenstellungen. Diese Verben nennen die Tätigkeiten, die du bei der Bearbeitung der Aufgabe durchführen sollst.

ein Gedicht erschließen

INFO
Sarah Kirsch (1935-2013), siedelte Ende der 1970er-Jahre aus der DDR nach Westberlin über und wurde als Lyrikerin bekannt.

1 Lies das Gedicht mehrmals und mache dir Notizen zu deinem Textverständnis, z. B. auf einer Textkopie.

Sarah Kirsch
Im Sommer (1976)

Dünnbesiedelt das Land.
Trotz riesiger Felder und Maschinen
Liegen die Dörfer schläfrig
In Buchsbaumgärten; die Katzen
5 Trifft selten ein Steinwurf.

Im August fallen Sterne.
Im September bläst man die Jagd an.
Noch fliegt die Graugans, spaziert der Storch
Durch unvergiftete Wiesen. Ach, die Wolken
10 Wie Berge fliegen sie über die Wälder.

Wenn man hier keine Zeitung hält,
ist die Welt in Ordnung.
In Pflaumenmuskesseln
Spiegelt sich schön das eigne Gesicht und
15 Feuerrot leuchten die Felder.

Notizen:
– 3 gleichmäßig gebaute Strophen
– keine Reime
– Enjambement
– Tempus: Präsens
– „noch": Verweis auf Umbruch/ Vergangenheit

die Aufgabenstellung erklären

2 Lest die folgenden Aufgaben zum Gedicht. Erklärt in Partnerarbeit, was genau jeweils zu tun ist, z. B.:
– *Operator „benennen": etwas ohne nähere Erklärung formulieren bzw. aufschreiben*
– ...

- Benenne das Thema des Gedichts.
- Fasse den Inhalt mit eigenen Worten zusammen.
- Bestimme „Handlungsort" und Zeit im Gedicht.
- Beschreibe die äußere Form des Gedichts.
- Untersuche die sprachliche Gestaltung.
- Benenne und erkläre die verwendeten Stilmittel.
- Beschreibe die Grundstimmung im Gedicht.
- Erläutere, welchen Naturbezug das Gedicht ausdrückt.
- Interpretiere das Gedicht.

Zu den schwierigsten Anforderungen gehört es, einen Text zu interpretieren. Dazu gehören Tätigkeiten wie untersuchen, wiedergeben, darstellen, erschließen, deuten, erklären, einordnen, bewerten.

3 Interpretiere das Gedicht „Im Sommer". Gehe z. B. so vor:

a) Lege ein Gedankengitter zum Gedicht an (S. 46), um mit dem Text „ins Gespräch zu kommen".

ein Gedicht interpretieren
→ S. 45 ff.

b) Untersuche die äußere Form und die sprachliche Gestaltung des Gedichts. Notiere alles, was dir auffällt, und gib jeweils die Verse an. Frage jeweils nach der Funktion bzw. Wirkungsabsicht.

– *Anzahl und Aufbau der Strophen:*
 drei gleichmäßige Strophen mit je fünf Versen
 Wirkungsabsicht: ruhige Stimmung

– …

c) Ordne die notierten Elemente sinnvoll. Formuliere zu jedem ein bis drei Sätze und notiere Textbelege.

d) Arbeite die Einzelsätze zu einem Text aus. Setze jeweils Inhalt, äußere Form und Sprache in Bezug zueinander.

e) Vergleiche deine Ergebnisse mit einer Lernpartnerin / einem Lernpartner.

f) Entwirf eine Einleitung mit den notwendigen Angaben (Autorin, Textart usw.).

→ **eine Gedichtinterpretation schreiben, S. 48 f.**

g) Formuliere einen Schlussteil in etwa vier Sätzen. Wähle dafür drei der folgenden Inhaltsaspekte aus und setze sie um:
– pauschales Urteil über den literarischen Text,
– Wiederholung der zentralen Aussage,
– Vergleich mit motivverwandten Gedichten,
– Vergleich mit eigenen Naturerfahrungen und Haltungen.

4 „Sarah Kirsch ist es gelungen, Erinnerungen an eine vergangene Zeit einzufangen." – Nimm in fünf Sätzen textnah Stellung zu dieser Aussage. Schreibe in dein Heft.

zu einer deutenden Aussage Stellung nehmen

Das habe ich gelernt

- Zu den geschlossenen Aufgabenformaten gehören …
- Operatoren bezeichnen …
- Operatoren kann man nach Schwierigkeitsgrad ordnen, z. B. …
- Lückentext-Aufgaben gibt es in verschiedenen Varianten: …
- Welche Aufgabenformate fallen dir noch schwer?
- Beurteile die Notwendigkeit eines Kapitels wie „Gut vorbereitet".

Schreibe in dein Heft oder Portfolio.

Anwenden und vertiefen

INFO
Andreas Heidtmann
(geb. 1961) ist tätig als Autor, Lektor, Herausgeber und Pianist.

im Soll landen:
sein Bankkonto überziehen

Andreas Heidtmann
Notfalls Marmelade

Der Aufzug ist ohne Zwischenstopp abwärtsgerauscht. Wir sind unten. Endstation, sage ich und steige aus. Das Kind lacht. Der, der ihm am ähnlichsten sieht, ist auf und davon, und die einzigen Briefe, die uns erreichen, sind Mahnungen. Die Wohnung ist zu
5 klein, um all die Mahnungen zu stapeln. Manchmal greift sich der Wind ein Blatt und trägt es durchs offene Fenster hinaus. Unterdessen kaufe ich dem Kind Schuhe und lande im Soll*. Selbst die Marmelade beschert uns rote Zahlen. Dahinter steckt ein Gesetz. Man wird uns das Wasser, das uns bis zum Hals steht,
10 abdrehen. Ein Glück! Man wird den Strom kappen, sodass wir uns wärmer anziehen müssen, aber wer zahlt die wärmere Kleidung? Ich renne ins Kaufhaus und verlange Pullover, Handschuhe und wollene Socken, während das Minus auf dem Konto wächst.
Ohne Strom, weiß mein Kind, können wir keine Nachrichten sehen.
15 Unsere Unwissenheit nimmt täglich zu. Fragt mein Kind, wer regiert unser Land, antworte ich: Wir haben keinen Strom, weil die schönen Schuhe so teuer sind, weil die Marmelade ein Vermögen kostet, weil die Zeitung unbezahlbar ist, haben wir keinen Strom, und weil wir keinen Strom haben, sage ich, klaffen in unseren
20 Köpfen Informationslücken, sodass wir nicht wissen, wem wir unsere liebe Not verdanken.
Meine Haare kann ich ohne Strom nicht föhnen. Ich laufe mit einer Unfrisur herum. Wie soll ich ohne Föhn eine Anstellung finden? Der Chef, der nicht mein Chef werden wird, schüttelt den Kopf. Vor
25 lauter Gedanken an meine Unfrisur habe ich vergessen, was die Firma produziert. Vielleicht stellt sie Haarföhne her. Oder sie verkauft Strom. Wüsste ich wenigstens, wie die Firma heißt. Ich könnte den Chef, der keine Informationslücken hat, überzeugen. So bleibt alles, wie es ist, und ich gehe ohne Anstellung nach Hause.
30 Geknickt, wie ich bin, kommen große Sprünge nicht in Frage. Meine Freundin sagt: Ohne Strom ist für euch der Tag um vier gelaufen. Wir zünden Kerzen an, sage ich. Falls ihr sie bezahlen

könnt, sagt sie. Während andere arbeiten oder an langen Abenden lesen, tappst du mit deiner Tochter im Dunkeln. Meine Freundin hat Recht. Ich hocke ungeföhnt im Dunkeln, lese nicht und weiß nicht, wer unser Land regiert. Mein Kind wird nicht in die reguläre Schule kommen. Es kann nur mit roten Zahlen rechnen und leckt die Marmelade vom Finger. Es muss dorthin, wo die Dümmsten der Dümmsten büffeln. Sogar die Dümmsten wissen, es geht leichter hinunter als hinauf. Am Ende bleibt nur das Souterrain*. Das Souterrain, sage ich zum Kind und deute mit dem Daumen nach unten. Egal, wie ich es drehe, das Haushaltsloch wird immer größer. Selbst dort, wo die Schuhe meiner Tochter stehen, gähnen zwei kleine Haushaltslöcher. Der Haushalt steckt voller Ungeheuer, die, gefräßig wie Staubsaugerrüssel, jeden Cent verschlingen.
Der Briefträger reicht mir die Post, deren Empfang ich quittieren muss. Ich schreibe meinen Namen und sage: Bitteschön. Es ist die Kündigung. Es ist die Kündigung, sage ich und gebe meiner Tochter den Brief. Wer hat uns gekündigt, fragt sie. Das Leben, sage ich. Hatte meine Freundin es nicht prophezeit?
[...]
In Windeseile nehme ich meine Tochter an die Hand und laufe mit ihr hinaus. Wir atmen flach, obwohl die Luft nichts kostet. Wir werden verschwinden, ehe man uns die Wohnung nimmt. Was wir nicht haben, wird uns niemand nehmen. Die Sterne sind weit weg. Wir unterqueren den Mond, der gut lachen hat. Wäre ich an seiner Stelle, bräuchte ich weder einen Föhn noch Strom. Die Nacht wäre unser Haus.
Wir sind ab heute ohne Anschrift, sage ich dem Kind. Aber es versteht nicht. Es zählt seine Schritte in den teuren Schuhen. Doch selbst wenn es nicht seine Schritte zählte, wäre es weit davon entfernt, das Einmaleins des Lebens zu begreifen. Dein neues Zimmer hat Wände aus Luft, sage ich. Wir werden einfach geradeaus laufen. Irgendwann ist die Welt zu Ende. Jedenfalls kommt irgendwann ein Meer oder ein Parkplatz. Irgendwann ist Schluss. Endstation. Wir werden gehen, bis es nicht mehr weitergeht. Mein Kind träumt. Es träumt von einer Kinderparty mit bunten Luftballons. Die Kinder können nicht stolpern, weil überall Lampions brennen.
Die Straße verjüngt sich hinter den letzten Häusern, aber weder das Meer noch ein Parkplatz ist in Sicht. Wir können Mais von den Feldern essen. Rüben aus dem Boden graben. Niemand muss in einer solchen Gegend hungern. Hinter den Feldern beginnt ein Wald. Dort suche ich für uns eine Lichtung. Wer hat schon so einen wunderbaren Blick in den Nachthimmel wie wir? Der Mond ist hell und kostet keine Energie. Vielleicht kommt ein Ritter in einem roten Ferrari und nimmt uns mit in sein Penthouse. Vielleicht kommt auch nur ein Verrückter und sticht uns sein Messer ins Herz.
Die Birken lachen. Wie soll ein roter Ferrari auf einer Waldlichtung parken? Auf meine Fantasie ist kein Verlass. Ich laufe mit dem Kind zurück zur Straße und sage: Ich habe mich geirrt, der Wald ist nicht unsere Zukunft. Wir müssen winken, damit endlich ein Auto hält. Bremsen quietschen. Das Gesicht eines Mannes dreht sich im matten Licht zu uns herauf.

das Souterrain: Kellergeschoss, Kellerwohnung

Bitte, fahren Sie uns in die Stadt, sage ich. Wir haben uns verlaufen. Der Wagen ist nicht rot. Es ist auch kein Ferrari. Das Auto ist rostig und klappert, aber es fährt uns zur Wohnung.
Wollen Sie nicht mit heraufkommen?, frage ich. Mein Kind braucht mehr als nur mich. Drinnen legen wir das Kind ins Bett. Es wird von den Birken der Lichtung träumen. Wenn Kinder träumen, erzählen die Bäume Geschichten. Ich lächle unseren Retter an. Er sieht hungrig aus und ich suche etwas zu essen aus den Schränken. Wir lieben uns leise, damit das Kind nicht erwacht. Ob er die Ungeheuer bändigen und unsere Haushaltslöcher stopfen kann? Ich hoffe es. Alles ist einfacher, wenn man weiß, neben wem man am anderen Tag erwacht.
Zu dritt essen wir am Morgen die letzte Marmelade. Unser neuer Freund ist zufrieden. Er hat es nicht eilig und kann es sich leisten, nirgends sein zu müssen.

einen Text erschließen

1 Lies diese Kurzgeschichte aus dem Jahr 2006. Mache dir Notizen zu deinem Textverständnis, z. B. auf einer Textkopie.

geschlossene Aufgaben zu einem Text entwickeln

2 Entwickle zum Inhalt eine geschlossene Aufgabe.
Tauscht dann eure Aufgaben in Partnerarbeit aus und löst sie.

halboffene Aufgaben entwickeln

3 a) Entwickle zwei halboffene Aufgaben zu sprachlichen Bildern in der Kurzgeschichte „Notfalls Marmelade", die Not und Hoffnung widerspiegeln.

b) Tauscht eure Aufgaben in der Gruppe aus und bearbeitet sie.

eine offene Aufgabenstellung entwickeln

4 Formuliere eine offene Aufgabenstellung zum Textschluss und bearbeite sie schriftlich.

eine geschlossene Aufgabe entwickeln

5 Lies die Kurzgeschichte „Anders" (S. 180 ff.) und formuliere eine geschlossene Aufgabe zum Inhalt.

eine Multiple-Choice-Aufgabe entwickeln

6 Lest den Text „Angela Merkel im Glamour-Outfit" (S. 92).
Entwerft in Partnerarbeit eine Multiple-Choice-Aufgabe, die abfragt, in welcher Art von Zeitung der Artikel stehen könnte.

offene Aufgaben zu einem Text bearbeiten

7 a) Wähle eine der folgenden offenen Aufgabenstellungen.

> **A** Beschreibe das Schönheitsideal, das im Barockgedicht S. 50 vermittelt wird.
>
> **B** Beschreibe den Aufbau der Satire S. 112 ff.
>
> **C** Erläutere den aktuellen Bezug des Barockgedichts S. 50.

b) Erkläre die Anforderung, die der Operator (das Verb) vorgibt.

c) Bearbeite die Aufgabe in deinem Heft.

Wissen und Können

Sprechen und zuhören

adressatengerechtes Sprechen → S. 7 ff.

Adressatengerechtes Sprechen – z. B. *sich vorstellen, sich entschuldigen, anfragen* – bedeutet, sich in Sprechinhalt und Sprechweise auf die Gesprächspartnerin / den Gesprächspartner einzustellen.
- Wähle eine angemessene Anrede und Schlussformel.
- Sprich höflich und freundlich.
- Stelle wichtige Fragen und gib bereitwillig und präzise Antwort.

Argumentieren → S. 17 ff., 77 ff.

Durch gute Argumente kannst du andere überzeugen. Dazu gehören:
- die **Behauptung (These)**, z. B.: *Moderatoren sind unverzichtbar.*
- die **Begründung (Argument)**, z. B.: *Moderatoren helfen, das Gespräch zu gliedern.*
- das **Beispiel**, z. B.: *Moderatoren leiten zu den Rückfragen über.*
- der **Beleg**, z. B.: *Eine kürzlich veröffentlichte Studie zeigte: Das Gelingen einer Diskussionsrunde hängt zu 85 % vom Geschick der Moderatorinnen/Moderatoren ab.*

sich auf ein Bewerbungsgespräch vorbereiten

Auf ein **Bewerbungsgespräch** kannst du dich so vorbereiten:
- Informiere dich gut über die angebotene Stelle und das Unternehmen.
- Überlege, was die Arbeitgeberin / den Arbeitgeber an dir interessieren könnte. Notiere mögliche Fragen und deine Antworten dazu.
- Notiere deine eigenen Fragen zur Ausbildung, zum Unternehmen usw.
- Übe das Bewerbungsgespräch möglichst vorher im Rollenspiel.
- Achte beim Gespräch auf deine Körpersprache, Mimik und Gestik.

Das **Assessment-Center** ist ein Gruppenverfahren zur Personalauswahl. Du kannst dich darauf vorbereiten, indem du die typischen Aufgaben in einem Assessment-Center trainierst:
- Selbst- oder Partnerpräsentation
- Fragebögen zum Allgemeinwissen
- Gruppenaufgaben mit anschließender Präsentation
- Kurzvortrag zu einem vorgegebenen Thema
- Gruppendiskussion

Diskutieren → S. 17 ff.

Gesprächs- und Diskussionsregeln
- Sprich laut und deutlich, damit dich alle gut verstehen.
- Bleibe sachlich und höflich.
- Lass andere zu Wort kommen und ausreden.
- Bleibe beim Thema.
- Gehe auf die Beiträge der anderen ein.
- Akzeptiere die Meinung anderer.
- Frage nach, wenn du etwas nicht verstehst.

Die Diskussionsleiterin / Der Diskussionsleiter (Moderation) hat die Aufgabe,
- die Diskussion einzuleiten, zu lenken und zu beenden;
- auf die Einhaltung der Diskussionsregeln zu achten;
- Aussagen der Diskussionsteilnehmer/innen zu verknüpfen;
- Beiträge zusammenzufassen.

Die Beobachterinnen / Die Beobachter
- verfolgen und beurteilen das Gesprächsverhalten, die Argumente, den Gesprächsverlauf und das Ergebnis der Diskussion.
- können vorbereitete Beobachtungsbögen nutzen und die Beobachtungsaufträge unter sich aufteilen.

Diskutieren: Formen und Methoden → S. 17 ff.

Es gibt vielfältige Möglichkeiten, eine Diskussion vorzubereiten und durchzuführen:

Der runde Tisch
Der runde Tisch dient der Diskussionsvorbereitung. Die Klasse teilt sich dabei in Gruppen auf, die jeweils für sich arbeiten.
- Die erste Schülerin bzw. der erste Schüler notiert zur Diskussionsfrage ein Pro- oder Kontra-Argument in eine vorbereitete Tabelle.
- Das Arbeitsblatt wird im Uhrzeigersinn weitergereicht.
- Die/Der Nächste ergänzt jeweils ein weiteres Argument oder auch ein Beispiel / einen Beleg.
- Ist das Arbeitsblatt wieder am Ausgangspunkt angelangt, werden die Argumente und Beispiele/Belege in der Gruppe besprochen und bewertet.

Die Fishbowl-Diskussion
- Bei der Fishbowl-Diskussion diskutiert eine Gruppe von Schülerinnen/Schülern in der Mitte des Klassenzimmers. Es darf während der Diskussionsrunde nur in dieser „Fishbowl" gesprochen werden.
- Die anderen Schüler/innen beobachten die Diskutierenden und ihr Diskussionsverhalten nach vereinbarten Schwerpunkten.
- Anschließend geben die Beobachter/innen ein Feedback.
- **Abwandlung** dieser Methode:
  In der Diskussionsrunde steht ein Stuhl mehr, als es Teilnehmer/innen gibt.
  Wer eine Frage stellen oder die eigene Meinung einbringen möchte, kann auf Antrag dort Platz nehmen. Im Gegenzug wechselt ein/e Diskussionsteilnehmer/in in die Beobachterrolle.

Die Kugellagerdiskussion
- Bei der Kugellagerdiskussion wird die Klasse in zwei Gruppen aufgeteilt, die sich in einem Innen- und in einem Außenkreis gegenüberstehen.
- Der Austausch findet zunächst zwischen den gegenüberstehenden Paaren statt.
- Nach einer vereinbarten Zeit (und einem Signal) rückt jede/r zwei Positionen nach rechts. Dann beginnt der Austausch mit dem jeweiligen neuen Gegenüber.

Die Rollendiskussion
- Hier nehmen die Teilnehmer/innen bestimmte Rollen ein (z. B. Jugendliche/r, Erwachsene/r, Expertin/Experte) und diskutieren als Rollenträger, nicht aus ihrer persönlichen Sicht.
- Dabei kann man Rollenkarten verwenden, auf denen man Argumente der eigenen Rolle in Stichworten notiert hat.

Debattieren
Die Debatte ist ein Streitgespräch nach festgelegten Regeln:
- Die Moderatorin / Der Moderator formuliert einleitend das Thema.
- Es folgt die Eröffnungsrunde mit den Statements der Redner/innen (pro und kontra) in der vereinbarten Reihenfolge und Redezeit.
- Danach folgt eine freie Aussprache bzw. Diskussion.
- Nach einer festgelegten Redezeit beendet die Moderatorin / der Moderator die Debatte und fasst das Gesagte zusammen.

Konfliktgespräche führen → S. 17 ff.

- **Du-Botschaften** greifen das Gegenüber oft an, weil sie „Fehler" des anderen betonen, z. B.: *Du nervst mich mit deiner lauten Musik. Kannst du sie bitte ausschalten?*
- **Ich-Botschaften** artikulieren eigene Gefühle und Wahrnehmungen, ohne das Verhalten des anderen zu werten. Sie tragen so zum gegenseitigen Verständnis und zu einer Konfliktlösung bei.
- Ich-Botschaften kannst du zweiteilig oder vierteilig formulieren:
- **zweiteilig:** *Ich bin ... (Gefühl), weil ... (Grund)*, z. B.:
  Ich bin wütend, weil die Musik so laut ist und ich meine Ruhe brauche.
- **vierteilig:** *Wenn ... (Anlass), bin ich ... (Gefühl), weil ... (Grund), und ich möchte ... (Wunsch)*, z. B.: *Wenn du die Musik so laut drehst, bin ich wütend, weil ich meine Ruhe brauche. Ich möchte, dass du sie leiser stellst oder sie woanders hörst.*

ein Plädoyer halten → S. 22 ff.

Ein Plädoyer ist eine appellative Rede bzw. eine Überzeugungsrede.
Du kannst dein Plädoyer mit Hilfe der TATAZ–Formel aufbauen:
- **T**hema: Nenne einleitend das Thema deines Plädoyers.
- **A**useinandersetzung: Betrachte das Thema aus gegensätzlichen Positionen (Pro- und Kontra-Position).
- **T**hese: Formuliere klar deine eigene Meinung zum Thema.
- **A**rgumente: Führe stichhaltige Argumente für deine Meinung an und stütze sie mit Beispielen und/oder Belegen (s. „Argumentieren").
- **Z**ielsatz: Formuliere einen einprägsamen Schlusssatz, der dein Anliegen auf den Punkt bringt.

Nutze für die sprachliche Ausgestaltung deines Plädoyers rhetorische Stilmittel wie Alliteration, Anapher, Antithese usw. (s. S. 96) oder rhetorische Fragen (Scheinfragen, auf die keine Antwort erwartet wird, z. B.: *Wer weiß das schon?*).

Präsentieren / ein Kurzreferat halten S. 7 ff.

Mit einer Präsentation (z. B. folien- oder plakatgestützt) ist die Vorstellung eines bestimmten Themas vor Zuhörerinnen und Zuhörern gemeint.
Hinweise zur **Erstellung** einer Präsentation:
- Kläre das Thema und beschaffe dir aspektreiche Informationen.
- Wähle eine neugierig machende Einleitung und einen passenden Schluss.
- Ordne die Informationen nach dem Prinzip des „roten Fadens".
- Schreibe nur die wichtigsten Stichworte auf die Folien / das Plakat (nicht überladen: Weniger ist mehr!)
- Gestalte die Texte gut lesbar, hebe Wichtiges hervor.
- Setze gezielt Farben, Bilder und/oder Animationen ein.
- Gib beim Plakat eine klare Leserichtung vor (z. B.: von oben nach unten oder im Uhrzeigersinn).
- Nutze Computerprogramme bei der Erstellung der (Folien-)Präsentation.

Achte beim **Vortragen** auf folgende Punkte:
- Halte dich an die festgelegte Redezeit.
- Nenne alle wichtigen Informationen und erkläre sie verständlich.
- Sprich laut und deutlich.
- Schaue während des Vortrags dein Publikum an und beziehe es durch Fragen ein.

Ein **Handout** gibt den Aufbau/Inhalt eines Vortrags kurz und übersichtlich wieder. Die Zuhörer/innen können darin Notizen machen und Informationen nachlesen.

Lass dir **Rückmeldungen** zu deiner Präsentation anhand von ausgeteilten Beobachtungsbögen geben.

Schreiben

argumentierendes Schreiben	**Erörtern, S. 69 ff., 77 f., 219**
Berichten	**informative Texte schreiben, S. 221 f.**

Beschreiben

- In einer Beschreibung wird ein Sachverhalt (z. B. ein Gegenstand, ein Weg, ein Vorgang, eine Person, ein Beruf) so dargestellt, dass die Leser/innen eine genaue Vorstellung davon bekommen.
- Beschreibungen sind sachlich, genau und **frei von persönlichen Wertungen**. Sie gehen auf **alle wichtigen Merkmale** des beschriebenen Sachverhaltes ein.
- Beschreibungen stehen im **Präsens.**
- Mache bei einer **Vorgangsbeschreibung** die Reihenfolge der Arbeits-/Handlungsschritte mit sprachlichen Mitteln wie Konjunktionen oder Adverbien deutlich.
- Verwende **Fachbegriffe, treffende Verben** und achte auf einen **übersichtlichen Satzbau.**

die schriftliche Bewerbung

Mit der Bewerbung wirbt der Schreiber / die Schreiberin für sich, beispielsweise im Zusammenhang mit einem Praktikum oder einem Ausbildungsplatz.
Das Bewerbungsschreiben ist in seinem Aufbau weitgehend normiert:

- Der Briefkopf enthält Angaben zu **Ort und Datum,** zum **Absender** (Name, Postadresse, Telefonnummer, E-Mail-Adresse) und zum **Adressaten** (Empfänger).
- Die **Betreffzeile** wird vom Briefkopf durch vier Leerzeilen abgesetzt.
- Dann folgt die **Anrede.**
- Anrede- und **Grußformel** sind unverzichtbare Wendungen, sie sollen eingehalten werden, um nicht unhöflich zu wirken.

Im Hauptteil des Bewerbungsschreibens gehst du darauf ein,
- woher du weißt, dass ein Praktikums- bzw. Ausbildungsplatz frei ist;
- wo und wie du dich über das Berufsbild / das Unternehmen informiert hast;
- welche Voraussetzungen du für diese Stelle mitbringst.

Beende das Bewerbungsschreiben mit der höflichen Bitte um ein Vorstellungsgespräch. Es ist wichtig, dass der Hauptteil individuell gestaltet und auf deine Person abgestimmt ist, damit das Interesse des Empfängers für dich geweckt wird.
Zu den **Anlagen** einer Bewerbung gehören neben dem Bewerbungsschreiben ein tabellarischer Lebenslauf, Zeugnisse, weitere Zertifikate und ein aktuelles Passbild.

Der (tabellarische) Lebenslauf enthält persönliche Daten des Schreibers / der Schreiberin, Angaben zum schulischen Werdegang, zu (angestrebten) Schulabschlüssen und zu besonderen Kenntnissen und Qualifikationen. Er vermittelt einen ersten Eindruck von der Entwicklung des Schreibers / der Schreiberin.
Folgende Angaben sind unverzichtbar:
- persönliche Daten und aktuelles Foto,
- Fakten und Daten zum schulischen Werdegang,
- Sprachkenntnisse, besondere Kenntnisse und weitere Qualifikationen,
- persönliche Interessen, soweit sich ein Zusammenhang zum angestrebten Praktikumsplatz oder Ausbildungsplatz herstellen lässt.

Im tabellarischen Lebenslauf werden diese Angaben stichpunktartig formuliert.
Der Lebenslauf muss klar gegliedert, die Daten müssen chronologisch und lückenlos angeordnet sein.
Der Lebenslauf wird unterschrieben.

Bei einer **Online-Bewerbung** solltest du Folgendes beachten:
- Bewirb dich (nur) online, wenn dies vom Unternehmen gewünscht wird.
- Gib eine seriöse E-Mail-Adresse sowie deine Postadresse mit Telefonnummer an.
- In der Betreffzeile der E-Mail dürfen das Wort *Bewerbung*, der Titel und die Kennziffer der Anzeige (ggf. gekürzt) nicht fehlen.
- Sende dein Bewerbungsschreiben als Anlage mit.
  Verweise in deiner Mail auf alle Anhänge.
- Erkundige dich nach gewünschten Anlagen- und Dateiformaten (z. B. alles in einem einzigen PDF-Dokument). Achte darauf, dass die Datei-Anhänge nicht zu groß sind.

Erörtern — S. 69 ff., 77 ff.

Die Erörterung ist eine schriftliche Form der Argumentation. Man unterscheidet zwei Formen: **die lineare Erörterung** (steigernde Erörterung) und die **Pro-Kontra-Erörterung** (kontroverse Erörterung). Man kann frei erörtern oder von einem Text ausgehen (s. u.: textgebundene Erörterung).
- Die Form der **linearen Erörterung** bietet sich besonders an, wenn ein Thema als Sach- oder Ergänzungsfrage formuliert ist, z. B:
- Wie kann man Gewalt in der Schule vorbeugen?
- Warum sollte eine Fahrradhelmpflicht eingeführt werden?
- Wozu sollten Computer im Unterricht eingesetzt werden?
- Ordne deine Argumente nach ihrer Wichtigkeit an, sodass dein Standpunkt schlüssig und überzeugend dargestellt wird.
- Bei der **Pro-Kontra-Erörterung** werden zwei gegensätzliche Positionen gegenübergestellt, dabei Argumente und Gegenargumente abgewogen.

Gehe beim schriftlichen Erörtern so vor:
- Recherchiere zur Themenstellung.
- Lege eine **Stoffsammlung** an, in der du Argumente und Beispiele/Belege notierst. Ordne bei der kontroversen Erörterung die Argumente den Pro- und Kontra-Positionen zu.
- Ordne die Argumente der Wichtigkeit nach.
- Entwirf einen **Schreibplan**. Beachte dabei:
- Die **Einleitung** soll zum Thema hinführen und das Interesse der Leser/innen wecken. Beginne z. B. mit einer persönlichen Erfahrung, mit interessanten Fakten, aktuellen Bezügen oder einer Begriffsklärung.
- Im **Hauptteil** stellst du die gegensätzlichen Positionen zur Ausgangsfrage bzw. zu deiner These (Behauptung) dar. Beginne bei der kontroversen Erörterung mit der Gegenposition und führe deren Argumente in absteigender (abfallender) Reihenfolge an. Leite dann über zu deiner eigenen Position und führe deine Argumente in steigernder Reihenfolge an. Nenne dein stärkstes Argument zuletzt.
- Im **Schlussteil** formulierst du abschließend deine Meinung. Hierbei kannst du an die Einleitung anknüpfen. Du kannst auch einen Kompromiss formulieren (z. B.: *Ich bin für …, jedoch nur unter der Bedingung, dass …*) und einen Ausblick auf die Zukunft geben.
- Schreibe die Erörterung in einem **sachlichen** Stil.

Die textgebundene Erörterung
Bei der textgebundenen Erörterung gehst du von einem Text aus, übernimmst die Erörterungsfrage daraus oder formulierst eine passende und vertiefst das Thema.
- Nenne in der **Einleitung** Thema, Autor/in und ggf. einen aktuellen Bezug des Ausgangstextes.
- Fasse im **Hauptteil** zunächst die wichtigsten Textaussagen zusammen. Entfalte dann deine eigenen Argumente mit Belegen/Beispielen, welche die Textvorlage bestätigen, ergänzen, kritisieren oder widerlegen.
- Formuliere im **Schlussteil** deine eigene Position zur Erörterungsfrage. Du kannst außerdem eine Forderung oder einen Appell anschließen oder einen Ausblick geben.

Gehe beim Schreiben eines argumentierenden Artikels (z. B. Leserbrief) so vor:
- Kläre den **Adressatenkreis** und seine Erwartungshaltung.
- Mache dir **deine Position** zur strittigen Themenfrage bewusst.
- Lege eine **Stoffsammlung** (Pro- und Kontra-Argumente mit Beispielen und Belegen) an.
- Ordne deine Argumente **steigernd** an.
- Gehe in der **Einleitung** ein auf: Thema, Schreibanlass, Ansicht zum Thema, ggf. Vorstellung der Autorin / des Autors des Textes, auf den du dich beziehst.
- Entfalte im **Hauptteil** die Argumente. Nutze dabei sprachliche Mittel zur Verknüpfung und zur inhaltlichen Verstärkung bzw. Entkräftung.
  Entkräfte bzw. widerlege die wichtigsten Gegenargumente (*Trotzdem ... / Dennoch ...*).
- Mache im **Schlussteil** nochmals deine Position deutlich, indem du dein zentrales Argument wiederholst. Du kannst hier zudem eine Folgerung, einen Appell oder einen Ausblick formulieren.

Figuren charakterisieren   S. 101 ff., 116 f., 124, 149 ff., 182

Die **Charakterisierung** beschreibt und deutet eine literarische Figur möglichst genau. Dabei gehst du von Textstellen aus, in denen wichtige Eigenschaften der Figur durch ihr Verhalten indirekt deutlich werden oder in denen (z. B. seitens anderer Figuren) Aussagen über sie gemacht werden.

So kannst du eine schriftliche Charakterisierung gliedern:
- Nenne in der **Einleitung** Titel des Textes, Autor/in, Textsorte und Thematik.
- Beschreibe im **Hauptteil** in dieser Reihenfolge:
- allgemeine Angaben zur Textfigur (Name, Alter ...),
- Aussehen, besondere äußere Kennzeichen,
- Lebensumstände (Familie, Beruf ...),
- Eigenschaften und Verhaltensweisen,
- das Verhältnis zu anderen (Figurenkonstellation im Text),
- Wünsche, Ziele, Einstellungen, Absichten.
- Gib im **Schlussteil** ein Urteil über die Figur ab.
- Schreibe die Charakterisierung im **Präsens**.
- Belege deine Aussagen mit **Zitaten** (wörtlich wiedergegebenen Textstellen) oder sinngemäß wiedergegebenen Textstellen (zum Zitieren vgl. S. 29, 51, 244).

Eine **Figurenkarte** hilft beim Sammeln von Informationen zu einer literarischen Figur (Aussehen, Verhaltensweisen, Lebensumstände, Wünsche ...). Sie ist hilfreich bei der Vorbereitung einer Charakterisierung.

Die **Figurenskizze** (S. 182) ist ein Schaubild, das die Figuren eines Textes und ihre Beziehungen zueinander darstellt. In diese Skizze kannst du Charaktereigenschaften der Figuren (Selbst- und Fremdaussagen) eintragen.

gestaltend zu einem literarischen Text schreiben   S. 53 ff.

Das **gestaltende/produktive Schreiben** zu einem literarischen Text kann dir helfen, den Text besser zu verstehen. Du kannst dich zum Beispiel in eine Figur hineinversetzen und aus ihrer Sicht schreiben. Gehe dabei immer von dem aus, was der Text über die Figuren aussagt.

Beachte Folgendes:
- Das, was du in deinem eigenen Text zusätzlich erfindest, darf nicht im Gegensatz zu den Darstellungen im literarischen Text stehen, sondern soll diese weiterentwickeln.
- Überlege dir den Adressaten deines Textes, bevor du zu schreiben beginnst.
  In einem inneren Monolog z. B. wird offener über die Ereignisse gesprochen als in einem Interview für die Zeitung.

Eine Form des gestaltenden Schreibens ist das Verfassen eines **Tagebucheintrags** (vgl. S. 56 f.).
Beachte dabei:
- Ein Tagebucheintrag spiegelt die **subjektive Perspektive** der/des Schreibenden. Schreibe daher in der **Ich-Form.**
- Zu Beginn kannst du auf die momentane Gefühlslage der schreibenden Figur eingehen.
- Schildere Erlebtes (Vergangenheitsform) und reflektiere darüber (Präsens) aus der Sicht der Figur, formuliere ihre Gedanken und Gefühle.
- Der **Schreibstil** soll **persönlich** sein und zur Figur passen. Unvollendete Sätze, Ausrufe und rhetorische Fragen sind deshalb möglich.
- Du kannst den Tagebucheintrag mit einem Ausblick oder mit Wünschen der Figur beenden.

Die **Ausgestaltung einer Schlüsselstelle oder Textzäsur als Spielszene** ist eine weitere Form des gestaltenden Schreibens zu literarischen Texten.
Gehe so vor:
- Wähle eine passende Schlüsselstelle oder eine Textzäsur, d.h. einen inhaltlichen Einschnitt, aus.
- Skizziere einen **Plot,** der die Handlung in groben Zügen verdeutlicht.
- Zeichne ein **Storyboard** für jede Einzelszene (vgl. S. 58 f.).
- Ergänze Angaben zu den handelnden Figuren, zum Handlungsort und zu dessen Ausgestaltung, zur Kameraperspektive und -einstellung (vgl. „Filmsprache", S. 226).
- Formuliere **Dialoge und Regieanweisungen.**
- Erprobe die Szenen im Spiel und überarbeite sie bei Bedarf.

informative Texte verfassen   S. 27 ff., 35 ff.

Beachte beim **Verfassen eines informativen Textes** die folgenden Hinweise:
- Gib Antworten auf die wichtigsten **W-Fragen**.
- Verwende Informationen aus **mehreren Materialien**. Belege sie durch **Zitate und Quellenangaben**.
- **Bündele** zusammengehörige Informationen und verzichte auf Nebensächliches.
- Ziehe **Schlussfolgerungen** aus den Informationen.
- Formuliere **sachlich, verständlich** und **adressatengerecht**.
- **Schließe** mit einer Empfehlung, Forderung, einem Ausblick o. Ä.

Der Bericht

Ein Bericht informiert **genau, knapp und sachlich** und **in der Abfolge der Geschehnisse** über ein zurückliegendes Ereignis.
- In der **Einleitung** werden kurz folgende W-Fragen beantwortet:
Wer (tat etwas)? / Was (geschah)? / Wann (fand das Geschehen statt)? / Wo (fand das, worüber berichtet wird, statt)?
- Der **Hauptteil** beantwortet ausführlich die Fragen: Wie (lief das ab, worüber berichtet wird)? / Warum (geschah das, worüber berichtet wird)?
- Im **Schlussteil** werden entweder die Folgen (des Ereignisses / der Maßnahme) beschrieben oder es wird ein Ausblick gegeben.
- Die **Überschrift** ist knapp und informativ.
- Der Bericht steht meist im **Präteritum** und **vermeidet wörtliche Rede.**

Oft werden Verben im **Passiv** verwendet.

Das informierende Faltblatt / Der informierende Flyer
Ein **Folder** ist ein **Faltblatt**, ein **Flyer** meint in der Regel einen (ungefalteten) **Handzettel** oder ein **Flugblatt.** Das Besondere an beiden ist ihre kompakte Form.
Gehe beim Verfassen so vor (vgl. S. 27 ff.):
- Sammle, exzerpiere und ordne ausreichend Informationen.
- Plane und lege den Aufbau und die Gestaltung fest.
- Nutze bewusst **Piktogramme und Abbildungen** als strukturierende Elemente.
- Stelle die Informationen **prägnant und verständlich** dar, z. B. mit Hilfe von Aufforderungssätzen, direkter Ansprache und Fragen an die Leser/innen, Wortspielen, Wortwiederholungen.
- Formuliere eine **treffende und ansprechende Überschrift** für die Titelseite, die zeigt, über welches Thema das Faltblatt / der Flyer informiert.
- Gestalte **Inhalt und Layout adressatengerecht**.

eine Parodie schreiben — S. 61 ff.

Eine Parodie ist die **verzerrende, übertreibende oder verspottende Nachahmung eines bekannten Werkes**. Dabei bleibt das Original erkennbar.

Gehe beim **Schreiben einer Parodie** so vor:
- Entscheide dich für eine geeignete **Textvorlage** und **analysiere** den Text.
- Lege den **Adressatenkreis**, das **Thema** und die **Leitidee** deiner Parodie fest.
- Formuliere einen **Titel**, der an das Original erinnert und zugleich auf die Leitidee deiner Parodie verweist.
- Lege eine **Ideensammlung** zur inhaltlichen Ausgestaltung an.
- **Streiche** unpassende Stellen im Original und **ersetze** sie durch parodierende Formulierungen entsprechend deiner Leitidee.
- Halte dich bei Textumfang, Titel und ggf. beim Refrain eng an das Original, damit es wiedererkannt wird.
- Verwende die typischen **Stilmittel** der Parodie wie Ironie, Übertreibung, Verzerrung der Wirklichkeit (vgl. S. 67).

über das Praktikum schreiben

In **Praktikumsberichten** (Tages- oder Wochenberichte) wird über einen zurückliegenden Vorgang/Arbeitsablauf exakt, verständlich, knapp und in der richtigen zeitlichen Abfolge informiert. Gehe so vor:
- Orientiere dich an den sechs W-Fragen (Wer?/Was?/Wann?/Wo?/Wie?/Warum?).
- Stelle den Vorgang nachvollziehbar dar.
- Vermeide wörtliche Rede.
- Schreibe sachlich und im Präteritum.
- Beachte, dass die Verben oft im Passiv benutzt werden.

Über dein Praktikum kannst du auch in einem Tagebuch berichten.
Der **Tagebucheintrag** unterscheidet sich vom Praktikumsbericht dadurch, dass
- Gefühle, Gedanken, Wünsche niedergeschrieben werden können;
- der Ablauf der Vorgänge aus subjektiver Sicht beschrieben wird;
- in der Ich-Form nicht sachlich, sondern persönlich geschrieben wird;
- keine verbindlich festgelegte Abfolge eingehalten werden muss.

Protokollieren

Das **Protokoll** ist eine besondere Form des Berichtes.
- In einem Protokoll werden Verlauf und/oder Ergebnisse von Besprechungen, Verhandlungen, Unterrichtsstunden, Experimenten usw. festgehalten.
- Es dokumentiert Beschlüsse verbindlich, dient als Gedächtnisstütze für die Teilnehmer/innen oder zur Information für nicht Anwesende.
- Das Protokoll sollte sachlich, genau und ohne persönliche Wertung formuliert sein, entweder im Präteritum oder im Präsens.
- Notiere im **Protokollkopf**: Thema der Veranstaltung, Datum, Uhrzeit, Ort, Teilnehmerkreis, Tagesordnung.
- Der **Hauptteil** hängt von der Art des Protokolls ab:
- Beim **Verlaufsprotokoll** wird der gesamte Ablauf der Veranstaltung wiedergegeben, die Redebeiträge werden in der zeitlichen Reihenfolge aufgeführt. Gib Redebeiträge (z. B. aus einer Diskussion) entweder in der indirekten Rede oder sinngemäß in eigenen Worten wieder.
- Beim **Ergebnisprotokoll** werden nur Ergebnisse, Beschlüsse, vereinbarte Termine usw. festgehalten.
- **Unterschreibe** am Schluss als Protokollant/in mit deinem Namen und vermerke, **wo** und **wann** du das Protokoll geschrieben hast.

Texte interpretieren S. 45 ff., 53 ff., 101 ff., 111 ff., 119 ff.

Interpretieren heißt: auslegen, deuten, erklären. Die **Textinterpretation** fasst die Ergebnisse einer Textanalyse zusammen. So kannst du vorgehen:
- Lies die Textvorlage (den Prosatext oder das Gedicht) mehrmals.
  Mache **Notizen oder Randbemerkungen** (bei einem Gedicht zum Beispiel in Form eines Gedankengitters, vgl. S. 46 ff.) zu den **Schwerpunkten deiner Analyse**, z. B.: Textsorte, Thematik, Inhalt oder Handlungsverlauf, Figurenzeichnung und -konstellation, Erzählsituation, Zeit- und Raumgestaltung, sprachliche Mittel (bei Gedichten v. a. Stilmittel und ihre Wirkung, vgl. S. 44–47 und 227), zentrale Textaussage, Autorintention.
  Es kann hilfreich sein, den historischen Hintergrund des Textes in die Interpretation einzubeziehen.
- Entwickle einen **Schreibplan** für Einleitung, Hauptteil, Schluss.
- Nenne in der **Einleitung** Titel, Autor/in, ggf. Entstehungszeit des Textes, Thema und Textsorte.
- Führe im **Hauptteil** die Schwerpunkte deiner Analyse aus.

  Bei Prosatexten:
- Fasse den Inhalt knapp zusammen.
- Beschreibe den Handlungsverlauf.
- Charakterisiere die Figuren und skizziere ihre Beziehungen zu anderen (Figurenkonstellation).
- Beschreibe sprachliche und formale Merkmale.
- Setze dich mit der Textaussage auseinander.

  Bei Gedichten:
- Beginne mit einer kurzen Beschreibung der Form und einer Inhaltszusammenfassung, ggf. strophenweise.
- Erläutere ausführlich Form, Inhalt und Sprachgestaltung.
- Erkläre die Wirkung der sprachlichen Mittel.

- Schreibe im **Präsens.** Gliedere deine Interpretation übersichtlich in Abschnitte und belege deine Aussagen mit Zitaten oder sinngemäßer Wiedergabe von Textstellen mit Seiten- und Zeilenangaben (vgl. „Zitieren", S. 245).

- Fasse im **Schlussteil** die wichtigsten Ergebnisse zusammen und nimm begründet Stellung zur Hauptaussage des Textes. Du kannst
- die Textvorlage mit anderen Texten (derselben Autorin / desselben Autors oder anderer Schriftsteller/innen) vergleichen,
- die Textwirkung beschreiben,
- einen persönlichen Bezug zu dir als Leser/in herstellen,
- die Glaubwürdigkeit der Figurendarstellung bewerten,
- das Verhalten der Figuren bewerten.

Texte schriftlich zusammenfassen — S. 45 ff., 53 ff., 154

In der **Textzusammenfassung** wird Gesehenes, Gehörtes oder Gelesenes in den wesentlichen Handlungszusammenhängen mit eigenen Worten wiedergegeben.
Die Textzusammenfassung besteht meist aus drei Teilen:
- Mache in der **Einleitung** Angaben zu
- Titel und Textsorte,
- dem Verfasser / der Verfasserin,
- der Thematik,
- ggf. auch zur Aussageabsicht der Autorin / des Autors.
- Gehe im **Hauptteil** ein auf
- den wesentlichen Inhalt (Was?),
- die Hauptpersonen (Wer?),
- den Schauplatz / die Schauplätze (Wo?),
- den zeitlichen Rahmen (Wann?)

und beschreibe
- Handlungszusammenhänge (Ursachen, Folgen / Warum?).
- Wenn du einen **Schlussteil** schreibst, dann gehe
- auf die Absicht des Textes,
- seine Wirkung (auf dich),
- die Besonderheiten der sprachlichen Gestaltung ein.

Du kannst zum Text oder zu den Figuren Stellung nehmen.

Die Textzusammenfassung steht im **Präsens,** vorausgegangene Handlungen im Perfekt; der Sprachstil ist **sachlich.** Die Textzusammenfassung enthält **keine wörtliche Rede.**

Texte überarbeiten — hinterer innerer Buchumschlag

Lesen – Umgang mit Texten und Medien

dramatische Texte S. 119 ff.

Dramatische Texte bilden neben lyrischen (Gedichte) und epischen Texten (erzählende Texte) eine der drei Gattungen der Literatur.

- In dramatischen Texten wird ein Geschehen bzw. ein Konflikt durch **Dialoge** und/oder **Monologe** der handelnden Personen dargestellt. Auf der Bühne wird der Sprechtext durch Bewegung, **Mimik und Gestik** verstärkt.
- Die **Handlung** ist durch drei Elemente gekennzeichnet: die handelnden Personen, die zeitliche Abfolge sowie einen oder mehrere Schauplätze.
- Die **Textfiguren** sind Handlungsträger, die bestimmte Eigenschaften haben, eine bestimmte Absicht verfolgen und Motive für ihr Handeln erkennen lassen. Sie stehen in einer bestimmten Beziehung zueinander (**Figurenkonstellation**).
- „Drama" ist ein Sammelbegriff für alle Spielarten von Bühnenstücken: Schauspiel, Komödie, Tragödie, Volksstück usw.
- Eine **Tragödie** stellt einen Konflikt dar, der den Helden in den Tod führt. Sie entwickelt ihre Handlung aus innerer Notwendigkeit bis zum Umschlag in die Katastrophe. Spätestens hier erhalten die Figuren volle Einsicht in ihre tragischen Verstrickungen.
- Eine **Komödie (Lustspiel)** ist ein Drama mit glücklichem Ausgang. Die Figuren der Komödie befinden sich in einem lösbaren Konflikt.
- Bei der **Tragikomödie** wechseln sich tragische und komische Elemente zur Darstellung des Geschehens ab (tragisch: Katastrophe/Konflikt führt Heldin/Helden in den Tod; komisch: heitere Inhalte mit glücklichem Ausgang bzw. lösbarem Konflikt). Die Tragikomödie bewegt sich am Rande des Tragischen, doch bleibt meist die Katastrophe aus. Tragik und Komik steigern sich im wechselseitigen Kontrast.

- **Aufbau eines Dramas**:
- Das so genannte **klassische Drama** gliedert sich in fünf **Akte** (Aufzüge), d.h. größere Abschnitte, die den Verlauf strukturieren: Einleitung – Steigerung – Höhepunkt – fallende Handlung mit retardierendem (verzögerndem) Moment – Katastrophe. Kleinere Teile innerhalb der Akte nennt man **Szenen** (gehen mit Ortswechsel und Auftritt/Abgang von Personen einher) und **Auftritte** (kleinste Drameneinheit: Auftritt/Abgang einer Figur).
- Das **moderne Drama** gliedert sich oft nicht mehr in Akte, sondern in eine lockere Abfolge von Szenen. Typisch hierfür ist auch eine offene Form, bei der der zentrale Konflikt nicht gelöst wird, sondern bei der die Zuschauer/innen nachdenklich zurückgelassen werden.

erzählende Texte S. 53 ff., 105 ff., 180 ff., 200 ff.

Erzählende Texte gehören, genau wie die dramatischen und lyrischen Texte, zu den fiktionalen Texten. Zu den erzählenden Texten gehören u.a. die Fabel, das Märchen, die Sage, der Schwank, die Legende, die Anekdote, die Parabel (S. 101 ff.), die Novelle, der Roman und die → Kurzgeschichte (vgl. S. 53 ff., 105 ff., 180 ff., 200 ff.).

- **Die Erzählerin / Der Erzähler**
  Es ist wichtig, zwischen Autor/in und Erzähler/in zu unterscheiden.
  Die Autorin / Der Autor einer Geschichte wählt eine bestimmte **Erzählperspektive,** aus der die Geschichte erzählt wird: Die Erzählerin / Der Erzähler kann an der Handlung beteiligt sein oder nur beobachten, nur das Geschehen schildern oder auch das Innenleben der Figuren. Manchmal kommentiert die Erzählerin / der Erzähler auch das Geschehen. Als **Erzählform** stehen die Ich-Form und die Sie-/Er-Form zur Wahl.

- Man unterscheidet drei **Erzählsituationen:**
- **die auktoriale Erzählsituation:** Der auktoriale oder allwissende Erzähler weiß, was die Figuren des Textes tun, denken und fühlen. Manchmal wendet er sich direkt an die Leser/innen.
- **die personale Erzählsituation:** In der personalen Erzählsituation wird das Geschehen aus der Sicht (Erzählperspektive) einer Person in der Er- oder Sie-Form erzählt.
- **die Ich-Erzählsituation:** In der Ich-Erzählsituation ist die Erzählerin / der Erzähler gleichzeitig eine Textfigur und lässt die Leser/innen das Geschehen aus ihrer Sicht nacherleben.
- **Erzählzeit und erzählte Zeit**
  Unter „Erzählzeit" versteht man die Zeit, in der die Geschichte gelesen oder erzählt wird. Die „erzählte Zeit" ist der Zeitraum, über den sich das Geschehen erstreckt.

Filmsprache — S. 59

Im Film sehen die Zuschauer/innen „mit den Augen" der Kamera.
Wichtig für die beabsichtigte Wirkung sind unter anderem:
- **die Perspektive:**
- Bei der Froschperspektive wird von unten gefilmt,
- bei der Vogelperspektive von oben,
- bei der Normalsicht auf „Augenhöhe".
- **die Einstellungsgröße**, z. B.:
  Detail, Nah, Halbnah, Groß, Totale, Halbtotale, Amerikanisch, Panorama/Weit.
- **die Kamerabewegung**, z. B. durch Kameraschwenk, -fahrt.

Gedichte — lyrische Texte, S. 45 ff., 226 f.

journalistische Texte — Sachtexte, journalistische S. 229

die Kurzgeschichte — S. 54 f., 105 ff., 180 ff., 200 ff.

Die Kurzgeschichte ist eine Textgattung des 20. Jahrhunderts. Von Amerika kommend (Short Story) erlebte sie kurz nach dem Zweiten Weltkrieg ihren Höhepunkt.
Merkmale der so genannten klassischen Kurzgeschichte sind:
- der **offene Anfang** (beginnt oft mitten im Geschehen),
- der **offene Schluss**,
- die einsträngig verlaufende Handlung mit **wenigen Figuren** (meist ohne Namen),
- die (anfangs) **alltägliche Situation**, die im Mittelpunkt steht, die aber im Leben der Textfigur eine **Wende** einleitet,
- die „**Leerstellen**", welche die Leser/innen „ausfüllen" bzw. deuten sollen,
- die in der Regel **schlichte und dichte Sprache**, die oft nah an der Alltagssprache ist.

lyrische Texte — S. 45 ff., 62 f., 183, 197 f., 210 f.

Zu den lyrischen Texten zählt man alle in Gedichtform geschriebenen Texte.
Es gibt unterschiedliche Formen (z. B. Balladen, konkrete Poesie usw.).
Sie sind oft in Strophen und Verse gegliedert.
- Eine **Ballade** ist ein Erzählgedicht, das meist in gereimter Form verfasst ist. Sie erzählt von einem ungewöhnlichen oder dramatischen Ereignis, das erfunden oder wirklich passiert sein kann.
- Die Zeilen eines lyrischen Textes heißen **Verse**, die Abschnitte nennt man **Strophen**.
- Das **lyrische Ich**
  In vielen Gedichten drückt ein „Ich" seine Gefühle und Wünsche aus.
  Dieses lyrische Ich darf nicht mit der Autorin / dem Autor verwechselt werden.

- Der **Reim** ist ein wichtiges Gestaltungsmittel von Gedichten:

Der Mond ist aufge*gangen*	a ⎤ **Paarreim**
Die goldnen Sternlein *prangen*	a ⎦
Am Himmel hell und *klar*;	b ⎤
Der Wald steht schwarz und *schweiget*,	c ⎥ **umarmender Reim**
Und aus den Wiesen *steiget*	c ⎥
Der weiße Nebel wunder*bar*.	b ⎦
Ich segle stolz in blauer *Höh*	a ⎤
Und lache auf euch *nieder*.	b ⎥ **Kreuzreim**
Wenn ich die Welt von oben *seh*,	a ⎥
Freut mich das Dasein *wieder*.	b ⎦

- **Binnenreim**: Zwei Wörter innerhalb ein und desselben Verses reimen sich (z.B.: *Wenn die Meise leise weint* …).
- Beim **Kehrreim (Refrain)** wiederholen sich Strophen/Zeilen.

- Das **Metrum** (Versmaß) ist eine gleichmäßige Abfolge von betonten und unbetonten Silben:
- der **Jambus** (xx́):   Der Mond ist aufgegangen …
                      x x́ x x́ x x́ x
- der **Trochäus** (x́x):   Als ich nachher von dir ging …
                       x́ x x́ x x́ x x́

- **Stilmittel**
- **die Alliteration**: Reihung von Wörtern mit gleichen Anfangsbuchstaben, z.B.: *wogende Wellen*
- **die Anapher**: Wortwiederholung an Satz- oder Versanfängen, z.B.:
Viel tausend Menschen im Nordland ertrinken,
Viel reiche Länder und Städte versinken.
- **die Ellipse:** Die Aussage wird auf die wichtigsten Teile reduziert. Es wird das ausgelassen, was jeder sich dazu denken kann.
- **die Lautmalerei**: Durch die Wortwahl wird ein bestimmter akustischer Eindruck vermittelt, z.B.: *Hörst du, wie die Flammen flüstern, / Knicken, knacken, krachen, knistern …* (James Krüss: *Das Feuer*).
- **die Metapher:** Die Metapher ist ein Sprachbild, das nicht wörtlich, sondern in seiner übertragenen Bedeutung gebraucht wird. Durch Metaphern können ganz unterschiedliche Bilder/Vorstellungen bei den Leser/innen entstehen, z.B.: *eine Mauer des Schweigens*.
- **der Parallelismus:** Wiederholungen im Satzbau, z.B.: *der Regen tropft, der Nebel spinnt*
- **die Personifikation**: Vermenschlichung von Tieren, Pflanzen, Dingen, z.B.: *Noch schlagen die Wellen da wild und empört* …
- **das Symbol**: ein Sinnbild, das für etwas Allgemeines steht, z.B. *Taube* für Frieden, *Ring* für Treue oder Ewigkeit
- **der Vergleich:** *rot wie Blut, schlau wie ein Fuchs*

die Parabel   S. 101 ff., 136

Eine Parabel ist eine **meist kurze, lehrhafte Erzählung**, die verschlüsselt eine allgemeine Erkenntnis oder Lebensweisheit ausdrückt.
- Die **Lehre** wird nicht zwingend formuliert. Es wird eine Begebenheit erzählt (**Bildebene**), hinter der man sich die eigentliche Bedeutung des Textes (**Sachebene**) erschließen kann – dies bleibt den Leserinnen/Lesern überlassen.
- Die Parabel ist mit der lehrhaften Gattung **Fabel** verwandt. Im Unterschied zu dieser sind die Handlungsträger in der Parabel jedoch meist Menschen.

die Rede	S. 22 ff., 93 ff.

Die Rede wird zu einem bestimmten Anlass und mit einem bestimmten Ziel gehalten. Sie soll die Zuhörer/innen unterhalten und/oder anregen, informieren oder zu einer Handlung aktivieren.

- **Redetypen:**
- Rede mit darstellender Funktion (z. B. Referat)
- Rede mit Ausdrucksfunktion (z. B. Festrede)
- Rede mit appellativer Funktion (z. B. Wahlrede)

Eine Rede analysieren
- **Untersuche:**
- Wie ist die **Redesituation**? (Wer spricht?/ Adressatenkreis, Anlass, Redetyp, historischer bzw. politischer Kontext)
- Welche **Inhalte** transportiert die Rede? (Thema, Atmosphäre, Argumentationsmuster)
- Welches **Ziel** wird mit der Rede verfolgt?
- Welche **rhetorischen Mittel** werden eingesetzt? (direkte Adressatenansprache, Schlagwörter, Vergleiche, Metaphern, Alliteration, Anapher, rhetorische Fragen …)
- **Verfasse die Analyse** folgendermaßen:
- Gehe in der **Einleitung** kurz auf die Redesituation ein.
- Nenne im **Hauptteil** die zentralen Gedanken der Rede, gehe auf die Redeabsicht ein und beschreibe inhaltlich-stilistische Besonderheiten und ihre Wirkung.
- Fasse im **Schlussteil** den Hauptgedanken der Rede zusammen und beziehe Stellung dazu.

regulierende Texte

Regulierende Texte wirken verhaltenssteuernd: Sie empfehlen, verbieten, regeln, …
Zu diesen Texten gehören **Gesetze, Vertragstexte, Haus- und Schulordnungen usw.**
Regulierende Texte stehen im **Präsens**. Sie zeichnen sich oft aus durch:
- **Nominalstil**, z. B.: *Das Betreten des Rasens ist verboten.*
- Verwendung von **Fachbegriffen**, z. B.: *Die Mietpartei hat das Recht, …*
- **Abkürzungen**, z. B.: *Nach § 4 Abs. 2 …*
- **komplexen Satzbau**, z. B.:
  Satz 1 gilt nicht, wenn die/der Auszubildende die Zugangsvoraussetzungen für die zu fördernde Ausbildung in einer Fachoberschulklasse, deren Besuch eine abgeschlossene Berufsausbildung voraussetzt, an einer Abendhauptschule, einer Berufsaufbauschule, einer Abendrealschule, einem Abendgymnasium, einem Kolleg oder durch eine Nichtschülerprüfung oder eine Zugangsprüfung zu einer Hochschule erworben hat.

Sachtexte	S. 27 ff., 35 ff., 69 ff., 77 ff., 83 ff., 93 ff., 184 ff., 190 ff.

Sachtexte haben im Gegensatz zu literarischen Texten vorwiegend informierenden (z. B. Zeitungstexte) oder appellierenden Charakter (z. B. argumentative Sachtexte, Reden).
- Neben so genannten **kontinuierlichen Sachtexten,** die fortlaufend (als Fließtext) verfasst sind, trifft man oft auf **diskontinuierliche Sachtexte,** die nicht fortlaufend geschrieben sind, wie z. B. Karten, Diagramme, Grafiken, Formulare, Tabellen, Schaubilder.
- Beim **Erschließen eines Sachtextes** kannst du so vorgehen:
- Verschaffe dir einen **Überblick** über Thema und Inhalt anhand der Überschrift und durch **überfliegendes Lesen**.
- Teile den Text in **Sinnabschnitte** ein. Oft helfen dabei Teilüberschriften und die Einteilung in Absätze.
- Lies den Text gründlich **Abschnitt für Abschnitt**.
- Kläre **schwierige Begriffe**, z. B. durch Nachschlagen.
  Achte auf Abbildungen, die Begriffe anschaulich erklären.

- Nutze bei **argumentativen Sachtexten** diese Leitfragen:
- Welche Meinung vertritt die Autorin / der Autor und was wird mit dem Text bezweckt? Beachte, dass die Autormeinung nicht immer explizit genannt wird.
- Mit welchen Argumenten wird diese Meinung gestützt?
- Welche sprachlichen Mittel werden verwendet (z. B. Ausrufezeichen, Über- oder Untertreibung, Euphemismen, rhetorische Fragen, d. h. Scheinfragen)?

Sachtexte, journalistische   S. 83 ff., 93 ff., 132, 134, 138, 156, 158, 184 ff.

Journalistische Sachtexte finden sich in Zeitungen und Zeitschriften. Sie zeichnen sich durch Aktualität und die Beantwortung der sechs W-Fragen (Wer?/Was?/Wo?/Wann?/Wie?/Warum?) aus. Man unterscheidet verschiedene Formen:
- **Die Nachricht** ist meist eine knappe Mitteilung, die sich auf Fakten und Vorgänge beschränkt. Die Autorin / Der Autor bemüht sich, objektiv und unparteiisch zu informieren. Meist werden Nachrichten im **Lead-Stil** verfasst. Das bedeutet, dass die wichtigsten Informationen am Anfang stehen, erst danach werden Details berichtet.
- **Der Bericht** unterscheidet sich von der Nachricht darin, dass er umfangreicher und detaillierter ist.
- **Das Interview** ist eine besondere Gesprächsform. Es wird durch die Abfolge von Fragen und Antworten zwischen mindestens zwei Gesprächspartnern gegliedert. Der Interviewer stellt seine Fragen mit einem bestimmten Ziel und steuert so das Gespräch. Man unterscheidet:
- das Personeninterview, in dem es in der Regel um eine Stellungnahme zu einem Sachverhalt/Ereignis oder zur Person selbst geht;
- das Experteninterview, das auf eine spezielle Information zu einem Thema/Ereignis abzielt.
- **Der Kommentar** enthält die Meinung des jeweiligen Verfassers, er ist aus einer bestimmten Perspektive geschrieben. Die Schreiberin / Der Schreiber wertet Fakten, Vorgänge, Hintergründe und erläutert Zusammenhänge.
- **Der Essay** (S. 88 f.) gehört zu den argumentativen Sachtexten. Er
- enthält neben erörternden Passagen oft auch beschreibende oder erzählende Elemente,
- verzichtet oft auf eine sachliche Sprache zugunsten einer lockeren Art der Themenbehandlung,
- soll Denkanstöße geben. Aussagen sind oft zugespitzt, provokativ oder ironisch formuliert.
- **Der Leserbrief** bezieht sich meist auf veröffentlichte Texte und bringt die Meinung der Schreiberin / des Schreibers zum Ausdruck, ist also subjektiv wertend.

Schaubilder erschließen   S. 186, 194, 229, hintere innere Umschlagseite

Schaubilder zeigen durch Abbildungen, Zahlen und Informationen Funktionsweisen, Zusammenhänge, Größen-, Mengen- und Zahlenverhältnisse oder den (zeitlichen) Verlauf von etwas.
- Betrachte das Schaubild und lies die **Über- oder Unterschrift:** Was ist das Thema?
- **Beschreibe** das Schaubild: Was kannst du erkennen?
- Untersuche das Schaubild genauer: Aus welchen **Teilen** besteht es? Was bedeuten sie?
- „Lies" das Schaubild: Welche **Informationen** kannst du herauslesen?

Beispiele und weitere Informationen zu Diagrammen findest du auf der inneren Umschlagseite hinten im Buch.

Über Sprache nachdenken
Mit Wortarten umgehen

das Adjektiv (das Eigenschaftswort) — S. 165 ff.

Adjektive drücken aus, *wie* etwas ist,
z. B.: *die bunte Scheibe, das schnelle Pferd*; oder auch: *Das Pferd läuft schnell*.
Adjektive lassen sich bis auf wenige Ausnahmen steigern:
- **der Positiv** (die Grundform) des Adjektivs, z. B.: *Das ist wirklich eine lustige Geschichte*.
- **der Komparativ** (die Vergleichsform), z. B.: *Ich lese lieber kürzere Geschichten*.
- **der Superlativ** (die zweite Form der Steigerung), z. B.: *Die Geschichte scheint mir für dieses Alter am geeignetsten*.

das Adverb (das Umstandswort) — S. 163, 167

Zu den unveränderbaren Wörtern gehören neben den Konjunktionen und den Präpositionen auch die Adverbien.
- Sie machen **nähere Angaben** zu einem Geschehen, z. B. zu Ort, Zeit, Art und Weise oder Grund: *dort, da, wo, dorthin, hinten, oben; bald, gestern, nachmittags, neulich; gern(e), sehr, irgendwie; darum, deshalb*.
- **Satzverbindende Adverbien** (vgl. S. 161, Aufgabe 4) machen den Zusammenhang zwischen Sätzen deutlich, z. B.: *Es regnet, darum nehme ich den Bus*.

die Konjunktion (das Bindewort) — S. 169

Konjunktionen verbinden Wörter, Satzteile oder Teilsätze miteinander.
Bei den Konjunktionen, die Sätze verbinden, unterscheidet man **nebenordnende** und **unterordnende** Konjunktionen.
- **Nebenordnende Konjunktionen** oder Hauptsatz-Konjunktionen verbinden Hauptsätze miteinander. So entstehen **Satzreihen**. Wichtige nebenordnende Konjunktionen sind: *aber, denn, jedoch, oder, und*;
  z. B.: *Sie war keine gute Läuferin, aber sie wollte unbedingt am Wettbewerb teilnehmen*.
- **Unterordnende Konjunktionen** oder Nebensatz-Konjunktionen verbinden Haupt- und Nebensätze miteinander. Es entstehen **Satzgefüge**. Wichtige unterordnende Konjunktionen sind: *dass, als, weil, obwohl, wenn, nachdem*;
  z. B.: *Die Mannschaft wurde Meister, obwohl sie im letzten Spiel kein Tor erzielte*.

das Nomen/Substantiv (das Hauptwort, das Namenwort) — S. 140 f., 160 f., 162 f.

Nomen/Substantive werden immer **großgeschrieben**. Sie bezeichnen:
- Lebewesen (die Löwin, das Reh, der Mensch)
- Gegenstände (die CD, das Spiel, der Rechner)
- Gefühle (die Trauer, das Entsetzen, der Mut)
- Zustände (die Armut, das Glück, der Reichtum)

Man unterscheidet bei Nomen **drei Geschlechter** (Genus; Plural: Genera):
- **maskulin** (männlich): *der Regen*
- **feminin** (weiblich): *die Sonne*
- **neutral** (sächlich): *das Gewitter*

Jedes Nomen kann in verschiedenen **Fällen (Kasus)** stehen.
Wird das Nomen im Satz als Subjekt verwendet, steht es im Nominativ.
Objekte können im Dativ, Akkusativ oder (selten) im Genitiv stehen.
- **Nominativ** (1. Fall), Frage: ***Wer oder Was ...?***
  der/ein Baum, das/ein Haus, die/eine Maus, die Bäume, die Häuser, die Mäuse
- **Genitiv** (2. Fall), Frage: ***Wessen ...?***
  des/eines Baumes, des/eines Hauses, der/einer Maus, der Bäume, der Häuser, der Mäuse

Orientierungswissen

- **Dativ** (3. Fall), Frage: **Wem ...?**
  dem/einem Baum, dem/einem Haus, der/einer Maus, den Bäumen, den Häusern, den Mäusen
- **Akkusativ** (4. Fall), Frage: **Wen oder Was ...?**
  den/einen Baum, das/ein Haus, die/eine Maus, die Bäume, die Häuser, die Mäuse

Nomen und ihre Begleiter — S. 140 f., 160 f., 162 f.

- **bestimmter Artikel**: *Der Donner war schon ziemlich stark.*
- **unbestimmter Artikel**: *Ein Gewitter folgte dem anderen.*
- **versteckter Artikel**: ein Artikel, der mit einer Präposition zu einem neuen Wort verschmolzen ist, z. B.: *Beim Gewitter sollte man sich nicht unter Bäumen aufhalten.*
- **gedachter Artikel** (Artikel, den man sich dazudenken muss): *Viele fürchten sich bei (einem) Gewitter.*
- **Demonstrativpronomen** (hinweisende Fürwörter): *Dieses Gewitter hat lange angedauert.*
- **Possessivpronomen** (besitzanzeigendes Fürwort): *Meine kleine Schwester hält sich bei jedem Donnerschlag die Ohren zu.*
- **Indefinitpronomen** (unbestimmtes Fürwort): *Kein Mensch hätte gedacht, dass es ein so schweres Gewitter werden würde.*
- **Numerale** (Zahlwort): *Ein Dutzend Unerschrockene blieben während des Gewitters im Freien.*

Nomen: besondere Pluralformen

Viele Wörter der deutschen Sprache kommen aus anderen Sprachen (Fremdwörter, vgl. S. 165) und haben oft besondere Pluralformen, z. B.:
- der Atlas – die Atlanten
- das Museum – die Museen
- der Radius – die Radien

die Nominalisierung — S. 140 f., 160 f., 162 f.

Verben, Adjektive und Pronomen können nominalisiert (zu einem Nomen) werden. Nominalisierungen werden wie Nomen **großgeschrieben,** z. B.:

	Nominalisierung
Ich *schwimme* gerne.	Das *Schwimmen* macht mir große Freude.
Die Geschichte bleibt bis zum letzten Satz *spannend*.	Das *Spannende* an der Geschichte ist die Suche nach dem Schatz.
Gehst *du* mit uns ins Schwimmbad?	Er hat mir das *Du* angeboten.

Oft erkennt man Nominalisierungen auch an den Begleitwörtern.

die Präposition (das Verhältniswort)

Die Präposition gibt das Verhältnis zwischen Gegenständen oder Personen an:
- Raum (Wo?): *Die Vase steht in/auf dem Schrank..*
- Zeit (Wann?): *Sie kommt gegen/am Abend.*

Nach einer Präposition folgt immer ein ganz bestimmter Fall:
- **Präpositionen mit Dativ:** *aus, bei, mit, nach, seit, ...*
  Sie kommt aus dem Zimmer.
- **Präpositionen mit Akkusativ:** *durch, für, gegen, um, ...*
  Wir haben für einen guten Zweck gesammelt.
- **Wechselpräpositionen** mit Dativ (Wo?) oder Akkusativ (Wohin?):
  in, an, auf, über, unter, hinter, ...
  Sie hat Englisch in meiner Gruppe. Sie geht schon lange in meine Klasse.

das Pronomen (das Fürwort) — S. 140

Das Pronomen vertritt oder begleitet Nomen.
Man unterscheidet:
- **Demonstrativpronomen** (hinweisendes Fürwort): *dieses, jenes, diese, …*
  Dieses Rot gefällt mir gut.
- **Indefinitpronomen** (unbestimmtes Fürwort): *man, keiner, niemand, …*
  Niemand hatte damit gerechnet.
- **Interrogativpronomen** (Fragefürwort), z. B.: *wer, welche, … Welches Kleid kaufst du?*
- **Personalpronomen** (persönliches Fürwort), z. B.: *ich, du, er/sie/es, wir, ihr, sie*
  Moritz → Er hat schon wieder etwas angestellt.
- **Possessivpronomen** (besitzanzeigendes Fürwort): *mein, dein, sein, unser, euer, ihr*
  Mein Geheimnis verrate ich nicht.
- **Reflexivpronomen** (rückbezügliches Fürwort): *Ich beeile mich.*
- **Relativpronomen** leiten Relativsätze ein: *die, der, das, welche, …*
  Das Kind, das über die Straße lief, hatte Glück.
  Das Kind, dessen Fahrrad gestohlen worden war, weinte.

das Verb (das Tätigkeitswort) — S. 142 f.

- Das Verb gibt an, was jemand tut (*er singt*) oder was geschieht (*es regnet*).
  Wenn man ein Verb im Satz verwendet, bildet man aus dem **Infinitiv** (Grundform)
  die **Personalform**, z. B.: *diktieren* (Infinitiv) → *ich diktiere* (1. Person Singular).
- Mit **Modalverben** (*können, sollen, müssen, dürfen, wollen, mögen*) verändert man den
  Aussagewert des Vollverbs, z. B.: *Ich parke. Ich darf parken. Ich muss parken.*

die Zeitformen des Verbs — S. 142

Verben im **Präsens** (Gegenwart) drücken aus,
- was gerade geschieht: *Jutta fasst den Inhalt der Geschichte zusammen.*
- was immer geschieht (jetzt und in der Zukunft):
  Zu jedem Geburtstag schickt er eine Karte. Der Rhein mündet in die Nordsee.
- was in der Zukunft geschieht (mit Zeitangabe):
  Übermorgen zeige ich meine Präsentation.

Das Präsens verwendet man z. B. beim schriftlichen Argumentieren oder bei Textzusammenfassungen.

Verben im **Präteritum** drücken aus, was in der Vergangenheit geschehen ist.
Das Präteritum verwendet man meist beim schriftlichen Erzählen oder Berichten, z. B.:
Die andere Auszubildende begleitete mich durch die Abteilungen.

Verben im **Perfekt** drücken etwas aus, was in der Vergangenheit geschehen ist,
besonders beim mündlichen Erzählen,
z. B.: *Der Dichter hat einen Großteil seines Lebens in München verbracht.*

Verben im **Plusquamperfekt** drücken aus, was vor einem Geschehen in der
Vergangenheit bereits passiert war,
z. B.: *Er hatte viele Jahre in München gelebt, bevor er nach Amerika auswanderte.*

Verben im **Futur** (Zukunft) sagen, was in der Zukunft geschehen wird,
z. B.: *Vielleicht wird er noch einmal nach Deutschland kommen.* (Futur I)
In ein paar Jahren werden wir die Katastrophe vergessen haben. (Futur II)

Indikativ und Konjunktiv — S. 143

Indikativ (Wirklichkeitsform) und Konjunktiv (Möglichkeitsform) sind Verbformen,
- die tatsächlich Geschehenes ausdrücken, z. B.: *Er lernt die Vokabeln.* **(Indikativ)**
- die etwas indirekt wiedergeben, z. B.: *Er behauptet, er lerne die Vokabeln.* **(Konjunktiv I)**
  Bildung des Konjunktivs I: Verbstamm + Endung im Konjunktiv, z. B.: *verlier + e*

- die Gewünschtes, nur Vorgestelltes ausdrücken,
  z. B.: *Wenn ich Zeit hätte, ginge ich mit dir ins Schwimmbad.* **(Konjunktiv II)**
  Bildung des Konjunktivs II: Verbstamm im Präteritum (ggf. mit Umlaut) + Endung im Konjunktiv, z. B.: *ich verlor + Umlaut (ö) + e → ich verlöre*
- Der Konjunktiv II wird auch als Höflichkeitsform verwendet,
  z. B.: *Würden Sie bitte das Fenster schließen?*

Am häufigsten wird der Konjunktiv in der **indirekten Rede** verwendet.
direkte Rede: *Sie sagt: „Er hört mir überhaupt nicht zu!"* **(Indikativ)**
indirekte Rede: *Sie sagt, er höre ihr überhaupt nicht zu.* **(Konjunktiv I)**
Im allgemeinen Sprachgebrauch wird der Konjunktiv häufig mit „würde" umschrieben,
z. B.: *Sie sagt, er würde ihr überhaupt nicht zuhören.*
Oft unterscheiden sich die Formen von Indikativ und Konjunktiv I nicht, dann benutzt man meist den Konjunktiv II oder die Umschreibung mit „würde",
z. B.: *Sie sagt: „Ich denke gar nicht gern daran."* (Indikativ)
Sie sagt, sie denke gar nicht gern daran. (Konjunktiv I)
Sie sagt, sie würde gar nicht gern daran denken.

das Partizip I und II

Das **Partizip I** (Partizip Präsens) setzt sich aus **Infinitiv + d** zusammen, z. B.:
gehend, zitternd, singend.
Das **Partizip II** (Partizip Perfekt) setzt sich meistens zusammen aus
ge + Verbstamm + (e)t oder en,
z. B.: *gezittert, gelaufen.*
Beide Partizipformen können wie ein Adjektiv gebraucht werden,
z. B.: *der singende Vogel, der frisch gestrichene Zaun.*

Aktiv und Passiv   S. 142

In Sätzen, in denen ausgedrückt wird, was die handelnde Person tut, steht das Prädikat im **Aktiv**, z. B.: *Ich rufe meine Freundin an.*
Sätze, bei denen die handelnde Person nicht genannt wird, stehen im **Passiv**.
Das **Vorgangspassiv** beschreibt ein Geschehen, das gerade abläuft,
z. B.: *Die Bank wird gestrichen.* (Bildung mit **werden** + **Partizip II**)
Das **Zustandspassiv** beschreibt einen Zustand (als Ergebnis eines Vorgangs),
z. B.: *Die Bank ist frisch gestrichen.* (Bildung mit **sein** + **Partizip II**)

Sprachvarianten

Sprachvarianten

Eine Sprachgemeinschaft verwendet in der Regel neben der allgemein verbindlichen Form einer Sprache – der Standardsprache – unterschiedliche Sprachvarianten.
- **die Standardsprache**
  Die Standard- oder Hochsprache wird in der Öffentlichkeit, insbesondere auch in den Medien, im Schriftlichen wie auch im Mündlichen verwendet. Sie ist die allgemein verbindliche Form einer Sprache.
- **die Umgangssprache**
  Im alltäglichen mündlichen Sprachgebrauch verwenden wir die Umgangssprache. Diese orientiert sich an der Standard-/Hochsprache, wendet aber ihre Regeln nicht streng an. Sie steht zwischen Standardsprache und Dialekt und enthält mundartliche Elemente der jeweiligen Region. Typisch für die Umgangssprache sind kurze, einfache, oft unvollständige Sätze, z. B.: *Der Knopf ist ab(-gefallen).*

- **der Dialekt**
  Der Dialekt (die Mundart) ist an eine bestimmte Region gebunden und wird meist nur im Mündlichen verwendet. Beispiele für das hochdeutsche Wort *Kartoffel*: *Tüffel, Kardoffel, Knulle, Knolle, Erdäpfel, Erdbirne, Tüffke*
- **die Fachsprache**
  Fachsprachen werden in einem bestimmten Berufs- oder Wissenschaftsfeld bzw. Wissensgebiet verwendet. Typisch sind Fachbegriffe, oft Fremdwörter, die außerhalb des Fachgebiets ungebräuchlich sind, sowie Abkürzungen,
  z. B.: Biologie: *Fotosynthese, Membran, Ökosystem*
- **die Jugendsprache**
  Soziale Gruppen entwickeln oft ihre eigene Gruppensprache. Ein Beispiel dafür sind Jugendsprachen. Sie dienen unter anderem zur Ausbildung eines Gruppengefühls und zur Abgrenzung (v. a. von Erwachsenen) und verändern sich rasch. Merkmale sind u. a. grammatische Veränderungen, Wortneuschöpfungen und Anglizismen (Übernahmen aus dem Englischen), z. B.: *Achselmoped* (Deoroller); *null Bock haben; chillen*.

Sprachwandel

Das heutige Hochdeutsch hat sich über Jahrhunderte aus dem Althochdeutschen (9. Jh.) entwickelt. Dabei sind Wörter hinzugekommen, verschwunden oder haben Veränderungen in Schreibung, Aussprache, Gebrauch oder Bedeutung erfahren. Die Bedeutung eines Wortes kann sich im Lauf der Geschichte z. B. verengen oder erweitern:
- Bedeutungsverengung:
  hôchgezit (mittelhochdeutsch): *hohes Fest*
  → *Hochzeit* (neuhochdeutsch): (nur) *Hochzeit*
- Bedeutungserweiterung:
  vrouwe (mittelhochdeutsch): *Herrin, adelige Dame*
  → *Frau* (neuhochdeutsch): (jede) *Frau*

Wortbildung und Wortbedeutung

Wortbedeutungen S. 131 ff.

Im Hinblick auf die Bedeutung von Wörtern sind folgende Fachbegriffe und Einordnungen hilfreich:
- **Denotation und Konnotation**
  Die **Denotation** ist die Grundbedeutung eines Wortes, die man im Wörterbuch nachschlagen kann, z. B.: *gemeinsam: miteinander*.
  Die **Konnotation** meint die Nebenbedeutungen eines Wortes, d. h. Erfahrungen und Gefühle, die man damit verbindet, z. B.: *gemeinsam: sozial, Zusammengehörigkeit, Stärke, Unterstützung*.
- **Euphemismus**
  Unter Euphemismus versteht man einen Begriff, der einen unangenehmen Sachverhalt beschönigt, verharmlost oder verschleiert, z. B.: *Seniorenresidenz* (für *Altersheim*), *Entsorgungspark* (für *Mülldeponie*).
- **Hochwertwörter und Schlagwörter**
- **Hochwertwörter** sind Wörter, die positive Emotionen hervorrufen, z. B.: *Freiheit, Menschenwürde*. Häufig werden sie als Schlagwörter benutzt, um eigene Positionen und Forderungen positiv darzustellen.
- **Schlagwörter** werden oft in der öffentlichen Auseinandersetzung verwendet. Sie können positiv konnotiert sein (*Wir stehen für die Bildungsrepublik!*) oder negativ (*Typisch Gutmenschen!*) und werden u. a. mit folgenden Absichten eingesetzt: Positionen und Forderungen eingängig verkürzen, eigene Positionen aufwerten, gegnerische Positionen abwerten.

- **Ironie**
  Ironie ist eine **Redeweise**, bei der das Gegenteil des Gesagten gemeint ist, z.B.:
  Tolles Wetter heute! (Äußerung einer vom Regenguss überraschten Person).
  Beim Sprechen können Betonung und Mimik deutlich machen, dass die Äußerung ironisch gemeint ist.
- **Mehrdeutigkeit**
  Wörter können, abhängig vom Kontext, mehrere Bedeutungen haben. Mehrdeutigkeit wird oft gezielt eingesetzt, etwa bei Witzen oder in der Werbung, z.B.: *Bücherhallen Hamburg – bei uns werden Sie viel mitnehmen!*
- **Wortfelder**
  Wörter mit ähnlicher Bedeutung bilden ein Wortfeld, z.B.:
  Wortfeld *„mutig"*: *couragiert, furchtlos, kühn, waghalsig ...*

Wortbildung: Ableitung und Zusammensetzung — S. 165, 178

- Durch **Ableitung** können neue Wörter entstehen. Mit **Präfixen** (Vorsilben) und **Suffixen** (Nachsilben) kann man aus vorhandenen Wörtern neue ableiten, z.B.:
  Präfixe: *an- (der Anschluss, anschließen, anschließend), ver- (der Verstand, verstehen, ...),*
  Suffixe: *-heit (die Freiheit), -ung (die Endung), -nis (das Zeugnis), -ig (mutig), -lich (fröhlich).* Zu Fremdwort-Suffixen siehe Seite 169 ff.
- Auch durch **Zusammensetzen** von Wörtern können neue Wörter entstehen. Das **Grundwort** bestimmt die Wortart und das Geschlecht (Genus) bzw. den Artikel, z.B.:
  rot (Bestimmungswort) + *der Kohl* (Grundwort) = *der Rotkohl* (Zusammensetzung).

die Wortfamilie — S. 165, 178

Wortfamilien werden aus Ableitungen und Zusammensetzungen gebildet. Die Wörter einer Wortfamilie werden im Wortstamm meist gleich oder ähnlich geschrieben, z.B.:
fahren, ausfahren, befahren, Fahrt, Fähre, Fuhrwerk ...

Satzglieder und Sätze

die Satzglieder — S. 144 f.

Wörter oder Wortgruppen im Satz, die bei der Umstellprobe immer zusammenbleiben, sind Satzglieder, z.B.:
Morgen / schreiben / wir / eine Klassenarbeit / in der dritten Stunde.
Wir / schreiben / morgen / eine Klassenarbeit / in der dritten Stunde.
In der dritten Stunde / schreiben / wir / morgen / eine Klassenarbeit.
Eine Klassenarbeit / schreiben / wir / morgen / in der dritten Stunde.

das Prädikat (die Satzaussage)
Es wird mit der Frage **Was tut/tun ...?** oder **Was geschieht?** erfragt,
z.B.: *Wir schreiben eine Klassenarbeit. Was tun wir? Wir schreiben eine Klassenarbeit.*
Das Prädikat kann mehrteilig sein, z.B.: *Wir haben eine Klassenarbeit geschrieben.*

das Subjekt (der Satzgegenstand)
Das Satzglied, das aussagt, wer oder was etwas tut, ist das Subjekt.
Das Subjekt wird mit **Wer?** oder **Was?** erfragt,
z.B.: *Wir schreiben eine Arbeit. Wer schreibt eine Arbeit? Wir schreiben eine Arbeit.*
Das Subjekt steht im Nominativ.

die Objekte (die Satzergänzungen)
Das Dativ-Objekt erfragt man mit **Wem?**,
z.B.: *Der Lehrer gibt uns die Arbeit zurück. Wem gibt er die Arbeit zurück?*
Der Lehrer gibt uns die Arbeit zurück.
Das Akkusativ-Objekt erfragt man mit **Wen?** oder **Was?**,
z.B.: *Wir schreiben eine Arbeit. Was schreiben wir?*
Wir schreiben eine Arbeit.
Genitiv-Objekte sind selten. Man erfragt sie mit **Wessen?**,
z.B.: *Sie nahm sich der Kätzchen aus Mitleid an. Wessen nahm sie sich an?*
Verben, die ein Genitiv-Objekt verlangen, sind z.B.: *sich annehmen, gedenken, bedürfen, sich enthalten, sich bedienen, sich entledigen.*
Objekte, die nur mit Hilfe von Präpositionen erfragt werden können, nennt man
Präpositionalobjekte. Hier fordert das Verb eine bestimmte Präposition,
z.B.: *Ich frage nach meiner Note.* **Wonach** *(nach wem?) frage ich?*
Ich frage nach meiner Note.
z.B.: *Ich hoffe auf eine gute Note.* **Worauf** *(auf was?) hoffe ich?*
Ich hoffe auf eine gute Note.

die adverbialen Bestimmungen
Adverbiale Bestimmungen sind Satzglieder, mit denen man nähere Angaben zu einem Geschehen machen kann. Es gibt
- adverbiale Bestimmungen der **Zeit** (Frage: **Wann?**),
    z.B.: *Die Party findet am Samstag statt.*
- adverbiale Bestimmungen des **Ortes** (Fragen: **Wo? Wohin? Woher?**),
    z.B.: *Die Party findet im Jugendzentrum statt.*
- adverbiale Bestimmung **der Art und Weise** (Frage: **Wie? Womit?**),
    z.B.: *Die Partygäste haben in bester Laune gefeiert.*
- adverbiale Bestimmung **des Grundes** (Frage: **Warum? Weshalb?**),
    z.B.: *Wegen meiner schlechten Mathenote darf ich nicht an der Party teilnehmen.*

das Attribut
Attribute sind **Teil eines Satzglieds**, also keine selbstständigen Satzglieder. Sie stehen vor oder hinter ihren Bezugswörtern (z.B. einem Nomen) und bestimmen sie näher.
Frageprobe: **Was für ein/e …?**, z.B.: *der tolle Film, ein Film mit atemberaubenden Stunts*
Es gibt verschiedene Formen des Attributs, zum Beispiel folgende:
Adjektiv / adjektivisch gebrauchtes Partizip (Adjektiv-Attribute): *alte Hefte, parkende Autos*
Nomen im Genitiv (Genitiv-Attribut): *das Haus meiner Eltern, Majas Tasche*
Nomen mit Präposition (Präpositionalattribut): *ein Mann mit Bart*
Adverb: *die Häuser dort*
Pronomen: *mein Ausbildungsplatz*

die Satzarten

Man unterscheidet folgende Satzarten, die man in der gesprochenen Sprache an der Stimmführung erkennt und in der geschriebenen Sprache am Satzschlusszeichen (Punkt, Frage- bzw. Ausrufezeichen):
- **Aussagesatz**: *Ich fahre jetzt los.*
- **Fragesatz**: *Wann fährst du los?*
- **Aufforderungssatz**: *Fahr jetzt los!*

Nebensätze S. 144 ff., 169 ff.

Nebensätze, in denen adverbiale Bestimmungen umschrieben werden, nennt man **Adverbialsätze**. Man unterscheidet u.a.:
- **Temporalsätze** (*Wann ...?*),
  z.B.: *Er war froh, als die Arbeit endlich abgeschlossen werden konnte.*
- **Kausalsätze** (*Warum ...?*),
  z.B.: *Seine Arbeit ist nicht gewertet worden, weil er so lange krank war.*
- **Modalsätze** (*Wie ...?*),
  z.B.: *Er überprüfte die Rechtschreibung, indem er das Wort im Wörterbuch nachschlug.*
- **Finalsätze** (*Wozu ...?*),
  z.B.: *Er lernt Vokabeln, damit er im Test gut abschneidet.*
- **Konditionalsätze** (*Unter welcher Bedingung ...?*),
  z.B.: *Wenn du mir hilfst, lade ich dich später ins Kino ein.*
- **Konsekutivsatz** (*Mit welcher Folge ...?*),
  z.B.: *Die Lehrerin war krank, sodass der Test ausfiel.*
- **Konzessivsätze** (*Trotz welcher Gegengründe ...?*),
  z.B.: *Er hat die Arbeit mitgeschrieben, obwohl er so lange krank war.*

Nebensätze können auch die Rolle eines Subjekts oder eines Objekts übernehmen,
z.B.: *Es ist noch ungewiss, ob alle Gäste kommen werden.* → **Subjektsatz**
(*Wer oder was ist ungewiss?*),
z.B.: *Ich finde es wichtig, dass man sich rechtzeitig anmeldet.* → **Objektsatz**
(*Wen oder was finde ich wichtig?*)

Nebensätze, die ein Nomen (Bezugswort) näher erklären, nennt man **Relativsätze**.
Sie beginnen mit einem Relativpronomen (*der/die/das* oder *welcher/welche/welches*).
Relativsätze ersetzen Attribute,
z.B.: *Dieser Film, der bereits in den USA ein großer Erfolg war, läuft jetzt im Kino.*
Der Wettbewerb, an dem viele Jugendliche teilnahmen, war ein großer Erfolg.

Satzreihe und Satzgefüge S. 144 ff., 169 ff.

Es gibt einfache und zusammengesetzte Sätze.
Einfache Sätze bestehen mindestens aus Subjekt und Prädikat, z.B.: *Sie singt*.
Zusammengesetzte Sätze bestehen aus mindestens zwei Teilsätzen.

Es gibt zwei Arten von **Teilsätzen**: Hauptsätze und Nebensätze.

Hauptsätze nennt man vollständige Sätze, die auch allein stehen können,
z.B.: *Sie ist angekommen.*

Nebensätze erkennt man daran, dass
- sie nicht allein stehen können,
- das Prädikat meist an der letzten Satzgliedstelle steht,
- sie durch Komma vom Hauptsatz abgetrennt werden,
- sie oft durch eine Konjunktion eingeleitet werden, z.B.:
  Die Bildschirme bleiben schwarz, **weil** *der Strom* **ausgefallen ist.**
        Hauptsatz   Nebensatz

Das Satzgefüge ist eine Verbindung aus mindestens einem Haupt- und einem Nebensatz,
z.B.: *Die Schule bleibt geschlossen, weil die Heizung ausgefallen ist*.
      Hauptsatz   Nebensatz

Die Satzreihe besteht aus mindestens zwei Hauptsätzen,
z.B.: *Die Heizung ist repariert, aber die Schule muss noch einen Tag geschlossen bleiben.*
      Hauptsatz   Hauptsatz

Richtig schreiben
Rechtschreibhilfen

die Fehleranalyse — S. 159 ff.

- Lege eine Tabelle mit drei Spalten an.
- Schreibe in die erste Spalte jeweils deine Fehlerwörter in der richtigen Schreibweise.
- Unterstreiche die korrigierte Stelle im Wort.
- Begründe in der zweiten Spalte, worin dein Fehler lag.
- Notiere in der dritten Spalte Regeln und Tipps für die richtige Schreibung.

korrigiertes Fehlerwort	Warum war es falsch?	Wie vermeide ich den Fehler?
zum <u>N</u>achdenken	Es ist eine Nominalisierung und wird großgeschrieben.	Ich erkenne die Nominalisierung hier am verschmolzenen Artikel (*zu dem = zum*).

Nachschlagen im Wörterbuch — S. 159

Du kannst Fehler vermeiden, wenn du schwierige Wörter in einem Wörterbuch nachschlägst. Darin sind die Wörter **nach dem Alphabet** geordnet.

- Auf jeder Doppelseite des Wörterbuchs stehen links oben und rechts oben fett gedruckte **Kopfwörter** (Seitenleitwörter), die angeben, welches der erste und welches der letzte Eintrag auf der Doppelseite ist.
- Den alphabetisch aufgelisteten Wörtern sind oft weitere Wörter untergeordnet, z. B. Ableitungen oder Zusammensetzungen.

Beachte dabei:

- Verben sind im Wörterbuch im Infinitiv (Grundform) verzeichnet, z. B.: *Sie vergaß, das Licht auszumachen.* → Suche nach dem Verb *vergessen*.
- Bei zusammengesetzten Nomen musst du manchmal mehrmals nachschlagen, z. B.: *Autokollision* → Suche nach *Auto* und nach *Kollision*.

das Partnerdiktat — S. 160

- Lies zuerst den gesamten Diktattext durch und präge dir schwierige Wörter ein.
- Lass dir die erste Hälfte des Textes von einer Lernpartnerin / einem Lernpartner diktieren. Tauscht bei der zweiten Texthälfte die Rollen.
- Überprüfe deinen Text auf Fehler.
- Tauscht eure Texte aus und korrigiert euch gegenseitig.
- Verbessere deine Fehlerwörter.

die Rechtschreibkonferenz

- Vier Schüler/innen bilden eine Gruppe. Sie verteilen die „Rechtschreib-Spezialfelder" (z. B. Groß- und Kleinschreibung) untereinander.
- Jede/r hat einen zu korrigierenden Fremdtext eines anderen Gruppenmitglieds vor sich und untersucht den Text in ihrem/seinem Spezialfeld auf Fehler.
- Markiert die Fehler farbig und gebt die Texte im Uhrzeigersinn weiter.
- Nach vier Durchgängen muss jede/r wieder den ersten Text vor sich haben, versehen mit Fehlermarkierungen in vier verschiedenen Farben.
- Jede/r bekommt den eigenen Text zurück und kann nachfragen.
- Jede/r berichtigt die eigenen Fehlerwörter.

Rechtschreibproben S. 161 f., 168, 177

- **die Ableitungsprobe** (S. 168)
  Wenn du nicht sicher bist, wie ein Wort geschrieben wird (z. B. mit *e* oder *ä*, mit *eu* oder *äu*), dann suche ein verwandtes Wort, z. B.:
  Gemäuer → Mauer,
  Ländereien → Land,
  Z(e/ä)lt → kein verwandtes Wort mit a → also: Zelt.
- **die Artikel- oder Pluralprobe** (S. 162 f.)
  Wörter, vor die du einen **Artikel** oder ein anderes Begleitwort setzen oder die du in den **Plural** setzen kannst, werden großgeschrieben. Es sind Nomen, z. B.:
  der Stift → die Stifte.
- **die Steigerungsprobe**
  Lässt sich ein Wort steigern, ist es meist ein **Adjektiv** (Eigenschaftswort) und wird kleingeschrieben, z. B.:
  glücklich → glücklicher → am glücklichsten.
- **die Verlängerungsprobe** (S. 168)
  Am Ende eines Wortes oder Wortstamms (im Auslaut) klingen *d/t*, *b/p* und *g/k* ähnlich. Wenn du Wörter mit diesen Auslauten verlängerst und deutlich sprichst, hörst du, welchen Buchstaben du schreiben musst, z. B.:
  merkwürdig – merkwürdiger, Technik – Techniker, Staub – staubig, plump – plumpe, Rad – Räder, Rat – raten, gelebt – leben.
- **die Zerlegeprobe** (S. 168)
  Zerlege das Wort in seine Bestandteile: *viel/leicht, Boot/s/steg, Schiff/fahrt.*
  Achte auf
  – typische Nomensuffixe (*-ung, -heit, -keit, -tum, -nis, -schaft*),
  – typische Präfixe bei Verben (*ver-, vor-*),
  – typische Adjektivsuffixe (*-sam, -lich, -ig, -bar, -haft, -isch*),
  – Fremdwortpräfixe (*anti-, ex-, inter-, kon-, pro-, prä-, re-*).

Wörterlisten

Mit Wörterlisten kannst du deine Rechtschreibsicherheit trainieren. Trage in die Wörterliste schwierige Wörter ein, die du dir merken willst oder die du noch üben musst (Lernwörter).

Rechtschreibregeln

der Bindestrich S. 172

- Der Bindestrich **kann** verwendet werden zur Gliederung von Zusammensetzungen, die ohne Bindestrich unübersichtlich wären, z. B.:
  das Schüler-Lehrer-Verhältnis, der See-Elefant.
- Der Bindestrich **muss** gesetzt werden:
  – in Aneinanderreihungen und Zusammensetzungen mit Wortgruppen (auch mit Buchstaben, Ziffern oder Abkürzungen), z. B.: *das Entweder-oder, die 1-Euro-Münze.*
  – in Zusammensetzungen mit Abkürzungen, z. B.: *WM-Auftakt, Kfz-Papiere.*

Fremdwörter S. 165

Fremdwörter sind Wörter, die aus anderen Sprachen ins Deutsche übernommen wurden. Dabei behalten sie oft die **Schreibung und Aussprache aus dem Herkunftsland** bei, z. B.: *die Ga**r**age* (sprich: Garasche, franz.), *das Shamp**oo*** (sprich: Schampu, engl.), *die Reak**tion*** (lat.), *das **Th**ema* (griech.).

die Getrennt- und Zusammenschreibung — S. 166 f.

Die **Getrenntschreibung** ist in der deutschen Rechtschreibung die Regel:
- Verbindungen aus **Nomen und Verb** schreibt man meistens getrennt,
  z. B.: *Rad fahren, Angst haben*.
  Aber: Werden Verbindungen aus Nomen und Verb nominalisiert, musst du sie zusammen- und großschreiben, z. B.: *das Skilaufen*.
- Verbindungen aus **Verb und Verb** schreibt man meistens getrennt,
  z. B.: *sitzen bleiben, liegen lassen*.
  Aber: Werden Verbindungen aus Verb und Verb nominalisiert, musst du sie zusammen- und großschreiben, z. B.: *das Laufenlernen*.
- Schreibe **Verbindungen mit *sein*** getrennt, z. B.: *schuld sein, los sein*.
  Aber: Nominalisierungen dieser Verbindungen musst du zusammen- und großschreiben, z. B. *das Schuldsein*.
- Verbindungen aus **Adjektiv und Verb** schreibt man meist getrennt,
  z. B.: *frei sprechen (Beim Referieren sollst du frei sprechen.)*.
  Aber: Zusammen schreibst du Verbindungen aus Adjektiv und Verb, wenn sie ein Wort mit neuer Bedeutung darstellen,
  z. B.: *freisprechen (Der Richter wird ihn freisprechen.)*.
- Verbindung aus **Adverb und Verb**: Behält das Adverb dabei seine wörtliche Bedeutung, schreibt man getrennt, z. B.: *Können wir zusammen essen?*
  Aber: Zusammen schreibst du Verbindungen aus Adverb und Verb, wenn sie ein Wort mit neuer, übertragener Bedeutung darstellen,
  z. B.: *Er will mit ihr zusammenbleiben* (ein Paar sein).

die Groß- und Kleinschreibung — S. 162 f.

- Groß schreibt man:
- **alle Satzanfänge**, z. B.: *Bei diesem Wetter bleibe ich zu Hause.*
- **alle Nomen**, erkennbar an den typischen Nomenbegleitern (Artikel, versteckte und gedachte Artikel, Pronomen, Adjektive, unbestimmte Mengenangaben) und Nomensuffixen (*-heit, -keit, -ung, -tum, -nis, -schaft*),
- **alle Namen** von Personen und Orten,
- **Nominalisierungen**, erkennbar an den Nomenbegleitern, z. B.: *etwas Gutes, beim Tanzen*.

Die **Schreibung von festen Wendungen** musst du dir merken, meist werden sie großgeschrieben, z. B.: *im Grunde, in Bezug auf*.

- Klein schreibt man:
- **alle Verben** *(malen, laufen)*,
- **alle Adjektive** *(ehrlich, laut)*,
- **alle Pronomen** (z. B.: Personalpronomen: *du*; Possessivpronomen: *dein*; Demonstrativpronomen: *dieses*; Indefinitpronomen: *man*).

- Eine Sonderregelung gibt es bei den Anredepronomen (z. B. in Briefen und Mails):
- Das **Sie** für Personen, die man nicht duzt, wird immer großgeschrieben.
- Die vertraute Anrede **du** kannst du in Briefen oder E-Mails klein- oder großschreiben.

die Schreibung von Eigennamen und Straßennamen

- Schreibe Adjektive als Teil von Eigennamen groß, z. B.: *das Schwarze Meer*.
- Schreibe Straßennamen,
- die aus **zwei Wörtern** (auch Namen) bestehen, zusammen, z. B.: *Brunnenweg*.
- die aus **Ortsnamen + -er** gebildet werden, immer getrennt, z. B.: *Berliner Straße*.
- die aus **mehrteiligen Namen** bestehen, mit Bindestrich, z. B. *Astrid-Lindgren-Platz*.

die Schreibung von Zahlen

Zahlwörter (Grundzahlen, Ordnungszahlen und unbestimmte Zahlwörter) schreibst du klein (z.B.: *eins, erstens, wenig*). Sie können aber auch nominalisiert sein, dann schreibst du sie groß (z.B.: *zum Dreißigsten, jeder Dritte, er ging als Letzter ins Ziel; ich habe eine Eins in Deutsch bekommen*.). Achte auf Nomenbegleiter.

die Schreibung der Zeitangaben S.163

- Zeitangaben können als Nomen auftreten, dann schreibt man sie groß, z.B.: *der Montag, am Samstag, für Samstagnachmittag*.
- Tageszeiten nach Zeitadverbien schreibt man ebenfalls groß, z.B.: *gestern Morgen, heute Abend*.
- Alle Zeitadverbien mit einem *s* am Wortende schreibt man klein, z.B.: *abends, nachts*.
- Auch alle anderen Zeitadverbien schreibt man klein, z.B.: *heute, gestern*.
- Uhrzeitangaben schreibt man ebenfalls klein, z.B.: *Es ist halb drei*.

die Zeichensetzung S.169 ff.

- Werden zwei **Hauptsätze** durch *und* oder *oder* verbunden, muss kein Komma stehen, z.B.: *Alkohol ist gesundheitsschädlich und er darf nicht an Jugendliche verkauft werden*.
- Werden die Hauptsätze durch eine andere nebenordnende Konjunktion wie *denn, aber, sondern* verbunden, dann musst du ein Komma setzen, z.B.: *Alkohol darf nicht an Jugendliche verkauft werden, denn er ist gesundheitsschädlich*.
- In **Satzgefügen** (Verbindung von Haupt- und Nebensatz) steht immer ein Komma, z.B.: *Er hat die Arbeit mitgeschrieben, obwohl er so lange krank war.*
Obwohl er so lange krank war, hat er die Arbeit mitgeschrieben.
– Vor dem *dass*-Satz steht ein Komma, z.B.: *Ich glaube nicht, dass er kommt.*
– Ein Relativsatz wird durch Komma abgetrennt, z.B.: *Es war ein rotes Auto, das den Unfall verursacht hat.*
Das rote Auto, das nach links abgebogen war, hatte den Unfall verursacht.
– Beim Infinitivsatz (Infinitiv mit *zu* und mindestens einem weiteren Wort) kannst du ein Komma setzen, musst aber nicht, z.B.: *Sie hofft, eine gute Note zu bekommen. Sie hofft eine gute Note zu bekommen.*
Du musst aber ein Komma setzen, wenn ein hinweisendes Wort den Infinitivsatz ankündigt, z.B.: *Sie hofft darauf, eine gute Note zu bekommen.*
Vor Infinitiven mit *zu*, die mit *um, ohne, statt, anstatt, außer* oder *als* eingeleitet werden, musst du ein Komma setzen, z.B.: *Sie schrieb ganz schnell, ohne lange zu überlegen.*
- Alle **nachgestellten Erläuterungen und Einschübe** wie *und zwar, und das, das heißt, zum Beispiel, also, besonders, insbesondere, nämlich, vor allem, zumindest* werden durch Komma abgetrennt, z.B.: *Sie liebt Eis, insbesondere Schokoladeneis*.
Auch eingeschobene vollständige Sätze werden mit Kommas abgetrennt, z.B.: *Er kommt, nehme ich an, mit dem nächsten Zug.*

Methoden und Arbeitstechniken

der Cluster (Ideennetz)

Ein Cluster hilft dir, Ideen oder Aspekte zu einem bestimmten Thema zu finden.
- Schreibe das Thema bzw. den Oberbegriff in die Mitte eines Blattes.
- Notiere wichtige Gedanken/Angaben/Merkmale dazu und verbinde sie durch Linien mit dem Clustermittelpunkt.

Figuren charakterisieren

- Eine **Figurenkarte** hilft beim Sammeln von Informationen zu einer literarischen Figur (Aussehen, Verhaltensweisen, Lebensumstände, Wünsche …). Sie ist hilfreich bei der Vorbereitung einer Charakterisierung.
- Von einer **Rollenkarte** spricht man, wenn sie Hinweise für Figuren gibt, die szenisch umgesetzt werden. Zu den Angaben der Figurenkarte kommen dann noch Regieanweisungen. So können sich die Schauspieler/innen in die Lebenssituation und innere Welt der Figur einfühlen, die sie spielen.
- Die **Figurenskizze** (S. 182) ist ein Schaubild, das die Figuren eines Textes und ihre Beziehungen zueinander (die Figurenkonstellation) darstellt. In diese Skizze kannst du Charaktereigenschaften der Figuren (Selbst- und Fremdaussagen) eintragen.

die Fünfsatzmethode

Die Fünfsatzmethode kann dabei helfen, eine überzeugende Argumentation z. B. für ein Statement zu formulieren. Der Fünfsatz ist meist so aufgebaut:
- Einstiegssatz (beschreibt das Problem oder die Ausgangslage),
- drei erklärende Sätze zum Problem (z. B. drei Argumente),
- Zielsatz (eigene Meinung, ggf. Forderung oder Lösungsvorschlag).

das Gedankengitter   S. 46 f.

Das Gedankengitter erleichtert das schrittweise Verstehen eines Gedichts. Dabei schreibst du erste Gedanken auf zu äußerer Form, Inhalt und Sprache der entsprechenden Textstellen (auf eine Folie oder Textkopie).

die Gruppenanalyse

- Jeder schreibt die Textstelle auf ein Blatt Papier.
- Jeder schreibt sein Verständnis von der Textstelle darunter und gibt sein Arbeitsblatt im Uhrzeigersinn in der Gruppe weiter.
- Jeder schreibt in den nächsten drei bis vier Runden einen Kommentar zu dem jeweiligen Echotext der anderen.
- Wenn man den eigenen Echotext wieder vor sich liegen hat, kann man ihn mit Hilfe der Anregungen verändern oder ergänzen.

Informationen beschaffen und auswerten   S. 7 ff., 27 ff., 35 ff.

Wenn du zu einem Thema (z. B. für ein Kurzreferat / eine Folienpräsentation) Informationen benötigst, kannst du
- in einer Bibliothek suchen,
- eine Expertin / einen Experten befragen,
- dich in verschiedenen Lexika informieren,
- im Internet mit Hilfe von Suchmaschinen zu dem Thema recherchieren.
  Durch die Eingabe mehrerer Suchbegriffe in eine Suchmaschine lässt sich dabei die Suche sinnvoll einschränken.

Du musst alle Informationen auswerten.
- Lies die Texte und verschaffe dir einen Überblick über den Inhalt.
- Überlege, welche Fragen zum Thema du beantworten möchtest.
- Suche/Markiere die Abschnitte, die wichtige Informationen zum Thema enthalten.
- Notiere die wichtigsten Informationen in Stichworten.
- Prüfe, welche Fragen zum Thema mit diesem Material nicht beantwortet werden, und suche ggf. weitere Informationen.

das Kurzreferat, der Kurzvortrag — S. 7 ff.

Bereite deinen Kurzvortrag so vor:
- Notiere das, was für den Vortrag wichtig ist, in Stichworten, z. B. auf Karteikarten.
- Bringe die Stichworte in eine sinnvolle Reihenfolge.
- Überlege dir eine neugierig machende Einleitung.
- Überlege dir einen passenden Schluss.
- Bereite Anschauungsmaterial (z. B. Bilder, Folien, Tafeltext, Gegenstände) vor.

das Lernplakat — S. 11 f.

Ein Lernplakat präsentiert Lerninhalte zusammenfassend, anschaulich und einprägsam.
- Reduziert die Informationen zum Lernthema auf das Wesentliche, strukturiert sie und fasst sie zusammen. Formuliert die Überschrift sowie Zwischenüberschriften.
- Besorgt großes Papier, eine Tapetenrolle o. Ä., sowie Stifte in verschiedenen Farben.
- Schreibt die Texte in großer, gut lesbarer Schrift auf.
- Mit Hilfe von Bildern oder Zeichnungen könnt ihr das Plakat anschaulich gestalten.

Lesestrategien — S. 83 ff.

- **Überfliegendes Lesen:** Wenn du herausfinden willst, worum es im Text geht, brauchst du den Text nicht Wort für Wort genau zu lesen; es genügt, wenn du ihn überfliegst.
- **Genaues Lesen:** Wenn du alle Informationen eines Textes erfassen willst, musst du den Text langsam und genau lesen, vielleicht sogar mehrmals. Markiere wichtige Stellen und mache dir ggf. Notizen.
- **Gezieltes Lesen:** Wenn du nur eine bestimmte Information im Text suchst, dann überfliege die unwichtigen Textstellen und lies die Stelle genau, an der du die Information vermutest. Halte gezielt nach bestimmten Schlüsselwörtern Ausschau.
- **Reziprokes Lesen** (vgl. S. 94) ist eine Form der gemeinsamen Texterschließung in einer Arbeitsgruppe. Dabei bildet ihr Gruppen und geht arbeitsteilig vor.
– Jede/r liest den Text zunächst für sich.
– Schüler/in 1 fasst den Text mit eigenen Worten zusammen.
  Schüler/in 2 formuliert Fragen zum Text.
  Schüler/in 3 weist auf schwierige Wörter oder Passagen hin.
  Schüler/in 4 notiert stichpunktartig Wichtiges zum Inhalt o. Ä.
– Ihr könnt die Aufgaben nach jedem Textabschnitt im Uhrzeigersinn weitergeben.

das literarische Gespräch — S. 107

Das literarische Gespräch in der Gruppe verläuft in der Regel so:
- Ein Text(teil) wird vorgelesen bzw. vorgetragen.
- Die zuvor gesammelten Leitfragen werden wiederholt.
- Die Teilnehmer/innen erläutern ihre Ergebnisse aus der arbeitsteiligen Gruppenarbeit und diskutieren sie.
- In der Schlussrunde werden zentrale Aspekte des Textes sowie das Gesprächsverhalten reflektiert.

Beim „literarischen Quintett" diskutieren fünf Schüler/innen im Halbkreis vor der Klasse Leitfragen bzw. erarbeitete Ergebnisse zu einem literarischen Text. Die Lehrkraft moderiert.

die Mindmap
S. 30

In einer Mindmap ordnest du deine Ideen oder Informationen:
- Schreibe in die Mitte eines Blattes das Thema / den Oberbegriff.
- Ergänze jetzt um das Thema herum weitere Schlüsselwörter.
- Erweitere diese Schlüsselwörter um Unterbegriffe, sodass Beziehungen deutlich werden.

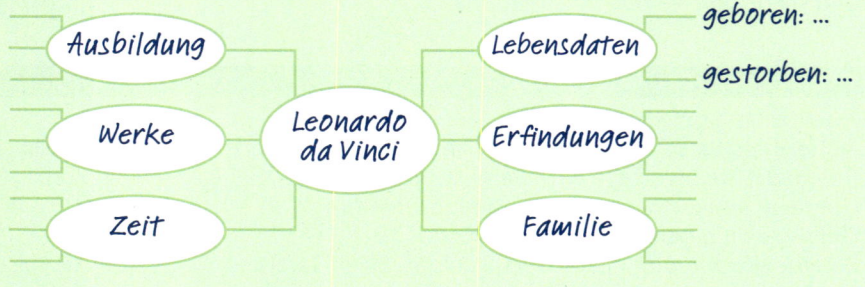

das Placemat-Verfahren

Das Placemat-Verfahren gehört zu den kooperativen Arbeitsformen.
- Dabei wird für einen Arbeitsauftrag / einen Untersuchungsauftrag ein großes Blatt in 3–4 Segmente geteilt, sodass jedes Gruppenmitglied ein Feld für seine „Lösung" hat.
- Ein „Lösungsfeld" in der Blattmitte bleibt zunächst frei.
- Das Blatt wird im Uhrzeigersinn gedreht, sodass jede/r die Beiträge der anderen lesen und kommentieren kann.
- Anschließend einigt sich die Gruppe auf ein Ergebnis, das in die Mitte geschrieben und dem Plenum vorgestellt wird.

das Portfolio
„Das habe ich gelernt" am Ende jedes Kapitels

Ein Portfolio ist eine Mappe, mit der du zeigst, was du z. B. im Betriebspraktikum oder im Deutschunterricht über einen bestimmten Zeitraum oder zu einem bestimmten Thema getan oder gelernt hast. Du kannst damit anderen erklären oder auch für dich festhalten, wie und was du gelernt hast und wie du deine Ergebnisse einschätzt.
Im Portfolio kannst du abheften:
- besondere Arbeiten, Übungen, Unterrichtsergebnisse,
- deine Einschätzung, was du schon gut kannst oder noch üben musst.

Im Praktikumsportfolio kannst du u. a. abheften:
- Tagesberichte, Wochenberichte, Beiträge aus deinem Praktikumstagebuch,
- Arbeitszeugnisse,
- deine Einschätzung des Praktikums.

die Positionslinie S. 20

Mit dieser Methode lässt sich das Meinungsbild einer Gruppe zu einer Entscheidungsfrage (Ja-Nein-Frage) darstellen, z.B. zu der Frage
Sollten Kinder im Haushalt helfen?
- Stelle dich an das „Ja-Ende" der Positionslinie, wenn du auf die Frage mit Ja antworten würdest.
- Stelle dich an das „Nein-Ende" der Positionslinie, wenn du auf die Frage mit Nein antworten würdest.
- Wenn du unentschieden bist, stelle dich zwischen „Ja-" und „Nein-Ende".
Je nachdem, wie weit du dich von einem der beiden Endpunkte wegstellst, gibst du zu erkennen, dass du eher dafür bzw. eher dagegen bist.

die Schreibkonferenz

- Schreibe deinen Text auf Papier mit breitem Rand (Korrekturrand).
- Setzt euch zu dritt oder zu viert zusammen.
- Einigt euch, wer welchen Überprüfungsschwerpunkt übernimmt.
- Jemand aus der Gruppe liest seinen Text vor. Die anderen hören aufmerksam zu.
- Die Zuhörer/innen geben Rückmeldungen. Bei Unklarheiten fragen sie nach.
- Anschließend wird das Textblatt in der Schreibkonferenz herumgegeben. Alle notieren Verbesserungsvorschläge auf den Korrekturrand.
- Reihum werden so die Texte aller Gruppenmitglieder bearbeitet.
- Jede/r überarbeitet anschließend auf der Basis dieser Vorschläge ihren/seinen Text.
- Am Schluss überprüft jede/r noch einmal Rechtschreibung und Zeichensetzung.

das Think-pair-share-Verfahren

- **think:** Jeder denkt für sich über die Aufgabenstellung nach und sucht nach Lösungen.
- **pair:** Die Überlegungen und Lösungsansätze werden mit einem Partner / einer Partnerin ausgetauscht, die individuellen Ergebnisse ggf. ergänzt.
- **share:** Die Ergebnisse werden nun der Klasse vorgestellt und dort vertieft.

Zitieren und Quellen angeben S. 30, 42, 151

- Mit **Zitaten** (Wörter, Wortgruppen oder Sätze aus einem Text) kannst du belegen, was du selbst schreibst. Gib die Textstellen **unverändert** wieder, setze (nur) sie in **Anführungszeichen** und nenne Seitenzahl und Zeile(n), z.B.: *Mara verliebt sich in den Jungen, denn „seine Stimme klang umwerfend" (S. 19, Z. 5 f.).*
Kennzeichne **Auslassungen** durch das Zeichen [...]. Gib direkt nach dem Zitat die Zeilen an, z.B.: *Z. 8* (Zeile 8) oder *Z. 8 f.* (Zeile 8 und die folgende, d.h. Zeile 9) oder *Z. 8 ff.* (Zeile 8 und die folgenden Zeilen).
- Eine Alternative zum Zitieren ist die **sinngemäße Wiedergabe** von Textstellen, z.B.: *Mara verliebt sich in den Jungen wegen seiner schönen Stimme (vgl. S. 19, Z. 5 f.).*
- **Textquellen angeben**
– Gib eine **Buchquelle** so an: Autor-Nachname, Vorname: Buchtitel, Verlag, Erscheinungsort und -jahr, Seite (des Zitates), z.B.:
Einzmann, Nadja: Da kann ich nicht nein sagen. Fischer Verlag, Frankfurt am Main, Seite 41.
– Gib eine **Internetquelle** so an:
Autorname: Titel (des Textes). Online unter: Internetadresse (Abrufdatum), z.B.:
Julia Deresko: Lebensmittel: Anbauen für die Tonne. Online unter: http://www.swp.de/ulm/lokales/ulm_neu_ulm/Wegwerfgesellschaft-Abfall-Lebensmittel-Tonne-Essen-Gaertner-Landwirt-Bauer-Erzeuger;art4329,1116095 (Stand vom 14.02.2013)

Lösungen zum Kapitel „Gut vorbereitet!"

Einstieg S. 199

Frage 3: Vergleich der Operatoren „beschreiben" und „erklären":
Das könntest du geschrieben haben:

Beschreiben:
- Beschreibe, wie du vorgehst, wenn du einen literarischen Text erschließen willst.
- Beschreibe das Verhältnis zwischen den beiden Hauptfiguren.
- Beschreibe die Grafik.
(„Beschreiben": vorgegebene Situationen, Texte, grafische Darstellungen, Personen, Vorgänge, Sachverhalte sachlich genau ausdrücken, ohne sie zu bewerten)

Erklären:
- Erkläre den Unterschied zwischen Ironie und Zynismus.
- Erkläre, warum Alfred Ill im Drama „Der Besuch der alten Dame" sterben muss.
- Erkläre die Zeichensetzung im folgenden Text: …
(„Erklären": Sachverhalte, Aussagen, Hintergründe, Einsichten auf der Grundlage von bereits vorhandenen Kenntnissen darstellen)

Frage 4: Operatoren und ihr Schwierigkeitsgrad
Folgende Operatoren und Schwierigkeitsgrade könntest du genannt haben:
Stufe 1: nennen, herausschreiben, beschreiben, wiedergeben, zusammenfassen, darstellen, vorstellen
Stufe 2: erschließen, deuten, charakterisieren, auswerten, erklären, erläutern, in Beziehung setzen, vergleichen, einordnen, (zu)ordnen
Stufe 3: beurteilen, bewerten, begründen, prüfen, sich auseinandersetzen mit, Stellung nehmen, erörtern, entwerfen, erstellen, gestalten, verfassen, untersuchen/analysieren, interpretieren

Training 1:
Lesekompetenz zeigen S. 200 ff.
Richtig-Falsch-Aufgaben S. 201

2 *So sollten deine Lösungen lauten:*
a) **A:** r **B:** r **C:** f **D:** f **E:** r

b) **A:** nicht / bestimmten Tag
C: schon immer
D: nicht

4 *So sollte deine Lösung lauten:*
A: f **B:** f **C:** r

Multiple-Choice-Aufgaben S. 202 f.

5 *So solltest du die Erzählsituation zugeordnet haben:*
B: (Ich-Erzählsituation)

6 *Folgende Aussage sollst du als einzig zutreffende notiert haben:*
C: (Die Mutter der Hauptfigur trauert früheren Zeiten nach.)

7 *Das könntest du geschrieben haben:*
C: Nadja Einzmann thematisiert die Gefühlsverwirrung am Ende einer Liebesbeziehung. Dafür spricht erstens, dass die Hauptfigur früheren Zeiten nachtrauert, in denen sie glücklich „über den Boden" schwebte (Z. 25) – ein typisches Gefühl von verliebten Menschen. Zweitens rät sie jetzt: „Packt eure Herzen in Alufolie […]" (Z. 28) – ein Hinweis auf eine Enttäuschung durch einen Liebespartner.

8 *So könntest du die Ergebnisse deiner Untersuchung dargestellt haben:*
- Lösung A: erfüllt weder die formale Vorgabe (in zwei Sätzen antworten) noch überzeugt sie inhaltlich (fehlende inhaltliche Genauigkeit und Textnähe).
- Lösung B: erfüllt nicht die formale Vorgabe (in zwei Sätzen antworten), ist jedoch inhaltlich zutreffend und dokumentiert Textnähe durch das aussagekräftige Zitat mit Zeilenangabe.

Zuordnungs-Aufgaben S. 203 f.

9 *So sollst du die Teilsätze verbunden und mit Kommas versehen haben:*
A: Die Hauptfigur erfüllt die Bitten der Mutter nicht, weil ihr nicht danach ist.
B: Sie trauert den früheren Zeiten nicht nach, obwohl sie damals lebhaft und glücklich war.
C: Früher war die Hauptfigur voller Energie, während ihre Geschwister von der Arbeit erschöpft waren.

10 *So solltest du die Aussagen und Textstellen einander zugeordnet haben:*
A–2: Die Heldin war früher aktiv, dynamisch, voller Energie und vielseitig interessiert. – „Keine Aufgabe war sicher vor mir […]." (Z. 19)
B–3: Die Flucht in Tagträume macht einen Großteil ihres Alltags aus. – „Mein Bett ist mein Schiff […]." (Z. 10)
C–1: Im Gegensatz zu früher verhält sie sich passiv und antriebslos. – „Ich sitze im Bett und warte […]." (Z. 3)

11 *So solltest du stilistische Mittel und Textbeispiele einander zugeordnet haben:*
1–B: (sprachliches Mittel aus einem anderen Bereich, hier Bereich „Meer/Schifffahrt")
2–E: (Parallelismus: drei Nebensätze mit *dass*)
3–D: (Rückblende: Erinnerung an die frühere, glückliche Zeit)
4–A: (Personifizierung des Himmels: „schaut blau durch mein Fenster")
5–C: (Wiederholung von „keines meiner Kinder")

Kurzantwort-Aufgaben S. 204 f.

12 *Diese Zeilenangaben solltest du notiert haben:*
A: (Tagträume der Hauptfigur): Z. 1–3 und Z. 9–12
B: (Geschwister der Hauptfigur): Z. 14–16, Z. 21–24, Z. 35–37
C: (Ratschläge der Mutter): Z. 5–7, Z. 32–37
D: (ratlose Fragen der Mutter): Z. 13, Z. 16 f., Z. 32–37

13 *So könnten eure Erklärung und eure Stellungnahme lauten:*
- „Stellung nehmen": zu einem Sachverhalt ein selbstständiges Urteil unter Verwendung von Fachwissen formulieren und dabei die eigene Position (textnah) begründen.
- Stellungnahme zur Textstelle „Packt eure Herzen in Alufolie, dass sie geschützt sind, wenn ihr aus dem Haus geht, und reicht sie nicht frei herum!" (Z. 28 f.):
Diese Textstelle ist eine Schlüsselstelle, weil sie konkrete Hinweise zur Ursache des Verhaltens der Ich-Erzählerin gibt. Sie enthält ein zentrales und gut zu verstehendes Bild: „Packt eure Herzen […]!" weist darauf hin, dass Herzensdinge, also eine Liebesbeziehung, den Gemütszustand des jungen Menschen verursacht haben. Dass die Erzählerin rät, „Herzen in Alufolie" zu packen, damit sie „geschützt sind", lässt vermuten, dass sie schlechte Erfahrungen gemacht hat.

14 a) *Diese Anforderungen solltest du markiert haben:*
„Mir ist nicht nach dieser Welt."
Ergänze zwei weitere Textstellen, die die Gefühlsverwirrung des jungen Menschen beschreiben.
Erkläre diese Textstellen jeweils in drei Sätzen.

b) *So könnte deine Antwort lauten:*
- Textstelle 1: „An manchen Tagen warte ich, dass etwas passiert. Auf einen Anruf; dass das Haus einstürzt; oder der Arzt mir sagt, dass ich nur noch wenige Wochen zu leben habe." (Z. 1 ff.)
Das Erlebte scheint die Ich-Erzählerin zu lähmen. Denn es heißt, dass sie wartet, nichts tut. Sie malt sich schreckliche Dinge aus, beispielsweise „dass das Haus einstürzt", dass sie „nur noch wenige Wochen zu leben" hat. Das bedeutet, dass sie das Erlebte in eine trübe, pessimistische Stimmung versetzt.
- Textstelle 2: „In meinem Bett sitze ich, das mein Floß ist, und der Seegang ist hoch." (Z. 38 ff.)
Die Ich-Erzählerin lässt sich treiben wie ein Floß auf bewegtem Wasser. Sie kann sich zu keiner Tätigkeit oder Steuerung aufraffen. Sie bleibt im Bett liegen und lässt sich von dem heftigen Auf und Ab ihrer Gefühle treiben.

15 *So könntest du Stellung genommen haben:*
A: Die Figuren tragen keine Namen und machen keine Entwicklung durch. Der Erzählschwerpunkt ist ihr vorherrschendes Lebensgefühl. Die Mutter wird als rat- und hilflos beschrieben; ihre Aktionen und Vorschläge bewirken nichts. Im Zentrum des Textes steht die Gefühlswelt einer jungen Frau, die durcheinandergeraten ist. Sie verhält sich anders als früher, ist passiv, taucht in dieses Lebensgefühl ein, lässt sich treiben. Dies machen die zentralen Bilder des Textes deutlich.
B: Der Text weist zentrale Merkmale einer Kurzgeschichte auf: Er beginnt offen und hat auch einen offenen Schluss. Die Protagonisten tragen keine Namen und übernehmen Stellvertreterfunktion. Die Autorin wählt eine schlichte Sprache mit relativ gut zu verstehenden Bildern, wie es in vielen Kurzgeschichten der Fall ist. Außerdem erzählt sie ausschnitthaft von einem wichtigen Abschnitt im Leben der Hauptfigur.

16 a) *Folgende Operatoren solltest du notiert haben:*
lesen – Notizen machen – mit Partner/in austauschen – auswählen – Aufgaben formulieren – Aufgaben beantworten – bestimmen – begründen – untersuchen – verbinden – schreiben – ergänzen – zuordnen – Stellung nehmen

b) *So könnte deine Zuordnung lauten:*
Anforderungsbereich 1: lesen, Notizen machen, sich mit Partner/in austauschen, auswählen, schreiben
Anforderungsbereich 2: Aufgaben formulieren, Aufgaben beantworten, bestimmen, ergänzen, zuordnen, verbinden
Anforderungsbereich 3: begründen, untersuchen, Stellung nehmen

Lückentext-Aufgaben S. 206

17 *So sollten deine vollständigen Sätze lauten:*
Merkmale einer klassischen Kurzgeschichte:
- Anfang und in der Regel auch der Schluss sind offen.
- Die Handlung in ihrer Ausschnitthaftigkeit beschränkt sich auf das Wesentliche.
- In der klassischen Kurzgeschichte handeln meist wenige Figuren, die keinen Namen tragen, sodass sie Stellvertreterfunktion für Menschen allgemein übernehmen können.
- Die Sprache der Kurzgeschichte ist oft schlicht, sodass sie leicht verständlich ist.

18 *So sollten deine vollständigen Sätze lauten:*
Nadja Einzmann gliedert ihre Kurzgeschichte in drei Hauptabschnitte. Zunächst beschreibt sie Verhalten und Stimmungen der Protagonistin. Der zweite Teil, in Form einer Rückblende gestaltet, geht auf das ganz andere Verhalten zu früheren Zeiten ein. Im Schlussteil werden noch einmal die Verhaltensweisen von Mutter und Ich-Erzählerin (oder: die Verhaltensweisen der Mutter und der Ich-Erzählerin) gegenübergestellt.
Der Text gibt dem Handeln der Figuren wenig Raum und rückt dafür Verhalten und Stimmungen in den Vordergrund.

Training 2: Rechtschreibkönnen und Sprachwissen zeigen S. 207 ff.

Korrektur-Aufgaben S. 207

1 a) *So solltest du den Text in dein Heft geschrieben haben:*
Fremdwörter sind unverzichtbare Bestandteile der deutschen Sprache. Sie erfüllen seit jeher vielfältige Funktionen im Zusammenhang mit der alltäglichen und fachspezifischen Kommunikation. Es empfiehlt sich vor allem dann, Fremdwörter zu benutzen, wenn Situationen eintreten wie die folgenden:
- Mit einem deutschen Wort kann man etwas nur sehr umständlich beschreiben.
- Man möchte einen graduellen Unterschied im Gesagten deutlich machen.
- Unerwünschte Assoziationen, insbesondere wenn sie mit Negativem verbunden sind, sollen vermieden werden.
- Ein bestimmtes Lebensgefühl soll zum Ausdruck gebracht werden.
- Die Aussage soll stilistisch variiert werden.

2 *So solltest du den Text in dein Heft geschrieben haben:*
Die Aufnahme neuer und das Aussterben alter Fremdwörter hält sich seit Jahrhunderten nahezu die Waage. Daran haben selbst die Massenmedien des 20. Jahrhunderts, denen bei der Verbreitung von fremdem Wortgut eine besondere Rolle zugesprochen wird, nichts geändert. Es ist auch ein Irrtum, dass die Verwendung von Fremdwörtern die grammatischen Strukturen des Deutschen beeinflussen könnte. Solange ein englisches Verb wie *to download* im deutschen Satz als trennbares Verb (analog zu *herunterladen*) behandelt und nach deutschem Flexionsmuster gebeugt wird (*ich loade down, loadete down, habe downgeloadet*), solange funktioniert die positive Adaptionskraft, die Goethe der deutschen Sprache bescheinigt, wenn er schreibt: „Die Gewalt einer Sprache ist nicht, dass sie das Fremde abweist, sondern dass sie es verschlingt."

Zuordnungs-Aufgaben S. 208

3 *So solltest du die Sätze den Rechtschreibstrategien zugeordnet haben:*
1 B; 2 C; 3 D; 4 E; 5 A

4 a) *So sollte deine Lösung lauten:*
Gebraucht (Prädikat)
jemand (Subjekt)
Fremdwörter (Akkusativobjekt)
falsch (Adverbialbestimmung der Art und Weise),
entsteht (Prädikat)
oft (Adverbialbestimmung der Zeit)
unfreiwillig (Adverbialbestimmung der Art und Weise)
Komik (Subjekt).

5 *So sollte deine Lösung lauten:*
glaubte, passieren konnte, heraufbeschwören konnte: Präteritum
erlebt hatte: Plusquamperfekt
sollte sein: Präteritum
erzählt hat, haben verlassen: Perfekt
werde herumtragen: Futur I

Visualisierungs-Aufgaben S. 209

6 *So sollten deine Satzbilder aussehen:*
(1) Fragwürdig ist der Gebrauch von Fremdwörtern dort, wo die Gefahr besteht, dass sie Verständigung und Verstehen erschweren.
Hauptsatz + Nebensatz + Nebensatz

(2) Das gilt auch, wenn sie der Überredung oder der Manipulation dienen, nur als intellektueller Schmuck oder sogar aus purer Nachlässigkeit verwendet werden.
Hauptsatz + Nebensatz

(3) Doch sind dies Funktionen der Sprache, die sie auch mit Hilfe deutscher Wörter erfüllen kann, sodass es sich hier nicht um ein spezifisches Fremdwortproblem handelt.
Hauptsatz + Nebensatz + Nebensatz

Richtig-Falsch-Aufgaben S. 209

7 *So sollte deine Lösung lauten:*
denn: Konjunktion – richtig
es: Personalpronomen – richtig
Hexen: Nomen – richtig
gäbe: Verb – richtig
wer: Reflexivpronomen – falsch*
möchte: Hilfsverb – falsch*
sein: Possessivpronomen – falsch*

* Erklärungen:
- *Wer* ist ein Interrogativpronomen (Fragefürwort). Reflexivpronomen sind *mich, dich, sich* usw.
- *möchte* ist ein Modalverb. Hilfsverben sind *haben, sein, werden*, wenn sie der Umschreibung von Verbformen dienen (bei zusammengesetzten Zeitformen oder beim Passiv: *Ich werde gehen, es wird gemacht*).
- Das Wort *sein* ist im Beispielsatz in der Aufgabe das Verb (*Wer ... möchte Teufel sein*) und nicht das gleich lautende Possessivpronomen *sein*.

Umformungs-Aufgaben S. 209

8 *So könnte deine Lösung lauten:*
A: Fremdwörter helfen, Assoziationen, die unerwünscht sind, zu vermeiden.
B: Diejenigen (oder: Alle / Menschen / ...), die Fremdwörter benutzen, sollten sie nicht aus Angeberei oder Gedankenlosigkeit verwenden.
C: Wenn (oder: Indem) man Fremdwörter falsch verwendet, kann man sich ordentlich blamieren.

Die Aufgabenstellung genau lesen und umsetzen S. 210 ff.

2 *So könnten eure Erklärungen zu den Aufgaben bzw. Operatoren lauten:*
- benennen: etwas ohne nähere Erklärung formulieren bzw. aufschreiben
  → Thema benennen: Thema mit einem Wort / wenigen Wörtern benennen
- den Inhalt mit eigenen Worten zusammenfassen: den Inhalt prägnant und kurz mit eigenen Worten wiedergeben; Inhalte, Aussagen, Zusammenhänge auf das Wesentliche verknappen und strukturiert in wenigen Sätzen formulieren
- „Handlungsort" und Zeit im Gedicht bestimmen: angeben, wo sich das Geschehen im Gedicht abspielt und welchen Zeitraum es umfasst
- die äußere Form des Gedichts beschreiben: Formmerkmale wie Anzahl der Strophen, Binnengliederung, Reimschema, Metrum, stilistische Elemente usw. beschreiben, d. h. benennen (mit Textbeleg), ohne zu werten
- die sprachliche Gestaltung untersuchen: Fragen klären wie: Welche stilistischen Mittel werden verwendet? Welche Wirkung erzielen sie? Mit welcher Absicht werden sie verwendet? Antworten am Text belegen.
- die verwendeten Stilmittel benennen und erklären: Stilmittel mit dem korrekten Begriff nennen, aufzählen und erklären, d. h. erläutern, was das jeweilige Stilmittel auszeichnet und welche Funktion bzw. Wirkung es an der jeweiligen Stelle im Gedicht hat. (erklären: Fragen auf der Grundlage von bereits vorhandenen Kenntnissen nachgehen)
- die Grundstimmung im Gedicht beschreiben: angeben, welche Stimmung/Atmosphäre die Zeilen vermitteln; am Text belegen
- den Naturbezug des Gedichts erläutern: begründet (textnah) darlegen, welcher Naturbezug im Gedicht vermittelt wird (z. B. Verherrlichung oder Lobpreisung der Natur, Natursehnsucht, Warnung vor Naturzerstörung)
- das Gedicht interpretieren: auf der Basis einer umfassenden Analyse und Bewertung Sinnzusammenhänge schriftlich ausformulieren und die Gesamtaussage in einer begründeten Stellungnahme textnah erläutern; auch Informationen zur Autorin / zum Autor, zum historischen Hintergrund sowie den eigenen Bezug zum Text einbeziehen

3 a) *Folgende Eintragungen könnte dein Gedankengitter enthalten:*
- drei gleichmäßig gebaute Strophen mit je fünf Zeilen
- Verzicht auf Reime
- Enjambement (z. B. am Ende der Verse 2, 3 und 4)
- Tempusform: Präsens
- „Noch" (V. 8): Verweis auf Umbruch/Vergangenheit
- 1. Strophe: Beschreibung der Gegend am Mittag, 2. Strophe: Beschreibung der jahreszeitlichen Veränderungen, 3. Strophe: Situation der Menschen an diesem Ort
- unberührte Natur; trotz des Einzugs der Technik scheint die Welt in Ordnung; unberührte Idylle; Erinnerungsbilder

3 b) und c) *So könnte deine Lösung lauten:*
- Anzahl und Aufbau der Strophen: drei gleichmäßige Strophen mit je fünf Versen; Wirkungsabsicht: ruhige Stimmung des Gedichts
- Verzicht auf Reimschema: lässt Idylle nicht kitschig erscheinen; Raum zum Nachdenken
- unregelmäßiges Enjambement: in der ersten Strophe am Ende der Verse 2, 3 und 4; in der zweiten Strophe am Ende der Verse 8

und 9; in der dritten Strophe am Ende der Verse 13 und 14. Wirkung: erzeugt Bilder und Eindrücke, die zusammengehören
- anschauliche und aussagekräftige Adjektive/Partizipien: dünnbesiedelt, riesig, schläfrig, unvergiftet, schön, feuerrot
- Bilder eines einfachen und harmonischen Lebens („In Pflaumenmuskesseln / Spiegelt sich schön das eigne Gesicht", V.13 ff.) wirken wie Bilder aus einer noch unkomplizierten Vergangenheit.
- Das lyrische Ich erlebt eine unberührte, ländliche Natur im Sommer; der Herbst (auch im übertragenen Sinne) drängt ins Bewusstsein.
- „Noch" (V.8, d.h. Gedichtmitte) verweist auf Veränderungen, ebenso „[noch] unvergiftet" (V.9). „Wenn man hier keine Zeitung hält" (V.11) verweist darauf, dass anderswo keineswegs Idylle herrscht und dies auch am geschilderten Ort wohl nicht immer der Fall sein wird.

3 d) *So könnte deine Interpretation beginnen:*
Sarah Kirsch gliedert ihr Gedicht „Im Sommer" in drei gleichmäßig gebaute Strophen mit je fünf Zeilen. Diese Struktur unterstützt die friedliche und ruhige Grundstimmung des Gedichts. …

3 f) *So könnte deine Einleitung lauten:*
Das Gedicht „Im Sommer" wurde 1977 von der bekannten Lyrikerin Sarah Kirsch verfasst, die 1935 in der damaligen DDR geboren wurde und Ende der 1970er-Jahre nach Westdeutschland übersiedelte. Möglicherweise hielt sie in den Versen die Erinnerung an eine glückliche Zeit in der unzerstörten Natur ihrer Heimat Mecklenburg-Vorpommern fest.

3 g) *So könnte dein Schluss lauten:*
Sarah Kirsch hat ein wichtiges Stück Erinnerung an ihre Zeit in Mecklenburg-Vorpommern festgehalten. Sie trifft dabei einen Ton, der mir gefällt – er verhindert, dass die Erinnerung zu positiv wird. Sie schreibt verständlich, in einfachen Bildern. Schon der Titel gibt die zentrale Aussage wieder: Das Gedicht ist die Momentaufnahme einer ländlichen Idylle, über der schon die ersten Zeichen des Umbruchs, der Veränderung aufziehen. Im Gegensatz zu vielen anderen Jahreszeitgedichten wird hinter der Schilderung des Sommers schon die Veränderung spürbar.

4 *So könnte deine Stellungnahme lauten:*
Dieses Urteil ist nachvollziehbar. Die Autorin hat nicht nur wie in einem Foto das ländliche Leben und die unberührte Natur festgehalten. In ihren Versen schwingt auch Wehmut angesichts der kommenden Veränderungen mit. Dass sie im Präsens schreibt, macht deutlich, dass sie diese Erinnerungen bewahren möchte – im Bewusstsein, dass der „Sommer" vorbeigeht und die Wirklichkeit das Idyll einholen wird. Versteckt lässt sie dies anklingen in den Versen 8 f. („Noch fliegt […]") und 11 f. („Wenn man hier keine Zeitung hält […]").

Anwenden und vertiefen
S. 214

2 *So könnte eine deiner geschlossenen Aufgaben lauten:*
Welche Erzählsituation trifft zu?
A: auktoriale/r Erzähler/in,
B: personale Erzählsituation,
C: Ich-Erzähler/in,
D: wechselnde Erzählsituation

3 a) *So könnte eine deiner halboffenen Aufgaben lauten:*
Welche Bilder spiegeln Not, welche Hoffnung wider? Ordne zu.
A: „Der Aufzug ist ohne Zwischenstopp abwärtsgerauscht." (Z.1)
B: „Dein neues Zimmer hat Wände aus Luft" (Z. 62 f.)
C: „Vielleicht kommt ein Ritter in einem roten Ferrari" (Z.74 f.)
D: „Man wird uns das Wasser, das uns bis zum Hals steht, abdrehen." (Z.9 f.)
E: „[…] tappst du mit deiner Tochter im Dunkeln." (Z.34)
F: „Ob er die Ungeheuer bändigen und unsere Haushaltslöcher stopfen kann?" (Z.91 f.)
G: „gähnen zwei kleine Haushaltslöcher" (Z.43 f.)

4 *So könnte deine offene Aufgabenstellung lauten:*
Deute den Schluss der Kurzgeschichte. Formuliere in ganzen Sätzen.

6 *So könnte eure Multiple-Choice-Aufgabe lauten:*
In welchem Printmedium könnte dieser Artikel stehen? Begründe deine Entscheidung textnah mit drei Sätzen.
A: Wochenzeitung
B: Boulevardzeitung
C: Jugendzeitschrift
D: politisches Magazin

Textquellenverzeichnis

S. 8 f.: Flyer des Jugendparlaments. Online unter: www.jupa.monheim.de (Stand vom 14.03.12)

S. 9 u.: Online unter: www.monheim.de/kinder-und-familie/kinder-und-jugendfoerderung/ (Stand vom 05.11.2012)

S. 10: Pia Windhövel: Französischer Auftakt im Kino. Online unter: http://www.wz-newsline.de/lokales/kreis-mettmann/monheim/franzoesischer-auftakt-im-kino-1.798512 (Stand vom 14.03.12)

S. 28: Aus: A. Baldauf und S. Ernst: Interview von Hans Gasser: Urlaub ohne Eltern – das erste Mal. Online unter: http://www.sueddeutsche.de/reise/urlaub-ohne-eltern-das-erste-mal-1.244456 (Stand vom 26.4.2007)

S. 29: Anna-Maria Krenz: Ab in den Urlaub – am liebsten ohne Eltern. Online unter: http://www.idowa.de/straubinger-tagblatt/aktuell/sport/container/con/892518.html (Stand vom 08.08.2011)

S. 36: Aus: A. Baldauf und S. Ernst: Interview mit Ilse Aigner: Wir werfen einfach viel zu viel weg. Diesen Trend müssen wir stoppen. Online unter: http://www.bmelv.de/DE/Presse/presse_node.html (Stand vom 09.05.2011)

S. 37: Peer Schader: Haltbarkeit von Lebensmitteln. Ein Missverständnis namens Mindesthaltbarkeitsdatum. Online unter: http://faz-community.faz.net/blogs/supermarkt/archive/2011/09/16/ein-missverstaendnis-namens-mindesthaltbarkeitsdatum.aspx (Stand vom 14.03.2012)

S. 38: Natascha Wank: Kopfüber tauchen in der Mülltonne. Online unter: http://www.spiegel.de/unispiegel/wunderbar,0,1518,690835,00.html (Stand vom 14.03.2012)

S. 39: Julia Deresko: Lebensmittel: Anbauen für die Tonne. Online unter: http://www.swp.de/ulm/lokales/ulm_neu_ulm/Wegwerfgesellschaft-Abfall-Lebensmittel-Tonne-Essen-Gaertner-Landwirt-Bauer-Erzeuger;art4329,1116095 (Stand vom 14.03.2012)

S. 44: Text oben: Peter Gutting: Frisch auf die Müllkippe. In: Schrot & Korn 10/2011, S. 64 ff.
Grafik: Die ZEIT Nr. 38/2011, S. 48 (Ausschnitt)

S. 45: Horst Bienek: Wörter. In: Der ewige Brunnen. Ein Hausbuch deutscher Dichtung. Gesammelt und herausgegeben von Ludwig Reimes. Aktualisiert und erweitert von Albert von Schirnding. C.H. Beck, München, 2005, S.1067

S. 46: Ulla Hahn: Winterlied. In: „Frauen dichten anders. 181 Gedichte mit Interpretationen. Hrsg. von Marcel Reich-Ranicki, Insel Verlag, Frankfurt/M. und Leipzig, 2002, S. 783

S. 50: Christian Hoffmann von Hoffmannswaldau: Vergänglichkeit der Schönheit. In: Echtermeyer: Deutsche Gedichte. Von den Anfängen bis zur Gegenwart. Auswahl für Schulen. Hrsg. von Elisabeth K. Paefgen und Peter Geist. Cornelsen, Berlin, 2005, S. 106

S. 52: Ricarda Huch: Nicht alle Schmerzen. In: „Frauen dichten anders. 181 Gedichte mit Interpretationen. Hrsg. von Marcel Reich-Ranicki. Insel Verlag, Frankfurt/M. und Leipzig, 2002, S. 133

S. 54 f.: Thomas Hürlimann: Der Filialleiter. In: ders.: Die Satellitenstadt. Geschichten. Amman Verlag, Zürich, 1992

S. 60: Franz Kafka: Heimkehr. In: ders.: Sämtliche Erzählungen. Fischer Tb Verlag, Frankfurt 1970, S. 320 f.

S. 62: Matthias Claudius: Abendlied. In: Conrady. Das Buch der Gedichte. Deutsche Lyrik von den Anfängen bis zur Gegenwart. Cornelsen, Berlin, 2006, S. 134

S. 63: Karlhans Frank: Abendlied. Online unter: http://www.lyrik-und-lied.de/ll.pl?ds=134&id=157&kat=typ.show.poem.eb (Stand vom 23.03.2012)

S. 65: Johann Wolfgang von Goethe: Der Erlkönig. In: Conrady. Das Buch der Gedichte. Deutsche Lyrik von den Anfängen bis zur Gegenwart. Cornelsen, Berlin, 2006, S. 163

S. 68: Udo Lindenberg: Horizont. Online unter: http://www.udo-lindenberg.de/horizont.57856.htm (Stand vom 24.09.2008)

S. 70 f.: Herbert Scheithauer im Gespräch mit Joachim Scholl: Psychologe: Medien bieten Amoktätern eine Plattform. Online unter: http://www.dradio.de/dkultur/sendungen/thema/851180/ (Stand vom 24.09.2008)

S. 76: Heribert Prantl: Sicherungsverwahrung – Ewiges Koma. Online unter: http://www.sueddeutsche.de/politik/sicherungsverwahrung-ewiges-koma-1.985742 (Stand vom 14.03.2012)

S. 84: Johannes Pennekamp: Nicht links, nicht rechts, sondern sexy. Online unter: http://www.handelsblatt.com/politik/oekonomie/nachrichten/wahlforschung-nicht-links-nicht-rechts-sondern-sexy/4169722.html (Stand vom 04.05.2012)

S. 85: Christoph Hickmann: Schlicht schön. In: Der Spiegel. Hamburg. Ausgabe 19/2011, S. 36 f.

S. 88 ff.: Dirk Kurbjuweit: Triumph der Albernheit. In: Der Spiegel. Hamburg. Ausgabe 45/2011, S. 38 ff.

S. 92: Angela Merkel im Glamour-Outfit. Online unter: http://www.express.de/politik-wirtschaft/schick-frau-kanzlerin-angela-merkel-im-glamour-outfit-,2184,4542160.html (Stand vom 20.03.2012)

S. 93: Christa Wolf: Rede auf dem Alexanderplatz (4. November 1989). In: Einspruch! Reden von Frauen. Hrsg. von Lily Tonger-Erk und Martina Wagner-Egelhaaf. Reclam, Stuttgart, 2011, S. 172-176

S. 94 f.: Christian Wulff: Vielfalt schätzen – Zusammenhalt fördern. Online unter: http://www.bundespraesident.de/SharedDocs/Reden/DE/Christian-Wulff/Reden/2010/10/20101003_Rede.html (Stand vom 20.03.2012)

S. 99 f.: Angela Merkel: Rede der Bundeskanzlerin anlässlich der Verleihung der „Presidential Medal of Freedom" während des Staatsbanketts. Online unter: http://www.bundeskanzlerin.de/Content/DE/Rede/2011/06/2011-06-07-usa-medal-of-freedom.html (Stand vom 20.03.2012)

S. 101: Wolfdietrich Schnurre: Kampf der Schüchternheit. In: Projekt Deutschunterricht. Kritisches Lesen. Hrsg. von Heinz Ide. J. b. Metzler Verlag, Stuttgart, 1971/73, Text 56 im Materialteil.

S. 102: Franz Kafka: Der Steuermann. In: ders.: Die Erzählungen. S. Fischer, Frankfurt/Main, 1961.

S. 105 ff.: Heinrich Böll: Die ungezählte Geliebte. In: ders.: An der Brücke. Erzählungen 1947–1949. Kiepenheuer & Witsch, Köln, 1983, S. 57–59

S. 109: Christa Reinig: Fische. In: Orion tritt aus dem Haus. Eremitenpresse, 1969.

S. 109: Wolfgang Borchert: Der Mann im weißen Kittel. In: ders.: Das Gesamtwerk. Rowohlt Tb Verlag, Hamburg, 1991, S. 315

S. 111: Loriot: Satire im Fernsehen. In: ders.: Gesammelte Prosa © 2006 Diogenes Verlag AG, Zürich, 1993, S. 166

S. 112 f.: Kurt Tucholsky: Ratschläge für einen schlechten Redner. In: ders.: Zwischen Gestern und Morgen. Hrsg. von Mary Gerold-Tucholsky, Rowohlt, 1952, S. 119 ff.

S. 115 f.: Martin Suter: Hunold, Manager und Familienvater. In: Himmel in Blau. Sommerliche Geschichten. Reclam, Stuttgart, 2010, S. 86 f.

S. 118: Rafik Schami: Andere Sitten. In: Gesammelte Olivenkerne. Aus dem Tagebuch der Fremde. Carl Hanser Verlag, München, 1997.

S. 120 f.: Friedrich Dürrenmatt: Der Besuch der alten Dame. In: ders.: Meisterdramen. Lizenzausgabe, © Verlags AG „Die Arche", Peter Schifferli, Zürich, o. J., S. 240 ff.

S. 122 f.: Ebd., S. 253 ff.

S. 124 ff.: Ebd., S. 258 ff.

S. 127 f.: Ebd., S. 272 ff.

S. 129 f.: Ebd., S. 242 f., S. 246 f.

S. 132: „Zahlreiche Studien ...": Online unter http://www.nrwspd.de/meldungen/18741/45046/Hannelore-Kraft-Wir-wollen-Gebuehrenfreiheit-vom-Kindergarten-bis-zur-Hochschule.html (Stand vom 11.04.2012)

S. 132: „Die Linke …": Online unter http://www.guido-westerwelle.de (Stand vom 11.06.2011)
S. 134: Hamburg errötet: Online unter http://www.srhh.de/srhh/opencms/privatkunden/strassenundwege/papierkoerbe/index.html (Stand vom 11.04.2012)
S. 136: Franz Kafka: Gib's auf! In: Franz Hohler (Hrsg.): 112 Einseitige Geschichten. Luchterhand, München, 2007, S. 119
S. 138: Aus: Klas Roggenkamp: Die Politik will twittern, warum auch immer. Online unter: http://www.welt.de/politik/wahlkampf-virtuell/article3682588/Die-Politik-will-twittern-warum-auch-immer.html (Stand vom 03.04.12)
S. 149: vgl. S. 102
S. 156: Nach: Sandra Schick: Leben aus dem Müll. Online unter: http://www.sr-online.de/nachrichten/1668/1178759.html (Stand vom 9.05.2012)
S. 162 f.: Stark verändert nach: Uwe Jean Heuser: Unterwelten. Online unter: http://www.zeit.de/2011/25/Technik-Weltwunder (Stand vom 26.04.2012)
S. 165 Stark verändert nach: Stefan Schmitt: Mobilmacher. Online unter: s. o.
S. 168 Stark verändert nach: Thomas Fischermann: Augen Gottes. Online unter: s. o.
S. 169 Stark verändert nach: Dirk Asendorpf: Sonnensegler. Online unter: s. o.
S. 170 f. Stark verändert nach: Andreas Sentker: Wunderpflanzen. Online unter: s. o.
S. 175 Offizielle E-Mails schreiben. In: Online-Jugendmagazin der Verbraucherzentrale NRW, Online unter: http://www.checked4you.de/UNIQ133542709927169/mails (Stand vom 26.04.2012)
S. 177 Nach: Claudia Wüstenhagen: Das in-vitro-Steak. Online unter: http://www.spiegel.de/wissenschaft/technik/0,1518,694685-4,00.html (Stand vom 26.04.2012)
S. 180 ff.: Julia Helbig: Anders. In: Voll die Helden. 20 junge Autoren über Zivilcourage. Arena, Würzburg, 2005, S. 53–56
S. 183: Erich Fried: Gründe. In: Erich Fried: 100 Gedichte ohne Vaterland. Fischer, Frankfurt/M. ,2003, S. 31
S. 184 f.: Aus: Constanze Löffler: Zum Todestag von Dominik Brunner. Die Wurzeln der Zivilcourage. Online unter: http://www.stern.de/wissen/mensch/zum-todestag-von-dominik-brunner-die-wurzeln-der-zivil-courage-1602338.html (Stand vom 17.04.2012)
S. 185: Aus: Michael Wolffsohn: Vom guten Willen zur guten Tat: Hürden der Zivilcourage. In: Gehirn und Geist. Dossier 03/2010, S. 90.
S. 186: Zivilcourage in Zahlen. In: Gehirn und Geist. Dossier 03/2010, S. 92
S. 187 f.: Mythos Zivilcourage. In: Der Tagesspiegel. Online unter: http://www.tagesspiegel.de/meinung/kommentare/mythos-zivilcourage/1135920.html (Stand vom 13.12.2011)
S. 189: Schülerprojekt „Heimatobjekte". Online unter: http://www.jmberlin.de/heimatkunde/ausstellung/heimatobjekte.php (Stand vom 9.05.2012)
S. 190 ff.: Aus: Ulrike Vosberg: Heimat. Online unter: www.planet-wissen.de/kultur_medien/brauchtum/heimat/index.jsp (Stand vom 20.04.2012)
S. 193: Aus: Ulrike Vosberg: Die Welt ist so groß. Spiegel Spezial. Hamburg. Ausgabe 6/1999, S. 30–35
S. 194: Spiegel Umfrage Heimat. Der Spiegel. Hamburg. Ausgabe 15/2012, S. 63
S. 195: Martina Lüdicke: Fußball und Kartoffeln. In: Heimatkunde: 30 Künstler blicken auf Deutschland. Hirmer, München, 2011, S. 77 f.
S. 196: Ayten Bulduk: Mach dir dein eigenes Bild. Online unter: http://www.gew.de/Herkunft_ist _ein_ grosses_Wort_html (Stand vom 20.04.2012)
S. 197: Clara Tauchert-da Cruz: Insel. In: Über Grenzen. Hrsg. Karl Esselborn, München, 1987, S. 173
Nevfel Cumart: über die Heimat I, über die Heimat II. In: ders.: Zwei Welten. Gedichte. Grupello Verlag, Düsseldorf, 1996, S. 23 und 35

S. 198: Friedrich Nietzsche: Vereinsamt. In: Deutsche Lyrik von den Anfängen bis zur Gegenwart in 10 Bänden. Hrsg. von Walther Killy, Bd. 8: Gedichte 1830–1900. Nach den Erstdrucken in zeitlicher Folge herausgegeben von Ralph-Rainer Wuthenow, München, 2001. S. 333
200: Nadja Einzmann: An manchen Tagen. In: Da kann ich nein nicht sagen. Geschichten von der Liebe. Fischer Tb, Frankfurt/Main, 2001, S. 41 ff.
207: Fremdwörter: Bedrohung oder Bereicherung? In: Duden. Das Fremdwörterbuch. © Bibliographisches Institut & F.A. Brockhaus AG, Mannheim, 2001, S. 919
210: Sarah Kirsch: Im Sommer. In: dies: Rückenwind. Langewiesche-Brandt, Ebenhausen, 1977, S. 51
212 ff.: Andreas Heidtmann: Notfalls Marmelade. Online unter http://www.2.mdr.de/kultur/literatur/2788258.html.©Andreas Heidtmann

Bildquellenverzeichnis

Umschlagabbildungen, S. 12 u., 13, 23 u., 135, 195: Thomas Schulz, Teupitz; S. 7: picture-alliance/ZB/euroluftbild, Frankfurt a. M.; Mit freundlicher Genehmigung: Jugendparlament der Stadt Monheim am Rhein; S. 8: Mit freundlicher Genehmigung: Jugendparlament Monheim am Rhein; S. 17: © Oh-Cool-Fotolia.com; S. 27 oben: © micromonkey-Fotolia.com; (Flyer):PRAGANDA · Creative Engagement und die URL praganda.com; unten: © photoillustrator.eu-Fotolia.com; S. 29: © ehrenberg-bilder-Fotolia.com; S. 31 unten links: © micromonkey-Fotolia.com, S. 35: picture-alliance/ZB, Frankfurt a. M.; S. 36 unten rechts: picture-alliance/dpa, Frankfurt a. M.; S. 38: picture-alliance/dpa, Frankfurt a. M.; S. 39: picture-alliance/augenklick, Frankfurt a. M.; S. 50: picture-alliance/akg-images, Frankfurt a. M.; S. 53: Sheldon Memorial Gallery and Sculpture Garden, Lincoln; S. 61 links: Buchcover: Goldmann Verlag, München, 2004; rechts: Buchcover: Piper Verlag, München, 2010; rechts unten: Aus: Otto Waalkes, in: Das Zweite Buch Otto, Wilhelm Heyne Verlag, München, 1988, S. 169; S. 68 rechts: picture-alliance/Eventpress, Frankfurt a. M.; S. 69: picture-alliance/ZB, Frankfurt a. M.; S. 77: © Rainer Weisflog; S. 78 oben: © Berliner Zeitung; S. 83: Mit freundlicher Genehmigung: BUNTE Entertainment Verlag GmbH, München; S. 84: picture-alliance, Frankfurt a. M.; S. 85: akg-images/Electa, Berlin; S. 89: picture-alliance/dpa, Frankfurt a. M.; S. 90: picture-alliance/akg-images, Frankfurt a. M.; S. 93: picture-alliance/dpa, Frankfurt a. M.; S. 94: picture-alliance/dpa, Frankfurt a. M.; S. 99: picture-alliance/dpa, Frankfurt a. M.; S. 119: DRAMA, Berlin; S. 124: DRAMA, Berlin; S. 129: DRAMA, Berlin; S. 131: picture-alliance/Okapia, Frankfurt a. M. (Müllkippe) © doncarlo-Fotolia.com (Atomkraftwerk) © vqstudio-Fotolia.com (Mann im Anzug); S. 133 links: Mit freundlicher Genehmigung: SPD Hamburg; S. 133 rechts: Mit freundlicher Genehmigung: DIE LINKE; S. 134: Mit freundlicher Genehmigung: Stadtreinigung Hamburg; S. 139: © Sidy-Fotolia.com; S. 140: picture-alliance/ZB, Frankfurt a. M.; S. 142: © Franz Pfluegl-Fotolia.com; S. 145: © Havati Kayhan-Fotolia.com (Taschenuhr), © cs333-Fotolia.com (Spielkonsole), © spinetta-Fotolia.com (Gitarre); S. 147: © Julian Rovagnati-Fotolia.com (Kaffeemaschine), © fefufoto-Fotolia.com (Bohrmaschine); S. 148: Naturschutzbund Deutschland e.V.; S. 149: © mbongo-Fotolia.com; S. 156: picture-alliance/rtn-radio tele nord, Frankfurt a. M.; S. 158: © miket-Fotolia.com; S. 159: © mbongo-Fotolia.com; Duden: Bibliographisches Institut, Mannheim; S. 160: ©Maksym Gorpenyuk-Fotolia.com; S. 168: picture-alliance/dpa, Frankfurt a. M.; S. 169: picture-alliance/dpa, Frankfurt a. M.; S. 170: picture-alliance/dpa, Frankfurt a. M.; S. 172: © MP2-Fotolia.com; S. 175: © Kaarsten-Fotolia.com; S. 177: © Jacek Chabraszewski-Fotolia.com; S. 179: Mit freundlicher Genehmigung: www.polizei-beratung.de; S. 189: © Jüdisches Museum Berlin; S. 191: bpk-images, Berlin; S. 192: picture-alliance, Frankfurt a. M. .

Sachregister

A
Ableitung 235
Ableitungsprobe 168, **239**
Adjektiv 86 f., 107, 117, 130, 136 f., 140 f., 147, 150, 153, 161 f., 165–167, **230, 239**
adressatengerechtes Sprechen 7 ff., **215**
Adverb 163, 167, **230**
adverbiale Bestimmung 208, **236**
Adverbialsatz 237
Akkusativ 141, 147, **231**
Akkusativ-Objekt 208, **236**
Aktiv 142, **233**
Alliteration 24, 96, 103, **227**
Anapher 24, 66, 96, **227**
Anglizismus 234
Anrede 92, 174 f., 215, 240
Antithese 24
Argument/argumentieren,
  mündlich 17–26, 215 f.
  schriftlich → erörtern
Artikel (Begleiter) 147, 162, 173, **231, 239**
Artikelprobe 159, 161 ff., **239**
Assessment-Center 215
Attribut 146, **236**
Attributsatz → Relativsatz
Aufgabenformat 199–214
Aufgabenstellung umsetzen 210 ff.
Auftritt (Drama) 225
auktoriale Erzählsituation 103, 201 f., **226**
Auslassung (beim Zitieren) 173, **245**

B
Ballade 230
Bedeutungsebene 101
Begleiter → Artikel
Begleitwort 147, 162 f., 231, **239**
Bericht 221, 229
Berichten 69–76, 221
Beschreiben 218
beurteilen, Sachtexte 83–92
Bewerbung/Bewerbungsschreiben 218 f.
Bewerbungsgespräch 215
Beziehungsebene 18
Bild, sprachliches → Metapher
Bindestrich 172, **239**
Brief
  als produktive Schreibform 57, 60
  offizielle E-Mail 174–176

C
Charakterisierung/charakterisieren → Figuren charakterisieren
Checkliste 25, 33, 51, 67, 81
Cluster 11, 66, 101, **242**

D
dass-Satz 145, **161, 241**
Dativ 147, **231**
Dativ-Objekt 236
Debatte 188, 195, **216**
Demonstrativpronomen 232
Denotation 132, 234
Diagramm 186, 194, **hintere innere Umschlagseite**
Dialekt 234
Dialog 19, 58, 122 f., 125 f., 135, 182, **225**
direkte Rede 233
diskontinuierlicher Text 228
diskutieren **17–20**, 40, 47, 103 f., 110, 114, 167, 189, **215 f.**
Diskussion 192, **215 f.,** 223
Drama / dramatische Texte 119–130, **225**
Du-Botschaft → Ich-Botschaft

E
Eigenname 240
Einfacher Satz 237
Einschub 170, **241**
Einstellungsgröße 59, **226**
Ellipse 227
E-Mail 174–176, 218 f.
Ergebnisprotokoll 223
erklären 201, 207, 212 f., 216
erörtern 69–76, 77–82, 219
Erzähler/in 225 f.
Erzählform 225
Erzählperspektive → Erzählsituation
Erzählsituation 103, 107, 110, 204, **225**
erzählte Zeit 226
Erzählzeit 226
Essay 88–92, **229**
Euphemismus 234
Exzerpt 30

F
Fabel 225, 227
Fachbegriff/Fachsprache 234
Faltblatt 27–34, 222
Fehleranalyse 160 f., **238**
Figur, literarische **55–60**, 103–110, 116 f., **119–130,** 182, 205, 220, **225 f.**
Figuren charakterisieren 60, 105, 107, 110, 117, 124, 182, **220,** 225, **242**
Figurenkarte 220, 242
Figurenkonstellation 108, **122–130,** 182, 220, **225**
Figurenskizze 182, **220, 242**
Film/Filmsprache 58 ff., 192, **226**
Finalsatz 237
Fishbowl-Diskussion 216
Flyer, Folder 27, 222
Form, äußere (Gedicht) 47, 210 f., **127**
Frageprobe 136
Fremdwort **165,** 178, 207–209, 239
Fünfsatz 17, **242**
Futur 148, 208, **232**

G

Gedankengitter **46–48**, 52, 193, 198, 211, **242**
Gedicht **45–52**, 62 f., 183, 189, 197 f., 210 f., **223 f.**
Gegenargumente entkräften **80 f.**, 219 f.
genaues Lesen 243
Genitiv 147, **230**
Genitiv-Attribut 236
Genitiv-Objekt 236
geschlossenes Aufgabenformat 199 ff.
Gesprächsregeln/Diskussionsregeln 17, **215**
Gesprächsverhalten 19, 123, 127 f., **216**, **243**
gestaltend zu literarischen Texten schreiben **53–60**, 182, **220 f.**
Gestaltung
   grafische G. 31–34
   sprachliche G. 47–49, 58 f., 64, 97 f., 123, 153, 223
Gestik 225
Getrenntschreibung 161, **166 f.**, **240**
gezieltes Lesen 243
gleich klingende Laute 168
Großschreibung 159–164, **240**
Grundwort 235
Gruppenanalyse 242
Gruppenpuzzle 40

H

halboffene Aufgabenstellung 199 ff.
Handout 217
Hauptsatz 145, 169, **237**
Hochwertwort **133**, 138, **234**

I

Ich-Botschaft 17, 19, **216**
Ich-Erzählsituation 182, 206, **226**
Indefinitpronomen 232
Indikativ 232
indirekte Rede 233
Infinitiv 232
Infinitivgruppe/-satz 161, **171**, **241**
Informationen auswerten 7 ff., 27 ff., 41, 86 f., 186 f., 189, **242**
Informationen beschaffen 10–15, 35 ff., 72, 189, **242**
informative Texte verfassen 27–34, 35–44, **221 f.**
Inhalt erschließen/untersuchen 70 f., 73, 75, 79, 92, 116, 118, 120, 184, 186, 201, 204, **228**
Inhalte wiedergeben 190, 198, 182
Inhaltszusammenfassung → Textzusammenfassung
Internetquelle angeben 245
Interrogativpronomen 209, **232**
Interview 28, 37, 70 ff., 101, 119, 132, **229**
Ironie 113, **135**, **235**

J

Jambus 227
Jugendsprache 234

K

Kamera/-bewegung 58, **226**
Karikatur 114
Kasus 141, 147, **230**
Katastrophe (im Drama) 225
Kausalsatz 237
Kleinschreibung 159–164, 175, 238, **240**
Kommasetzung 160 f., 169 f., 178, 203, 207, **241**
Kommentar/kommentieren 163, 188, **229**
Komödie 225
Komparativ 230
Konditionalsatz 237
Konfliktgespräch 17 ff., **217**
Konjunktion 161, 169, **230**
Konjunktiv I 143, **232**
Konjunktiv II 143, **232**
Konnotation 132, 234
Konsekutivsatz 237
konstruktiv diskutieren 18 f., **215**
Kontra-Argumente 20, 22, 26, 216, 220
Konzessivsatz 157, **237**
Korrektur-Aufgabe 207
Kugellagergespräch 7, **216**
Kurzantwort-Aufgabe 199, **204 f.**, 214
Kurzgeschichte 53–60, **105–110**, 110, 152–155, 179–182, 200–206, 212–214, **226**
Kurzreferat/Kurzvortrag 7–16, **217**, 243

L

Lautmalerei 227
Lead-Stil 229
Lebenslauf 218
Leserbrief 91 f., 188, **229**
Lesestrategie 243
lineare Erörterung 77–82, **219 f.**
literarisches Gespräch 107, 243
Lückentext-Aufgabe 199, **206**, 214
lyrisches Du 46 f.
lyrisches Ich 46 f.
lyrische Texte → Gedichte

M

Mehrdeutigkeit 134 f., 235
Metapher 24, 47, 51, 96, 114, 118, 197, 204, 216, **227**
Metrum (Versmaß) 47, 49, **227**
Mimik 135, **225**
Mindmap 30, **244**
Modalsatz 237
Modalverb 142, 167, **232**
Monolog
   im Drama 126, 128, **225**
   innerer Monolog 57, 59, 182, **220**
Multiple-Choice-Aufgabe 199, **202 f.**, 214

N

nachgestellte Erläuterung 170, **241**
Nachricht 229
nachschlagen 132, 165, 210, **238**
Nachtrag 170
Nebensatz 139, 145, 157, 169, 171, 209, **237**

Nomen 136 f., 139–141, 147, 153, 161–167, 210 f., **230, 240**
Nomenbegleiter 141, 161, 163, 208, 240 f.
Nomensuffix 161 f., 239 f.
Nominalisierung 161–163, **231, 240**
Nominalstil 141, 228
Nominativ 147, **230**

O

Objekt 236
Objektsatz 237
offener Anfang / offener Schluss 226
offenes Aufgabenformat 199 f.
Online-Bewerbung 219
Operator **199**, 205, 210 f., 214
Ortsname 240

P

Parabel **101–104,** 136, 150 f., 201, 207, **227**
Parallelismus 204, 227
Parodie **61–68,** 114, **222**
Partizip 233
Partnerdiktat 160, 163 f., 168, 177, **238**
Passiv 142, 146, **233**
Perfekt 148, 155, 210, **232**
Personalform 140, 209, **232**
personale Erzählsituation 103, 204, **226**
Personalpronomen 149, **232**
Personifikation 24, 46 f., 51, 204, **227**
Perspektive 56, 58 f., **226**
Placemat-Methode 244
Plädoyer **22–26,** 188, **217**
Plakat **11–16,** 217
Pluralform, besondere 231
Pluralprobe 161 f., **239**
Plusquamperfekt 208, **232**
Portfolio 244
Positionslinie 245
Positiv 230
Possessivpronomen 147, 209, **232**
Prädikat 210, **235**
Präfix 168, **235**
Praktikum 18 f., 26, **222**
Präposition 231
Präpositionalobjekt 144, **236**
Präsens 148, 155, 208, 210, **220, 232**
Präsentieren/Präsentation 11–16, 217
Präteritum 148, 208, **232**
produktiv zu literarischen Texten schreiben **53–60,** 182, **220 f.**
Pro-Argumente 20, 22, 26, **75, 220**
Pro-Kontra-Erörterung **69–76,** 188, **219**
Pronomen 137, 140 f., 147, 156 f., 162, **232**
protokollieren 223

R

Recherche/recherchieren **7–16,** 76, 72, 183, 189, 192, 219, **242**
Rechtschreibkonferenz 238
Rechtschreibprobe 177, **239**

Rede 22–26, **93–100, 228**
Redewendung 134
Reflexivpronomen 211, **232**
Refrain 67 f., **227**
Regieanweisung 58 f., 124, 221, 242
Reim/Reimschema 46 f., 64, 67, **227**
Relativpronomen 161, 169, 208, **232**
Relativsatz 139, 146, 157, 161, **237**
reziprokes Lesen 90, 95, **243**
rhetorische Frage 24, 56, **117**
rhetorisches Stilmittel → Stilmittel
Richtig-Falsch-Aufgabe 199, **201, 209,** 214
richtig schreiben 159–178, 238
Rollendiskussion 21, 216
Rollenkarte 126, 128, 130, **242**
Runder Tisch 216

S

Sachebene 18
Sachtext 29, 37, 38 f., 44, 70, 76, **83–92, 94–100,** 138, 139, f., 184 f., 187 f., 190–196, **227**
Satire 111–118
Satzart 139, 144 ff., 236
Satzgefüge 139, 145, 147 f., 161, **169 f.,** 203, 209, **230, 237, 241**
Satzglied **144 ff.,** 148, 208, **235 f.**
Satzreihe 148, 161, 169 f., 178, **237**
Schaubild 186, 194, **229,** hintere innere Umschlagseite
Schlagwort **133,** 138, **234**
Schlüsselstelle 221
Schlüsselwort 47 f., **243 f.**
Schreibplan 32, 34, 42, 73, 82, 92, 97 f., **219, 223**
Schreibkonferenz 49, 82, 98, 187, **245**
s-Laut 160
sprachliches Bild → Metapher
sprachliches Mittel 33, 51, 59, 66, 91 ff., 98, 100, 103, 108, 179, 197, 220, 223 → s. auch Stilmittel
Sprachvariante 233
Sprachwandel 234
Standardsprache 233
Statement 188
Steigerungsprobe 239
Stellung nehmen 48, 53, 69–76, 91 f., 96, 104, 108, 110, 114, 117, 182, 199, 205, 211, 224, 226
 mündlich → argumentieren, diskutieren
 schriftlich → erörtern
Stil 33, 70, 96 f., 105, **152 f., 219**
Stilmittel
 Gedicht **44–47,** 51, 210 f., **227**
 Kurzgeschichte 103, 204, 227
 Parodie 67, 222
 rhetorische S. **24,** 86 f., **93–100,** 227
 Satire 114
Stoffsammlung 72, 78, 80, 82, **219 f.**
Straßenname 240
Strophe 47, 64, 198, 210 f., 223, **226 f.**
Subjekt 210, **232**
Subjektsatz 237
Substantiv → Nomen

Suffix 165, **235, 239 f.**
Superlativ 230
Symbol 47, **227**
Szene 119–130, 225
szenisch lesen 124

T

Tagebucheintrag 56 f., 182, **221 f.**
Teilsatz 237
Temporalsatz 237
Tempus 210, 212
Textanalyse 101, 110, **223**
Textbeleg 48, 59, 72, 100, 117, 205, 213, 245 → s. auch zitieren
Texte interpretieren 45–52, 223
Texte überarbeiten → überarbeiten
Texte zusammenfassen → Textzusammenfassung
textgebundene Erörterung 69–76, 219
Textinterpretation 45–52, **223 f.**
Textsorten, journalistische 229
Textstellen treffend wiedergeben 150 f.
Textzusammenfassung 41, 130, 102, 107, 110, 179, 182, 198, 192, **224**
Textzusammenhang deutlich machen 156 f.
These 71 f., 96, **215, 217,** 219
Think-pair-share 245
Tragödie 225
Trochäus 227

U

überarbeiten 33, 42 f., 47, 51, 56 f., 59, 67 f., 72, 78, 82, 175, 187, **hintere innere Umschlagseite**
überfliegendes Lesen 36, 88, **227, 243**
über Sprache nachdenken 131–158, 230–237
Uhrzeitangaben 163, **241**
Umgangssprache 233
Umlaut 223
Umstellprobe 223

V

Verb 136 f., 142 f., 148, 153, 208–210, 214, **232**
verbinden/verknüpfen, Sätze 148
Verbindung aus
  Adjektiv und Verb 161, 166 f., **240**
  Adverb und Verb 161, 166 f., **240**
  Nomen und Verb 161, 166 f., **240**
  Verb und Verb 161, 166, **240**
Verbindungen mit *sein* 161, 166, **240**
Vergleich (rhetorische Figur) 227 f.
Verlängerungsprobe 168, **239**
Verlaufsprotokoll 223
Vers 64, 47 f., 49, 213 **226**
Versmaß (Metrum) 227
Visualisierungs-Aufgabe 209
Vorgangspassiv 233
Vorstellungsgespräch 223
Vortrag 7–16, 217

W

W-Fragen 10, 43, 100, **221**
Wechselpräposition 231
Wendepunkt 105, **226**
Wendung, feste **164,** 178, 182, **238**
Wortart 137, 139, 141, 146 f., 162, 165, 209, **230 ff.**
Wortbedeutung 138, 187, **234**
Wortbildung 235
Wörterbuch 132, 138, 165, 161, 168, 177, **238**
Wörterliste 239
Wortfamilie 165, 178, **235**
Wortfeld 235
wörtliche Rede → direkte Rede
Wortverbindung 166 f., 177

Z

Zahlwort 241
Zeichensetzung → Kommasetzung
Zeitadverb 241
Zeitangabe 142, **241**
Zeitform 148, **232**
Zeitungsartikel/-nachricht 10, 92, 173, 188, 212–214, **229**
Zitat/zitieren 48, 75, 86, 98, 149, 151, 173, 209, **220, 245**
Zuordnungsaufgabe 199, **203, 208,** 214
Zusammenschreibung 160, 167, **240**
Zusammensetzung 159, 168, 171, **235**
Zustandspassiv 233
Zerlegeprobe 239